# 语言翻译与跨文化交际人才培养策略研究

盛　辉　著

东北师范大学出版社

长　春

**图书在版编目（ＣＩＰ）数据**

语言翻译与跨文化交际人才培养策略研究/盛辉著.
—长春：东北师范大学出版社，2019.12
ISBN 978-7-5681-5707-0

Ⅰ.①语… Ⅱ.①盛… Ⅲ.①英语－翻译－人才培养－
研究 Ⅳ.①H315.9

中国版本图书馆 CIP 数据核字(2019)第 294988 号

□责任编辑：程思佳　　□封面设计：优盛文化
□责任校对：赵佳琪　　□责任印制：张允豪

东北师范大学出版社出版发行
长春净月经济开发区金宝街 118 号（邮政编码：130117）
电话：0431－84568062
网址：http：//www.nenup.com
电子函件：sdcbs@mail.jl.cn
东北师范大学音像出版社制版
三河市华晨印务有限公司印装
三河市杨庄镇杨庄村
2019 年 12 月第 1 版　　2019 年 12 月第 1 次印刷
幅面尺寸：170 mm×240 mm　印张：16.25　字数：300 千

定价：66.00 元

# 前　言

张培基先生说："翻译是运用一种语言把另一种语言所表达的思维内容准确而完整地重新表达出来的语言活动。"翻译并不是一项简单的语言转化工作，而是在一定文化背景条件下进行的语言转换的形式。而语言作为一种交流形式蕴含于文化之中，语言的发展融合于文化的发展之中。语言传授者在研究语言的差异，特别是源语文化和译语文化之间文化背景、社会历史背景、生活习惯、宗教信仰以及思维方式的差异，和探究在翻译过程中英语语言特性及跨文化的理论差异时，借助英语翻译理论的分析来探寻最有效的英语翻译方法是必不可少且非常重要的。

语言与文化密切相关，大学英语学习实际上是一种语言文化方面的学习，而要想学好英语就必须了解英语国家及其相关方面的文化，尤其要熟悉母语与英语文化之间的差异。因此，除了培养大学生的听、说、读、写、译等方面的基本技能，大学英语教学更应该重视的是对大学生进行文化方面的教学，让学生了解所学语言的文化背景，加强对母语文化的掌握，以达到培养其跨文化意识的目标。培养学生跨文化意识对于学生更好地掌握和运用英语有极大的帮助，使他们认识到英语学习不仅仅是语言学习同时是文化学习，只有通过这种方式才能真正掌握英语这门语言。

英语教学是一个系统工程，培养的是学生全面的语言能力、交际能力和社会文化能力。英语翻译课作为英语教学中的一个课程，在一些高等院校已被列为必修课程。如今，随着交通工具的进步和通信手段的发展，不同国家、不同民族之间的接触和交往日益频繁。在信息互通的过程中，人们日益加强了政治、经济、科技、文化等领域的交流与合作。这一切无不推动着各种文化之间的渗透和融合，由此也引发了各种文化间的对话与融合问题。作为文化交流的媒介，语言翻译的作用及意义得以凸显。近年来，全球经济和科技快速发展，各国之间的联系也越来越紧密，随之而来的是文化的趋同和融合，而文化因素对翻译的影响也越来越深。

# 目　录

# 第一章　英汉语言与文化差异

## 第一节　英汉语言概述

世界上流通的语言大约有五千多种，其中英语是使用最广泛的语言，而汉语是使用人口最多的语言，这就奠定了英汉翻译蓬勃的生命力和持续发展的市场需求。英文与中文产生的历史渊源和地理环境千差万别，中英两种语言所承载的两种民族文化也是大相径庭。虽然人类具有相对统一的生活物质基础和意识形态，这也是英汉互译可行性的根本依据，但两种语言终究在形态和结构上都有诸多的不同。因此要学好英汉翻译和做好英汉翻译，首先就要明白中文与英文的差别。

按照语法结构，世界上的语言可以分为四种类型：孤立语、黏着语、屈折语和复综语。英语属于屈折语，而汉语则是孤立语的代表语言之一。从语言的远近关系分类，世界上的语言可以分为印欧语系、汉藏语系、乌拉尔语系、阿尔泰语系、闪-含语系、高加索语系、达罗毗荼语系、南岛语系和南亚语系等。英语属于印欧语系，汉语则属于汉藏语系。同语系的语言之间，词的形态、句法差别较小，语句翻译较容易；不同语系的语言之间，构词、组句的法则完全不同，翻译的难度便大大增加。英语是屈折语（inflectional language），韦氏词典对于"inflection"有如下定义：the change in the form of a word that occurs when it has a particular use.

我们通过上边的定义来理解"inflectional language"，可推断英语词在不同的用法和语境中，词的形态是会发生变化的。根据多年学习英语的经验我们不难发现，英语词需要通过词汇本身的形态变化来表达适当的语法和丰富的词汇含义。作为一种屈折语言，英语词有性（gender）、数（number）、格（case）等变化，句子有时（tense）、体（aspect）、语态（voice）、语气（mood）的区分，各种不同的变化可以表达不同的具体含义。例如英语单词 "roll" 和 "rolling"，"roll" 为名词，意为 "卷"，如 "a roll of film"；而 roll 加上后缀-ing 后，则变成了形容词，表示 "起伏的"，如 "a rolling hill"。汉语则没有这样的功能，它不能通过汉字本身的字形变化达到这个效果，只能通过其他词汇的帮助才能表达相同的意思。

汉语属于孤立语（isolating language），汉语词汇本身并没有类似英语的动词时态或名词单复数的结构变化。《辞海》对于孤立语有如下定义："词内没有专门表示语法意义的附加成分；缺少形态变化，词同词的语法关系依靠词序和虚词来表示。"

汉语的词汇本身并不能通过形态的变化表示不同的语法意义，因此在表达某些语法关系时，需要借助虚词、助词等其他词。例如单独一个 "人" 字，听者并不能分辨出来到底是一个人还是几个人，若说者需要强调 "人" 的单复数，只能通过添加量词、代词等来表达，如 "一个人" "那个人" "几个人" "人们"。同样，词之间的逻辑关系和语法结构需要通过虚词和词序来支撑，因此汉语句子的词序比较严格，不能随意调换。汉语的词有声调，声调是汉语构词的一个重要手段。如古代汉语有 "平、上、去、入" 四种声调，现代汉语也有 "阴平、阳平、上声、去声" 的区分，一个字发不同的读音的时候，不仅它的意义会发生改变，它的词性也可能完全不同。如："把"，在做动词的时候念 bǎ，比如 "把握" "把持"；做名词的时候念 bà，比如 "车把" "刀把"。

英文则没有这样的变化，一个词，不管读升调还是降调，基本的词义都是不变的，只是在语境中所带的言外之意可能会有所差别。

另外，汉语的一个重要特征是一个音对应多个字或者词，单凭听读音有时候会造成理解上的误差或困难。如赵元任在《语言问题》中列举的《漪姨》：

"漪姨倚椅，悒悒，疑异疫，宜诣医。

医以宜以蚁胰医姨。医以亿弋弋亿蚁。亿蚁殪，蚁胰溢。

医以亿蚁溢胰医姨，姨疫以医。

姨怡怡，以夷衣贻医。医衣夷衣，亦怡怡。

噫！医以蚁胰医姨疫，亦异矣；姨以夷衣贻医，亦益异已矣！"

全文通篇的汉字读音都是 "yi"，只是声调有所变化。如果不写出来，几乎没有人能够明白这则故事的内容。在这一点上，英文就好得多，一个读音对应的单词相对较少，基本不会出现这样令人匪夷所思的情况。

# 第二节　英汉语言差异

全世界共有几千种语言，各民族的语言都有其自身的特点。根据它们的发音特点、语法结构等特征，我们可以将其归并成类，即语系（language family）。语系是指具有共同来源的亲属语言，每个语系包含由不复存在的同一始源语繁衍出来的一些语言。同一语系的各个成员，在最古老的、表示基本概念的词和基本语法结构方面都有对应关系。比如汉语属于汉藏语系（Sino-Tibetan Languages），而英语则属于印欧语系（Indo-European Languages）。

属于汉藏语系的汉语是一种表意文字，在词汇上具有多义性、模糊性的特点，在语法上具有灵活性、随意性的特点，在语音上具有用声调来区别意义的特点。这些特点主要表现在："词序和虚词是主要的语法手段；大多数语言中量词丰富；能自由运用的单音节词根占绝大多数。"把一些相关联的语义表达片段黏合在一起而很少用关联词，就构成了句子，因此汉语的句子没有固定的模式和句型。相比较而言，属于印欧语系的英语则是一种拼写文字，它靠词尾、前后缀（用一定的字母组合）、连接词等来产生语法形式，表示各种语言关系，因而非常重视结构上的完整和表达的科学性、逻辑性。英语最基本的表达结构是句子，并遵循严格的结构模式——句型。简而言之，英语强调的是形式上紧密结合，汉语强调的则是意义上紧密结合。这一切使得英语更适合逻辑性的表述和科学性的思维，而汉语更擅长形象性的表述和艺术性的思维。例如，中国古诗词就充分利用了汉语的意合手法，寥寥数语，不用一个动词，仅仅通过几个意象的简单罗列便使一幅幅意境深远的画面跃然纸上，语句的简练更达到了极致。以下名句便是一证："枯藤老树昏鸦，小桥流水人家，古道西风瘦马。"（马致远，《天净沙·秋思》）

## 一、英汉句法差异

在句子层面上，英文与中文之间最显著的差异可以概括为形合（hypotaxis）与意合（parataxis）之分。英语的句子以动词的时态变化为中心，由此表达不同的语法关系和逻辑关系。如：

I cleaned the room for him.

我为他打扫过房间。

I will clean the room for him.

我将会为他打扫房间。

I have cleaned the room for him.

我已经为他打扫过房间了。

这一组句子当中变化的只有动词"clean"的时态，但表达的含义各异，翻译成中文的时候则需要添加其他的虚词才能够把英文的意思表述出来。这是由于在汉语当中，动词本身不能通过词形上的变化来表达时态信息，需要借助虚词才可以。如：

我要出国了。

I am going abroad.

我出过国了。

I have been abroad.

我出国了。

I am abroad.

在上面三个句子当中，实词"我""出国"没有变，加上不同的虚词"过""了"后，句子表达的意思就发生了变化，分别表示了一般将来时、现在完成时和一般现在时。除虚词外，汉语表示语法关系的另外一个重要手段是词序。汉语句子当中的词序较为严格，不同的词序所表达的意思不同，因此句子内部各成分之间的顺序不能随便改动。例如这样一副对联：人过大佛寺，寺佛大过人；僧游云隐寺，寺隐云游僧。在这副对联当中，上联和下联的前后两个半句里字完全一样，只是字序排列不同。上联前半句记叙游人游览了大佛寺，后半句则描述大佛寺的大佛气势宏大，俯视苍生；下联对仗工整，也采用了一样的结构——前半句记叙云游僧人来到云隐寺，后半句则描述僧人的身影隐没在寺庙中。这副对联的上半句都是在强调动作，而后半句侧重描写。由此可见汉语的词序对于意思的表达是至关重要的。

关于形合和意合，《美国传统词典》（*American Heritage Dictionary*）对这两个概念的解释分别是：

Hypotaxis：the dependent or subordinate construction or relationship of clauses with connectives

Parataxis：the juxtaposition of clauses or phrases without the use of coordinating or subordinating conjunctions

换言之，形合指句子内部的连接或句子间的连接采用句法手段（syntactic devices）或词汇手段（lexical equivalence），而与此相对的是意合，即句子内部的连接或句子间的连接采用语义手段（semantic connection）。

通过以上两组简单的句子对比，结合"形合""意合"的具体内涵，我们不难发现：英语重形合（hypotaxis），而汉语重意合（parataxis）。所谓的"形"，即词语、句子的形态结构，英语必须借形表意，所以词法、句法严密，结构严谨，句子内部的连接及句子间的连接是通过句法手段（syntactic devices）或词汇手段（lexical equivalence）实现的。除此以外，只要有实在的结构意义、词汇意义，各句子成分一般不能省略。概括说来，英语句子结构讲究环环相扣，讲究逻辑丝丝入扣。而所谓的"意"表示词语、句子所承载的信息或内容，汉语依靠字、词的组合表意，汉语句子内部各成分之间主要通过语义手段（semantic connection）进行连接，连词用得相对较少。与英语相比，汉语的句子结构比较松散，句子中的许多成分，只要符合人们约定俗成的规矩，便都可以省略。王力在《中国文法学初探》中指出："子句与子句的关系，在中国语里，往往让对话人意会，而不用连词……说得浅些，就是体会中国人的心理。"换句话说，汉语表达灵活巧妙，讲究"知之不言，言之不尽"，人们需要根据自己的思维模式或逻辑结构来意会汉语句子的意思。这样的句法特征在文言文或诗词当中最为显著。如马致远著名的小令《天净沙·秋思》：

枯藤老树昏鸦，小桥流水人家，古道西风瘦马。

夕阳西下，断肠人在天涯。

前三个分句由 18 个字 9 个名词并列而成，中间没有任何动词或连词，却描绘出了一幅生动哀伤的秋郊夕照图：孤独的游子飘零天涯，骑着瘦马出现在一片凄凉之中，正在苦苦思念远方的家园。完整的英语语句则基本不可能只有如此简单的词并列，就算是简练如恺撒（Caesar）的豪言"I came, I saw, I conquer"，也需要有完整的主谓结构（SV）：

I came, I saw, I conquer.
S V　S V S V

英文句子的组合方式与汉语句子完全不同。下面的句子摘自海伦·凯勒（Helen Keller）的《假如给我三天光明》（*Three Days to See*），我们可以通过这段对话对英语长句的结构有进一步的了解。

We should live each day with a gentleness, a vigor, **and** a keenness of appreciation **which** are often lost **when** time stretches **before** us in the constant panorama of more days **and** months **and** years to come.

用黑体表示的都是句子当中有连接作用的成分，如 and、which、when 和 before，这些成分不可省略。但在翻译的时候，如果把这些连接成分按照原样翻译出来，译文就会显得晦涩难懂或冗繁拖沓，因此有必要用意合的形式来处理译文，以免出现不地道的"西式中文"，也就是英汉翻译中应当尽量避免的所谓翻译腔（translationese）。以上一段话应翻译如下：

我们应该以优雅、精力充沛、善知乐趣的方式过好每一天。而当岁月推移，在经常观瞻未来之时日、未来之年月中，这些又常常失去。

对比英文原文，可以发现连词"and"在译文当中几乎都被省略了，关系代词"which"翻译为"这些"，指代前面提及的"优雅、精力充沛、善知乐趣的方式"。

1997年，思果在《翻译新究》中提出了一个模型，可以明显地对比英汉两种语言之间形合与意合的差别。下面一段话摘自查尔斯·狄更斯（Charles Dickens）的经典历史小说 *A Tale of Two Cities*，原文如下：

Mrs. Southcott had recently attained her five-and-twentieth blessed birthday, of whom a prophetic private in the Life Guards had heralded the sublime appearance by announcing that arrangements were made for the swallowing up of London and Westminster.

如果我们把句中所有的关系代词、连词、人称代词、系动词、冠词等表示语法结构的成分放入圆圈中，具有实际词义的名词和形容词放入方框中，整个句子变成了：

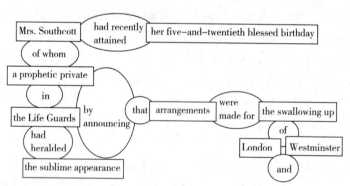

现代著名翻译家宋兆霖对这段话的翻译是：

骚斯柯特太太刚满了她幸福的二十五岁，王室卫队一个先知的士兵已宣布这位太太早已做好安排，要使伦敦城和西敏寺陆沉，从而为她崇高形象的出现开辟道路。

用同样的方法，将具有实际词义的名词和形容词放入方框，其余成分放入圆圈，整个汉语句子则变成了：

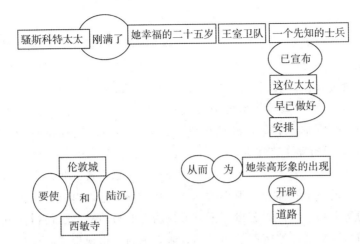

有人曾就这两个形态迥异的模型图做出过生动的比喻："英语句子的模型犹如'九连环'，环环相扣；汉语句子则如'大珠小珠落玉盘'，形散而神不散。"也有人更加形象地描述英文和中文句子的区别："英语句子好比一串葡萄，一串珍珠，井然相系，读者顺枝攀藤，即能领会；而汉语则似一盘散珠，一泓溪水，全凭读者慧眼慧心，细看其中妙相。"

由此可见，翻译工作并不是单纯地知道两种语言的人便可以胜任的。

1894 年，马建忠（1845—1900）就在其《拟设翻译书院议》中提出了"善译"的标准，他认为，"译之为事难"。翻译需要的是译者的匠心与智慧，译者在进行英汉翻译的时候，要做到"确知其意旨之所在，而又摹写其神情，仿佛其语气"，写出来的译文既不丢失英文神气精魄，又能让读者读得酣畅淋漓，能够"使阅者所得之益，与观原文无异"。

在《翻译意义》（*Translating Meaning*，1982）一书中，奈达指出，形合（hypotaxis）与意合（parataxis）的差别或许是英语和汉语最重要的语言区别特征之一。在 1984 年出版的《中国语法理论》中，王力先生在谈到汉语"联结成分的欧化"问题时，特别针对汉语和英语复合句里分句之间的连接方式及一些连接性词语的使用做了讲解，也提到了形合和意合的问题。

汉语和英语在语言组织和表达方式上的本质差别在于汉语以意合为主，英语以形合为主。这种差异源于东西方思维模式的不同，即东方重综合，西方重分析。东西方的这两种思维方式反映在语言上，就会有以下表现：汉民族的综合型思维倾向于把一个物体或观念的各个分散的部分合为一个整体，从整体上把握对象。由这种思维方式所制约的语言系统则表现出以下特点：遵循语义连接，注重整体统一，缺乏严格的逻辑性，属语义型语言，句子简短而松散。这些特点尤其在古典诗词中展现得淋漓尽致，中国古诗词更加注重考虑意境创造的美感意识，而不是意义和逻辑关系。汉字没有时态、语态、性、数的字形变化，尤其是在诗词中，因此，中文诗词不像英语诗歌那样，一定要有主语、谓语、代词、介词等。比如晚唐诗人韩偓的名篇《两处》："楼上澹山横，楼前沟水清。怜山又怜水，两处总牵情。"又如明朝章美中的《暮相思》："征帆日已远，回波不相待。暝色孤峰来，故乡何处在。日淡墟里烟，云尽天边海。如何暮相思，坐令鬓容改。"这两首诗都省略了许多句子成分，也没有时态和语态的变化，甚至没有明确的时空关系，令读者不禁思考诗人是在描写谁，思念谁。相反，西方的分析型思维则倾向于把一个整体分成细小的部分，从个体上把握对象，通过逻辑分析达到对事物的认识和了解。而逻辑分析以形式的完备为前提，这使得西方语言组织形式习惯用结构复杂而严密的长句，其具体表现为：重视形式和理性，句式构架严整，逻辑尤为严密，语言大多客观理性。而且英语通常使用大量连接手段连接句子，更多使用代词使句子指代明确。

这里以威廉·莎士比亚（William Shakespeare，1564—1616）最有名的代表作《十四行诗》中的第十八首（Sonnet 18）为例。

Shall I compare thee to a summer's day?

Thou art more lovely and more temperate：

Rough winds do shake the darling buds of May,

And summer's lease hath all too short a date：

Sometime too hot the eye of heaven shines,

And often is his gold complexion dimm'd；

And every fair from fair sometime declines,

By chance or nature's changing course untrimmed：

But thy eternal summer shall not fade,

Nor lose possession of that fair thou ow'st；

Nor shall Death brag thou wander'st in his shade,

When in eternal lines to time thou grow'st：

So long as men can breathe or eyes can see,

So long lives this, and this gives life to thee.

十四行诗是欧洲一种格律严谨的抒情诗体，最初流行于意大利，即意大利体（Italian Sonnet），又称彼特拉克体（Petrarchan Sonnet）。而上面这首诗则属于十四行诗中的英国体（British Sonnet），又称莎士比亚体（Shakespearean Sonnet），即全诗分为四节，由三节四行诗和两行对句（couplet）组成，分别对应起承转合的逻辑关系，押韵方式为隔行韵（alternate rhyme），韵式为ABAB，CDCD，EFEF，GG。这首诗展现了英语诗歌对语法、句型和时态的严格要求与遵从。

因此，方梦之认为英语句中各成分的相互结合常用适当的连接词语，以表示其结构关系，而汉语句中各成分的相互结合多依靠语义的贯通、语境的映衬，而少用连接词语。因此，英语注重时态变化、词形变化（包括分词与不定式），注重运用"逻辑语法连接词语"（logical-grammatical connectors）包括连词、介词、副词、关系词，以及起承上启下作用的各种短语，来说明句子内部、句子之间，乃至段落之间的逻辑关系。

而汉语主要靠词序变化、上下文语境及言外事实逻辑来达到明晰思路的目的。英国诗人雪莱的名句"If winter comes, can spring be far behind?"被译为"冬天来了，春天还会远吗"。句子中的连词"If"在汉语中进行了省略处理。同样的道理，英语中常起连接作用的关系代词和关系副词，如what、that、which、who、when、where、how、however、whenever、wherever等，在汉语中并没有与之相应的词，因此在英译汉时经常用意合的形式转换，这也能更好地突显汉语的句法结构特点，即短小精悍、灵活多变。

下面我们可以从电影片名和文学作品的翻译上来进一步认识英汉语言的这种对比。比如国人熟知的好莱坞电影 The Bridges of Madison County，片名本身用词普通，组合简单，但在国内上映时被译为《廊桥遗梦》，四字词组，朗朗上口，"廊桥"对应了故事发生的地点，而"遗梦"则准确表达出那种想爱却不能爱，只能化作记忆深处的梦背后的唏嘘和遗憾。试想一下，如果将其直译为"麦迪逊郡之桥"，这将会是一个多么空洞苍白的片名，也许根本无法吸引观众前往电影院去欣赏。再如，玛格丽特·米切尔（Margaret Mitchell）的名作 Gone with the Wind，其中译本有三种：《飘》《乱世佳人》和《随风而逝》。"飘"是最早的译名，简洁、含蓄、凝练、引人遐思，已被广大中文读者接受，但从原著内容和书名含义上看，它似乎过于空泛玄乎；"乱世佳人"是四字词组，既暗示了故事发生的时代背景——美国内战（即南北战争），又暗合了小说的女主人公斯嘉丽（Scarlett）和她丰富曲折的人生经历；"随风而逝"也与原名同为四个音节，信息等量，语意相等，同时，"随""风""逝"三个字分别对应"With""Wind"与"Gone"。三个译名孰优孰劣，见仁见智，最终要由读者来决定。又如，林语堂先生的名作 Moment in Peking 曾被译为《北京时刻》和《瞬息京华》，它们都与原著的内涵和韵味相去甚远，而最终受到翻译界和读者广泛接受和喜欢是中国台湾学者张振玉先生的译本《京华烟云》。其中，"京"和"华"分别对应故事发生地"北京"（即京城）及其所代表的"繁华"；"烟云"二字既采用了修辞手法"押头韵"（alliteration），又借用了成语"过眼云烟"并进行了倒装，暗示任何表面的物质的繁荣往往有可能只是暂时的，是人力所无法掌控的，也暗合了林语堂先生深受道家尤其是庄子的影响。需要特别指出的是，英汉间的形合与意合只是相对而言的一种使用范围与程度的不同而已。据统计，《孙子》一书中，各句子成分之间以及各分句之间的连接，采用不依赖连词的意合法的占92.6%，而采用连词来连接的仅占7.4%。《红楼梦》及其英译本（杨宪益、戴乃迭译）的第四回，针对其中以偏正关系配列的形合句及意合句做出统计分析的结果表明：原文72%为意合句，28%为形合句；译文97%为形合句，3%为意合句。这些统计数据明确表明意合句在汉语中，形合句在英语中分别占数量上的绝对优势，但也分别有少量的形合句与意合句作为补充。就是说，英汉语中形合与意合手段的使用是量的而非质的差别。

## 二、英汉语法差异

中西方思维方式的差异必然会造成汉语和英语两种语言的差异，具体表现在以下方面。

### （一）书写与表达

首先，在汉语中，汉字没有大小写的区别，而英语的字母有大小写之分。因此，以汉语为母语的学习者很容易在此方面出错。英语中一个句子的首字母是必须大写的，还有一些专有名词，如地名、人名、书名等中的部分字母也要大写。其次，英语和汉语在标点符号上也有差异。比如句号的写法，英语是一个实心的圆点，而汉语是一个小圆圈。汉语中有书名号，而英语中用引号或斜体。又如汉语经常使用逗号，直至一个大句子完成，才用句号；而英语中每一个陈述句结束后都必须用句号。而且在相同的位置上，英汉两种语言的标点使用也不相同，如书信的称呼后，英语里用逗号，汉语中用冒号。除此以外，英语在叙述和说明事物时，句子的表达习惯是从小到大，从特殊到一般，从个体到整体，而汉语则与此相反。比如，"四川省乐山市滨河路778号"这个地点在英语中对应的表述应当是"No. 778，Binhe Road，Leshan City，Sichuan Province"。

### （二）语法方面

1. 名词可数性对比

汉语的名词没有可数与不可数之分，而英语中，可数与不可数是名词至关重要的一种属性。因此，在区分名词是否可数时，以汉语为母语的学习者往往会受母语的干扰。如汉语中可以说"一件行李""几件行李""一瓶水""一个面包"，这些名词都可以加上不同的数词和相同的量词；而在英语中"luggage""water""bread"都是不可数名词。同时，英语中并没有量词这个概念。因此，在英语语言学习中，学习者要突破固有思维，打破汉语名词的这些属性对思维的限制，建立起新的知识框架。

2. 动词及物性对比

英语中的实义动词分为及物动词和不及物动词，它们在用法上是有差异的。及物动词可以直接跟名词或代词做宾语，而不及物动词后要加上介词后才能跟宾语；只有及物动词才有被动语态，而不及物动词是不能转换成被动语态的。这是学习者在学习英语实义动词时要牢记的语法。而汉语中的动词都是可以直接跟宾语的，如"我等你"中的"等"，就可以直接跟宾语"你"。英语中与等对应的词"wait"则是不及物动词，如果想表达同样的意思，我们就要在宾语"you"前加上介词"for"，即"I wait for you."。

3. 形容词和副词等级的对比

英语中形容词和副词的比较级和最高级的构成除一些特殊词汇外有两种情况，一是单音节和双音节形容词和副词的构成，即在词后加"er"和"est"；二是两个音节以上的多音节形容词和副词的构成，即在形容词前加"more"和"most"。而汉语没有音节的概念，所以比较级和最高级都是在形容词和副词的前面加"更"和"最"。同时，有些形容词在汉语中是有比较级和最高级的，如"更优秀""最优秀"；而在英语中，对等词"excellent"没有比较级和最高级。学习者需要加深记忆这些词，不要被汉语的习惯性思维影响。

4. 代词的使用

代词（主要是人称代词和物主代词）在汉语中的使用远比英语少。在汉语的句子、段落或短小篇章中，难得用到一两个代词，甚至可以一个代词都不用。但是英语使用代词的地方很多。每个句子（包括分句）都需要主语，而这个主语常常是人称代词。同时，英语语法要求明确指出所属关系，因此也常使用物主代词。如：

"As we discuss our differences，neither of us will compromise our principles. But while we cannot close the gulf between us，we can try to bridge it so that we may be able to talk across it."这句话中用了四个主格代词we，两个宾格代词us和两个物主代词our，但是在翻译成汉语时，译者需要减少代词的使用从而使译文更符合汉语的语言习惯并且更简练流畅："在讨论我们的分歧时，哪一方都不会在原则上妥协。但是，虽然不能弥合我们之间的鸿沟，我们却能搭一座桥，以便越过它进行会谈。"

### 5. 主谓一致

英语要求在构成句子时，谓语动词必须和主语在数上保持一致。比如，主语是第三人称单数时，一般现在时的陈述句中的谓语动词通常要变为第三人称单数形式。而汉语中，主语无论是单数还是复数，句中的谓语动词都是一样的，如"他打球"和"他们打球"，这两句从谓语动词"打"来看，是看不出主语有差异的。英语中动词后面的人称代词要求用宾格，如"help her"，而不能用主格"she"，汉语中则没有这方面的要求。因此语言学习者一定要学会把英语中的数和格与汉语的使用习惯区分开，还要特别考虑这些差异并通过对比进行掌握。

### 6. 句子成分的位置

虽然英汉语中句子的主要结构是一样的，都是"主＋谓＋宾"结构，但是构成句子的各种成分在两种语言中的位置却是不尽相同的。汉语一般把时间状语放在句子最前面，如"昨天我们去看了电影"，而英语倾向于把时间状语放在句末，如"We went to see a film yesterday."。又比如在汉语句子"他非常喜欢绘画"中，程度副词"非常"放在被修饰动词"喜欢"前，而在与此对应的英语句子"He likes painting very much."中，"very much"一般都是放在句末的。

再看定语成分。英语的习惯通常是短定语前置，而长定语，特别是定语从句，通常需要后置。但是在汉语中，定语不论的长短，一律前置。这需要学习者在使用定语时特别注意，一旦碰到长定语，应避免使用短句表达而改用定语或其他从句，这样既符合英语的表达习惯，也提高了句子的水平。

### 7. 定语的功能和使用

英语中充当定语的除去单词（包括形容词、代词、数词、名词、分词）外，还有短语（包括分词短语、不定式短语、介词短语）及定语从句。在英语中，单词做定语一般前置，短语、从句做定语则应后置，而且往往字数较多，尤其是定语从句，因为从句里还可能含有从句和短语。与此相反的是，汉语没有定语从句，也不习惯使用长定语。因此在英译汉时，为了符合汉语表达习惯，译者往往会把原文的长定语进行拆译。例如：

"Baby boomers who warned decades ago that their out-of-touch parents couldn't be trusted now sometimes find themselves raising children who—thanks to the Internet and the cellphone—consider Mom and Dad to be clueless, too."这个句子有两个由 who 引导的定语从句，并且第二个从句中还有一个插入语成分，因此在汉译过程中译者需要将其一分为二，并且调整结构，努力消除定语的痕迹。该句可译为："婴儿潮中诞生的人几十年前曾警告说，他们的父母脱离现实，不能信任。现在他们自己也有了孩子，这些孩子由于互联网和手机的缘故，也认为自己的父母一无所知。"

8. 语态的选择

传统上，中国思维认为主体自身是宇宙的中心，人是万物的尺度，认识了自我就认识了客观世界及其规律。道家的"万物与我为一"、儒家的"万物皆备与我"在经验直观的基础上直接返回到自身。因此，汉语往往围绕主题展开句子，而执行动作的主体是人，所以动作往往以人为中心进行。英美国家强调主体和客体分离，其表现为英语行文中多用非人称句和被动句，主语往往可以是物、抽象名词等，以凸显其客观和公正性。在英语中，特别是科技文体中，被动句的使用频率很高，几乎所有的及物动词和部分由"不及物动词＋介词"构成的短语都可用于被动结构；而汉语中较少使用它们，即使使用，也大多在形式上是隐含的。

因此，英语被动句在进行汉译时需做适当调整，如"There will be a meeting at 2：30 p. m. tomorrow. All the faculty is expected to attend."应当译为："明天下午两点半召开会议。全体员工务必参加。"英语使用被动语态的情况主要有以下四种：①不知道或不必说明行为者；②着重关注行为对象而非行为者本身；③为了某个原因不愿意指明行为者；④为了上下文连贯和篇章的结构安排。

9. 关于汉语中量词的使用

汉语的量词分为两大类：物量词和动量词。物量词是表示人、事、物数量单位的量词，例如（一）张、（一）头、（一）杯、（一）颗等；而动量词是表示动作行为单位的量词，例如（一）次、（一）遍、（一）下、（一）阵等。这些量词大多在英语中无法找到对应的表达，因为英语中不刻意划分出量词类，限定名词数量的词一般附在名词类中顺带处理，而这种处理，从本质上来讲，与汉语是一致的，即量词的名词性。这一点在英译汉中需要特别注意并做相应的补译。正如吕叔湘所说："我相信，对于中国学生最有用的帮助是让他认识英语和汉语的差别。"我们在学习英语的时候一定要注意区分英语和汉语在词形、语法和句子结构上的差别，在对照对比中学习，这对于我们写作和翻译水平的提高都将有很好的促进作用。如在英汉比较和互译时，我们应自觉遵守两种语言各自的规律，以及注意两种语言各自迥异的外在特征：英语句子的结构脉络清晰、层次分明；而汉语则自然流畅，没有固定的形态。只有透彻了解中西方在哲学观及思维方式上的差异，我们才能更好地尊重英汉语言的客观规律，深入细致地理解和运用各自的语言。

# 第三节　英汉文化差异

　　语言源于文化，并且和文化紧密相连。早在20世纪20年代，美国著名语言学家萨丕尔（Edward Sapir，1884—1939）在 *Language：An Introduction to the Study of Speech*（《语言论：言语研究导论》，1921）一书中就指出："语言不能脱离文化而存在，不能脱离社会流传下来的传统和信念而存在。"由此可见，语言的背后蕴含着丰富的文化内容，语言不能离开文化而存在。语言和文化这种相互依存、相互影响的关系在具有不同文化背景的人们进行交际时表现得尤为明显。

## 一、文化的定义

　　文化（culture）一词的定义，最早由英国人类学家泰勒（Edward Burnett Tylor，1832—1917）在《原始文化》（*Primitive Culture*，1871）一书的第一章关于文化的科学中指出："文化是一个复杂的整体，其中包括知识、信仰、艺术、道德、法律、风俗以及人作为社会成员而获得的一切能力和习惯。（Culture is that complex whole which includes knowledge，belief，art，morals，law，customs and any other capabilities and habits acquired by man as a member of society.）"萨丕尔则认为："文化就是社会遗传下来的习惯和信仰的总和，由它可以决定我们的生活组织。"《辞海》认为文化是一个非常广泛的概念，在广义上可以指人类社会历史实践过程中所创造的精神和物质生产的总和，而在狭义上指社会的意识形态，以及与之相适应的制度和组织机构。外语教学所研究的文化，相对来说是一种狭义文化。《中国翻译词典》则指出："现代文化人类学家们一般把文化分为技术/经济、社会、观念和语言四个系统。"

　　按照以上定义，文化的本质特征可以概括为：第一，文化是经由社会习得的，而非遗传获得的；第二，文化是一个社团成员所共有的，而非某一个人所独有的；第三，文化具有象征性，语言是文化中最重要的象征系统；第四，文化是一个统一的整体，文化中的每一个方面都和其他方面相互关联。简而言之，文化是一个复杂的综合体，是一个社会的整个生活方式，正如王克非所指出的："无论怎样定义，文化是理性人类创造的物质和精神价值总和，具有时间、空间意义，这个最根本的特性应是趋同的认识。"

## 二、中英语言与文化的关系

语言是文化的载体，是文化的符号，也是文化的一个特殊组成部分。"首先，它是整个文化的基础；正是通过语言，文化才能保存下来，并传递给同时代人和后人。其次，语言直接反映一种文化的现实。"同时，文化是语言的内容。一种语言必然反映使用该语言的国家或民族的社会文化，也就是说，语言是被用来记录一个民族所有的文化和变化。有些社会学家认为，没有语言就没有文化；从另一方面看，语言又受文化的影响和制约并反映文化。

语言和文化是共存和相互依赖的，语言不仅是文化的一部分，同时本身也是一种自成体系的文化。学习一种外语不仅要掌握语音、语法、词汇和习语，而且还要知道使用这种语言的人拥有怎样的思维方式，也要了解他们如何用自己的语言来反映他们社会的思想和习惯行为，即要了解他们社会的文化。可以说，学习语言与了解其背后的文化是分不开的，"文化及其交流是翻译发生的本源，翻译是文化交流的产物"。因此，学习者既要掌握两种语言，也要掌握两种文化，尤其要充分认识和了解文化的差异，从而跨越文化障碍，做到交际和翻译的得体与妥当。

文化差异（cultural differences）是指"人们在不同的生态和社会环境下形成的语言、知识、信仰、人生观、价值观、思维方式、道德、风俗习惯等方面的不同"。文化上的差异，尤其是东西方文化差异，导致了人们对同一事物或理性概念的不同理解和解释。例如，西方文化历来推崇个人价值的实现，讲究个人主义，而与此相反的中华文化却提倡集体主义和群体取向，因此 individualism 在英语中是个褒义词，个人主义在汉语中则是贬义词。可见，在不同的文化里，相同的词语可以有不同的含义，同样地，不同的词语也可以有相同的含义。因此，在翻译过程中，译者是否能正确理解某段文字，在很大限度上取决于他是否了解目的语文化。谭载喜认为："翻译的难与易、好与劣，与其说与语言有关，毋宁说主要与文化有关。"

以英汉两种语言为例，由于历史、信仰、习惯的不同，人们对相同的词语时常产生不同的理解、看法与评价。比如，中国人对英语词"do-gooder"的理解就往往和英美人不同。从字面上看，可能有不少中国人会望文生义，把它理解为"干好事的人"；可是在英语中"do-gooder"却带有贬义色彩，意思是"空想的社会改良家；不现实的慈善家"。又如，中西方对某些动物和颜色也有不同的文化认同。"龙"是中国人的图腾，象征神圣、权利和富贵，更是古代皇权的标志。汉语有许多关于龙的词语都体现了中国传统文化中人对龙的崇敬与喜爱，如龙飞凤舞、龙马精神、龙腾虎跃等。但在西方，圣经中的龙却是凶物和罪恶的象征。

英语单词 dragon 除了本意之外，常用来形容"凶猛的人""专制力量""罪恶势力""邪恶影响"等，而且"the Dragon"更是特指"撒旦"和"魔鬼"。再如，红色在中国传统文化中代表着喜庆欢乐和吉祥如意，其英文对应词是 red。殊不知，英语里还有另外一个表示红色的词 scarlet，意为"bright red"，即鲜红色或猩红色。但 scarlet 在英语中却有明显不同于汉语的象征意味，即"罪恶昭彰的""罪孽深重的"或"不贞的，淫荡的"。想必很多中国读者都知道美国小说家纳撒尼尔·霍桑（Nathaniel Hawthorne）的名著《红字》（*The Scarlet Letter*）。

英语词汇的文化内涵是经过长期积淀而成的。一些很有文化内涵的成语、惯用语、谚语、格言以及美式英语中的俚语等都来自成语典故、神话传说、文学名著等，因此，英语学习者在词汇学习的过程中必须了解相关的背景知识才能理解其深刻内涵。比如，Shylock（夏洛克）是莎士比亚戏剧《威尼斯商人》中的一个反面人物，后被作为典故比喻那些贪得无厌的高利贷者；而比喻非凡智慧的 Solomon（所罗门）则是源自《圣经》的传说。又如，to meet one's Waterloo（遭遇滑铁卢之战），是指 19 世纪初拿破仑称雄欧洲一时，却最终惨败于比利时的滑铁卢，后来这一词语被人们用来比喻"惨遭失败"。再如"农民"一词，在汉语中是中性词，但在英语中有两个对应词，分别为 peasant 和 farmer。

这两个词的语体色彩完全不同。peasant 有某种贬义色彩，指"粗野的人"或"无教养的人"，而 farmer 则是中性词。又如，在西方文化中，狗是忠诚和友谊的化身，常常被视为人类重要的伙伴甚至家庭成员；但在中国文化里"狗"却没有如此丰富的内涵，因此，中国人很难理解"爱屋及乌"所对应的英文表达居然是"Love me, love my dog."。

## 三、中英文化差异

中英两种文化的差异主要体现在：自然条件和地理环境的差异、历史背景的差异、宗教信仰的差异、风俗习惯的差异以及思维方式的差异等。

### （一）自然条件和地理环境的差异

社会学家认为，一个民族的语言文化与其生存环境密切相关。英国是大西洋沿岸的一个岛国，有着悠久的航海历史；同时，为了生存，人们不得不时常与恶劣的海洋气候相抗争，所以许多英语词汇与海洋有关。比如：swim with the stream（随波逐流）、a drop in the ocean（沧海一粟）、all at sea（不知所措）、plain sailing（一帆风顺）、while it is fine weather mend your sail（未雨绸缪）和 between the devil and deep blue sea（进退两难）等。

同时，临海的天然优势也成就了英国十分发达的捕鱼业，因而，大量与 fish

有关的习语相继产生，如：big fish（大亨）、dull fish（枯燥无味的人）。make fish of one and flesh of another 比喻"厚此薄彼，偏爱一方"。相比而言，中国是一个农业大国，汉语中有许多习语与土地、农业有关，比如：斩草除根（to stamp out the source of the trouble），顺藤摸瓜（to track down somebody or something by following clues）等。比喻某人花钱大手大脚，汉语是"挥金如土"，也可以是"花钱如流水"，英语却是"spend money like water"，而没有"spend money like dirt"。英国也有发达的采煤业和畜牧业。英语中有两个与英国著名煤都纽卡斯尔（Newcastle）有关的习语，分别是"carry coals to Newcastle"和"as common as coals from Newcastle"。前者比喻"多此一举"或"徒劳无益"；后者比喻"普通、平凡或不稀奇"。此外，英国典型的温带海洋性气候也使英语产生了许多与下雨有关的单词或短语。例如谚语"it never rains but it pours"（不雨则已，雨则倾盆）用来比喻灾祸不发生则已，一发生便接踵而至；习语"it rains cats and dogs"意指倾盆大雨。伦敦是著名的雾都，所以英语中表示对某事的困惑或不解有习语"in a fog"；而"not have the foggiest"则表示完全不知道。

### （二）历史背景的差异

英语在其形成和发展的过程中，深受外来语言和文化的影响，因此，英语语言中有相当一部分的外来语痕迹或是有相关外来文化背景的表达方式。

公元 43 年—407 年，罗马人占领不列颠岛长达 360 多年之久，在英国形成了一个不列颠拉丁文化，对英语语言及文化都产生了深远影响，特别是在英语习语中很容易找到古罗马文化的痕迹。

比如大家很熟悉的"Rome was not built in a day."（罗马不是一天建成的，喻指伟业建成非一日之功）；"All roads lead to Rome."（条条大路通罗马，喻指殊途同归）；"When in Rome, do as the Romans do."（喻指入乡随俗）；而表示感叹语气的"Great Caesar!"（天哪！相当于 Great Heaven!）则来自征服不列颠岛的恺撒大帝。

公元 790 年开始，斯堪的纳维亚人入侵英国，并在英国大批定居，他们讲的是北日耳曼语，即现在的瑞典语、芬兰语、挪威语和冰岛语的前身。在此后的二百年中，斯堪的纳维亚各族语言（北日耳曼语）的词语渗入英语词汇。英国深受北欧文化的影响，比如，一直沿用至今的 12 进位制计数法就是由斯堪的纳维亚人传授而来，即 1 英尺等于 12 英寸，1 先令等于 12 便士，同时英国法庭的陪审团也是由 12 个人组成的。

公元 1066 年，诺曼底公爵威廉入侵英国，并开启了英国历史上的诺曼底王朝时代（House of Normandy，1066—1154）。这一事件对英国的影响巨大，它使法语成为现代英语的三大来源之一。同时，法国文化逐渐向英国社会渗透，影响着英语及其习语。如：fiance（未婚夫）、fiancee（未婚妻）、coup d'état（政变）等英语词汇均保留了法语的拼写形式。

从1607年英国在北美建立第一个殖民地起，直至1776年美国的独立，美式英语也成了世界英语语言的重要组成部分。而美语中的习语特别是俚语，更清楚地反映了美国文化的特征。比如：change horses in midstream（临阵换将）、bite the bullet（咬紧牙关；勇敢面对不愉快的局面）、gentleman's agreement（君子协定）等都来自美国历史上发生的重大历史事件。又如，美国人对体育运动有着狂热的喜爱，而棒球又是美国人最爱的球类项目之一，因此美语中有大量与棒球相关的习语：on the ball、threw a curve ball、a pinch hitter、three strikes and you are out、hit it out of the park、right off the bat、batting a thousand、touch base with someone、touch all the bases、cover one's bases、way off base、out in the left field、a ballpark figure/estimate、in the ballpark 等。

与此相对应的是，鸦片战争之前的中国，虽历经各个朝代的更迭，但这种更迭主要是国家内部的权力更替，只有元朝和清朝是由汉族以外的民族（前者为蒙古族，后者为满族）进行统治，这种中央统一集权和皇权高度集中的体制，使得汉语虽然持包容开放的态度，却能不动声色地吸收外来文化并将之纳入自己的语言体系，因此汉语在很大限度上保留了中华文化的原始面貌。这种文化上的相对封闭反映在语言发展上就是汉语言的相对稳定，并且鲜有外来语言的痕迹，即便有，也是难以察觉的。比如魏晋南北朝时期，中国文化受到了佛教文化的深远影响，因而有了"借花献佛""三生有幸""一尘不染"等成语，但是由于汉语强大的同化功能，人们往往忽略了这些成语的外来文化背景。值得一提的是，汉语的许多成语在魏晋时期便已基本成型并一直沿用至今。

### （三）宗教信仰的差异

宗教是文化的重要组成部分，"不同的宗教是不同文化的表现形式，反映出不同的文化特色和不同的文化背景，体现了不同的文化传统"。语言作为文化的载体，必然与宗教有着密切的关系。

西方国家，尤其英美国家的民众普遍信仰基督教和天主教，深受希腊、罗马和基督教的影响，因此西方文明又被称为是"基督教文明"。《圣经》（the Bible）被看作是基督徒的圣书，是西方国家文化艺术及意识形态的基础。《圣经》已然成为英美每一个家庭必备的读物，它对英语语言的影响体现在词汇、俗语、修辞等方面。《圣经》包括《旧约全书》（The Old Testament）和《新约全书》（The

New Testament）两部分，主要以两种形式影响英语习语：一是其中的一些人物和故事经过长期流传逐步形成习语；二是其中不少句子和短语广为传颂，也成了习语。如：a drop in the bucket/ocean，语出《圣经·旧约·以赛亚书》（Isaiah）第 40 章第 15 节："Even the nations are like a drop from the bucket, and are accounted as dust on the scales（看哪，万民都像水桶中水的一滴，又如天平上的微尘）."，其喻义为"沧海一粟"。又如，基督教是许多西方人的主要宗教信仰。因此，他们的心目中只有 God（上帝），表示痛苦、悲哀或愤怒时，就说"God!"或"My God!"表示祝福时会说"God bless you"；表示惊讶时就说"God bless me"。God 一词更是频繁地出现在英语习语和谚语中，比如：

God forbid（苍天不容）.

God is above all（上帝高于一切）.

God is where He was（上帝无处不在）.

Man proposes, God disposes（谋事在人，成事在天）.

God helps those who help themselves（自助者，天助之）.

He that serves God for money will serve the devil for better wages（为金钱侍奉上帝的人，为了更多的报酬也会给魔鬼卖力）.

中华文化源远流长，儒教、道教与佛教的"三教合一"形成了传统文化的主流。儒家思想是中国传统文化的内核，也是维护古代封建专制统治的理论基础。儒教提倡的忠、义、仁、信等对中华文化影响深远。孔子提倡的"己所不欲，勿施于人""以德报怨，何以报德"等观念更是深入人心。汉代董仲舒提出了"天人之际，合二为一"，因此在中国人心目中，"天"便是至高无上的万物的主宰，表示痛苦、悲哀、绝望时会说"天啦"或是"老天爷呀"；发誓时会说"老天作证"；帝王号称"天子"，并为了得到上天的庇护而举行"祭天"仪式；婚嫁仪式中的"三拜"更是要求"一拜天地"；习语中也有"苍天不负有心人""富贵在天，生死由命"等。道教是土生土长的中国宗教，起源于老子和庄子的哲学思想，其核心价值是"无为而治"。比如中国武术的最高境界是"无形胜有形"；又如，老子认为"道可道，非常道；名可名，非常名"，意思是不要过于相信已有的知识和思维方式对存在的认知，这实际上是在探讨本质与形式的关系问题，即形式对本质的反映总是有局限的，而本质的内涵则是无法穷尽的。与道教相关的习语还有"道高一尺，魔高一丈""回光返照""八仙过海，各显神通"等。由印度传入中国的佛教，经过长时间的本土化，早已在中国民间宗教信仰中占据了重要的地位。比如，"五体投地"本来是古印度佛教中最恭敬的行礼仪式，后用来比喻心悦诚服；又如，中国人在表示祈祷时会说"阿弥陀佛"；表示愤怒时会说

"真见鬼";汉语里还有不少与"佛"有关的词语和习语,如"佛祖""借花献佛""不看僧面看佛面""平时不烧香,临时抱佛脚""放下屠刀,立地成佛"等。

### （四）风俗习惯的差异

不同民族有着不同的文化、历史、风俗习惯和风土人情等,"一个民族的语言是这个民族的文化的一个特殊组成部分,比如反映出该民族的风俗习惯,习语更是与民族的风俗习惯紧密相关"。比如,中国人见面比较习惯问年龄、地址、工作单位、婚姻、家庭情况等一系列问题;而在西方文化中,这些都属于个人隐私,为了表示尊重不能随便问及。又如,英美人寒暄时最喜欢说"It is a lovely day,isn't it?"之类谈论天气的话语,当然,这句话的本意不是为了谈天气,而是为了引出其他话题;但是在中国,人们见面时往往会问"你吃饭了吗?"或者"你上哪去?",对此,英美人可能会很茫然,有时还可能会把前者误解成要邀请他吃饭,或是把后者误解成打听他的隐私。

西方文明强调天人对立,因此英美人拥有强烈的战胜欲和征服欲,并形成了英美人重开创、求进取、善于抓住机会、大胆冒险的人生观,这也推动了英美人对权力的崇拜、追求物质利益的功利主义价值观和以个人主义为中心的人生信条,表现在语言中,常见的词语有"individualism"(个人主义)、"materialism"(唯物主义)、"pragmatism"(实用主义)以及习语"Bread is the staff of life."(民以食为天)、"Money talks."(金钱至上)等。与此相反的是,中华文化强调"天人合一",更重视集体而非个人的力量,反映在语言上则有"一人拾柴火不旺,众人拾柴火焰高""三个臭皮匠,顶个诸葛亮""人心齐,泰山移""一个篱笆三个桩,一个好汉三个帮""滴水不成海,独木难成林""天时不如地利,地利不如人和""一箭易断,十箭难折"等习语。

词汇是语言的基本单位,同一词语在不同的文化中可能带有不同的文化内涵及外延。词汇的文化内涵一般指一个词的基本意义之外的含义。中英文化背景不同导致社会观念不同,所以人们对同一事物会有不同的认识。比如,英语里有个习语"as poor as church mouse",从字面上我们很难理解 church mouse 怎么会穷困呢?因为中国的习俗中,寺庙里的佛祖面前总是供奉着各种瓜果点心,所以即便是庙里的老鼠,也总是长得很肥大;与此相反的是,西方的教堂里没有供果,教堂的老鼠无食可觅。又如,在汉文化中"狗"常常带有贬义色彩,如"走狗""狗嘴里吐不出象牙""狗咬狗"等,而且骂人的时候人们也会用"狗"这个词。而在英美文化中,狗是人最钟爱的动物,也是人类最忠实可靠的朋友,所以英语中大部分与"狗"有关的习语都没有坏的意义,诸如:

a gay dog(快乐的人)

a lucky dog（幸运儿）

a clever dog（聪明伶俐的小孩）

die dog for somebody（为某人尽犬马之劳、效忠于某人）

Every dog has his day（人人都有得意的日子）.

An old dog barks not in vain（老狗不乱吠、老人做事有经验）.

所以英美人很难理解中国人为什么会毫不留情地"痛打落水狗"（出自鲁迅，《论"费厄泼赖"应该缓行》）；而"走狗"一词译成"a running dog"时，也很难激起西方人的愤慨之情。

### （五）思维方式的差异

语言是表达思维的方式。"没有语言，则思维无以定其形，无以约其式，无以证其实。"正是英汉语言之间的巨大差异，造成了东西方思维方式上的差异，从而诱导双方思维方式的差异。

针对东西方民族在思维方式上的差异，季羡林在《神州文化集成序》中认为："东西方两大（文化）体系有相同之处，也有相异之处，相异处更为突出。据我个人的看法，关键在于思维方式：东方重综合，西方重分析。"贾玉新也认为："西方人见长于分析和逻辑推理，因此思维模式呈线式；而东方人长于整体式，他们富于想象和依靠直觉，因此可以讲是一种圆式思维模式。"

中国传统文化极重个人的感受，强调顿悟的作用。这种思想在特定的历史时期表现到极致，例如禅宗把庄子、玄学以及佛性的本体融合在一起，主张取消一切理性，依靠直觉在刹那间顿悟。这种思维方式在汉语中主要表现为句子之间的跳跃性大，中间缺乏形式上的连接，使得汉语的句式和行文如山间溪水跳跃、抖动，但始终前行。如鲁迅先生的小说《示众》（钱理群先生认为它是"代表20世纪中国短篇小说艺术最高水平"的两篇鲁迅小说之一，另一篇是《孔乙己》）的开篇部分：

首善之区的西城的一条马路上，这时候什么扰攘也没有。火焰焰的太阳虽然还未直照，但路上的沙土仿佛已是闪烁地生光；酷热满和在空气里面，到处发挥着盛夏的威力。许多狗都拖出舌头来，连树上的乌老鸦也张着嘴喘气，——但是，自然也有例外的。远处隐隐有两个铜盏相击的声音，使人忆起酸梅汤，依稀感到凉意，可是那懒懒的单调的金属音的间作，却使那寂静更其深远了。

只有脚步声，车夫默默地前奔，似乎想赶紧逃出头上的烈日。

"热的包子咧！刚出是的……"

十一二岁的胖孩子，细着眼睛，歪了嘴在路旁的店门前叫喊。声音已经嘶嘎了，还带些睡意，如给夏天的长日催眠。

他旁边的破旧桌子上，就有二三十个馒头包子，毫无热气，冷冷地坐着。

这段描写用电影镜头般的语言描绘出一幅幅看似跳跃实则连贯的画面，对此，钱理群先生的评论是，"几个细节描写，几个特写镜头，写尽了京城酷夏的闷热，更隐喻着人的生活的沉闷，懒散，百无聊赖，构成一种生存环境的背景，笼罩全篇，也为下文做铺垫。……馒头包子'毫无热气，冷冷地坐着'，这是神来之笔：'热'中之'冷'，意味深长。有了以上两笔，作者所要渲染的'闷热'及其背后的意蕴，就显得更加丰厚"。与汉民族的思维方式相反，英语民族善于理性思考，以概念为基础进行判定和推理，最后得出符合逻辑的结论。这种理性在语言上得到了充分的体现，表现为句式整齐，行文严谨，各个句子之间逻辑性强，整个架构成树状分布。例如：

History often repeats itself as farce-precisely what may soon play out in Washington. As World War II was drawing to a close, experts from the world's leading countries gathered at Bretton Woods, New Hampshire, to create a global economic order. They established the World Bank and the International Monetary Fund and called for a new body to supervise global commerce that eventually became known as the International Trade Organization.

这段文字使用了关系代词、连词、目的状语、定语从句等语法成分来体现英语表达方式的严谨和工整。在英译汉的过程中，我们必须打破原语即英语的思维干扰，采用符合目的语即汉语的思维方式和表达模式，突破英语的句式限制并做适当的调整。译文如下：

历史像闹剧一般，常常在重演——华盛顿即将上演的正是这样的一场闹剧。第二次世界大战即将结束时，来自世界主要国家的专家汇集在美国新罕布什尔州的布雷顿森林，试图建立一个全球经济秩序。他们成立了世界银行和国际货币基金组织，并倡导成立一个新的组织来监管全球商业，后来这个组织被称为国际贸易组织。

由此可见，中西思维方式的差异主要体现在以下方面：第一，中国文化擅长具象思维，而西方文化则长于抽象思维，因此英语更常用抽象名词以达到明确简练的目的，而汉语习惯将抽象的概念具体化。比如在概述中提到的马致远的《秋思》便是由九个具象罗列而成，对此，许渊冲先生的译文是："Over old trees wreathed with rotten vines fly evening crows; Under a small bridge near a cottage a stream flows; On ancient road in west wind a lean horse goes." 译者在最大限度保留原诗意象的同时，根据英语语法习惯做了适当调整，增添了冠词、介词和动词，使译文符合英语语法和思维方式所要求的严密的逻辑性。

第二，中国文化重视综合，而西方文化重视分析，因此英汉语言才有了前面所谈到的形合与意合的差异。

第三，中国文化偏向主体型思维，而西方文化更侧重客体型思维，因此汉语习惯用表示人或生物的词做主语，而英语则常采用非生物名词做主语，同时习惯采用被动语态，这也是中英文的显著差异之一。

第四，中国文化偏逆向思维，而西方文化则偏顺向思维。比如在时间概念上，英语中用"back"指代过去的时间，用"forward"指代将来的时间，而中国人的思维方式却与此相反。

唐代文学家陈子昂在其名篇《登幽州台歌》中写道："前不见古人，后不见来者。念天地之悠悠，独怆然而涕下!"此处"前"是指过去，"后"是指将来。又如英语中"a thirty percent discount"对应的汉语表达方式应当是"七折"，英语直接着眼于折扣本身，而汉语则强调打折后的实际付款额是原价的70%。

再如，汉语"油漆未干"译成英语应当是"wet paint"，"东南西北"则对应"north, south, east and west"，而英语中另外四个方位词"northeast""southeast""northwest"和"southwest"应当对应汉语的"东北""东南""西北"和"西南"。所有这些都反映出中西思维方式的差异。

思维与语言密切相关，思维方式的差异正是造成语言差异的一个重要原因。汉民族善于用直观思维对待客观事物；而西方注重科学、理性、分析和实证，重视抽象思维能力。这种思维差异表现在语言上为：汉语惯用具体、形象的词来表达抽象概念，英语则擅长于用抽象的概念表达具体的事物，这两种不同的思维方式无疑会对语言产生重大的影响。例如，汉语有句谚语"种瓜得瓜，种豆得豆"，瓜和豆就是两个具体的形象，这句话的含义用英语来表达就是"As a man sows, so he shall reap"。因此，思维方式上的不同形成了民族语言表达方式上的种种差异。综上所述，英汉文化差异对英语和汉语两种语言的使用都有着极其重要的影响。在翻译过程中，我们应该既重视语言知识本身的结构，更重视跨文化的种种社会文化因素，做到语言因素与文化背景的有效结合。

正因为中西方文化存在着以上的重大差异，美国翻译理论家尤金·A. 奈达（Eugene A. Nida）才认为，对于真正成功的翻译而言，熟悉两种文化甚至比掌握两种语言更重要，因为词语只有在其作用的文化背景中才有意义（"For truly successful translating, biculturalism is even more important than bilingualism, since words only have meanings in terms of the cultures in which they function."）；而且，译者要掌握两种文化，才能准确理解字里行间的意思（"To be a fully competent translator, one also needs to be bicultural in order to 'read between the lines'."）。因此，是否能同时掌握原语文化和目的语文化，或者对两种文化的掌握程度高低，都会直接影响翻译质量的好坏。这就要求译者在翻译的过程中具备跨文化意识。

跨文化意识（cross-cultural awareness）是指"跨文化交际中参与者对文化因素的敏感性认知，通常分四个层次，一是对那些被认作是怪异的表面文化现象的认知，二是对那些与母语文化相反而又被认为是不可思议又缺乏理念的显著的文化特征的认知，三是通过理性分析从而取得对文化特征的认知，四是从异文化持有者的角度感知异文化"。其中，"第四个层次是跨文化意识的最高境界，要求参与者具备'移情'和'文化溶入'的本领。"译者具备这种意识就可以把握翻译尺度且不受文化差异的负面影响。跨文化意识的有无或程度强弱将直接影响译者的翻译质量的高低。由此可见，跨文化意识是指对本国文化与异国文化的异同的一种敏感度，以及在使用外语时能够自觉地有意识地根据目的语文化（target culture）调整自己对语言的理解和表达。

在处理文化差异的过程中，译者需要根据不同的翻译目的采取不同的翻译策略。正如王佐良先生所说："翻译者必须是一个真正意义的文化人。人们全说：他必须掌握两种语言，确实如此；但是，不了解语言当中的社会文化，谁也无法真正掌握语言。"

# 第二章　跨文化交际与跨文化交际能力

## 第一节　交　际

### 一、交际的概念

"交际"是一个特别古老的概念，它来源于拉丁语中的"共享，共有"一词。因此，"共享"和"共有"是交际的前提，而且也是交际的目的。通过交际，人们可以获得更多"共享"和"共有"的东西，如知识、技能等。在交际中，具有同一文化背景的人们可以进行有效的交流，而来自不同文化背景中的人们，因为共享的东西有限，在交流时常常会产生沟通的障碍。这就是我们所说的跨文化交际。

《辞海》中"交际"词条下写着：

交际，《孟子·万章下》："敢问交际，何心也？"朱熹注："际，接也。交际谓人以礼仪币帛相交接也。"据此意义，该词后来泛指社会各阶层成员交往中人与人的往来应酬。《现代汉语词典》将"交际"定义为"人与人之间往来接触"，这些都是传统意义上人们对该词汇的解释。

同文化一样，作为学术上的专业术语，"交际"的定义也是多种多样的。关世杰将跨文化交际中的交流定义为"信息发送者与信息接受者共享信息的过程"。贾玉新把交际看成符号活动，一个动态多变的编译码过程，当交际者把意义赋予言语或非言语符号时，就产生了交际。在《跨文化交际学》中，他认为，交际受制于文化、心理等多种因素。但交际不一定以主观意识为转移，可能是无意识的和无意的活动，它是人们运用符号创造共享意义的过程。因此，我们说交际是一种运用符号传送和解释信息，从而获取共享意义的过程。

随着交际学在美国的兴起、发展和逐渐成熟，"交际"的概念连同这门学科一起被迅速地传播到世界的各个国家。本书作者所提及的"交际"一词，主要是指英语中的"communication"。有趣的是，交际这个词在俄语和英语中的拼写和发音有着一定的相似性。这似乎成为本书一个坚实可靠的根基。不同语言间文化习俗的比较可以帮助在跨文化交际中不同文化背景下的人们相互了解，使其获得更多"共有"和"共享"的共同点，从而消除跨文化交际过程中的障碍。

**二、交际的特征**

基于交际的定义，我们知道，交际通常指人与人之间相互作用而产生的一个过程。这个过程由传递方、接收方、信息、传媒、噪音等因素构成。

1. 交际是一种运用符号的过程

特定符号能够表达一定的意义，这是因为一个群体的成员对于某一符号所代表的意义已经达成了相对一致的认识。在这里，符号可以是一个动作、一个眼神、一件物品或是一句话，它是表达意义的有效单位。来自同一个文化背景下的两个人比较容易通过交流来达到交际目的，因为他们对于同一符号的表述意义有着相近的理解，但绝对不是一模一样的复制理解。而对于来自不同文化背景的人们来说，他们对于同一个符号可能就会有大相径庭的认识，这容易造成交际上的不顺畅。

2. 交际是一个传送和解释信息的过程

一个交际过程的组成因素包括传递方、接收方和信息等。由一系列特定符号形成表达一定意义的符号群所传递的就是"信息"。信息传送是指将思想、情感或态度等转换成他人可以理解的形式的过程。其中，传送信息的形式可以是言语的，也可以是非言语的。解释信息是指根据一定的环境理解信息所承载的意义，其意义是信息接收方对信息的自身理解。因此，同一文化背景下，不同交流者对于同一信息有不同的理解，信息的传递方和接收方对信息就会有不同的理解。而交流者对信息意义的理解是否相同就决定了交际是否成功，是否会出现较大障碍而无法继续进行。此外，在传递方和接收方进行的交际中，信息的传送和解释不是一个静态的过程，而是一种动态的、处于变化之中的过程。同时，交际还是一个不可逆转的过程，也就是说，交际中一旦发出的信息被对方接收后，就不可能反悔重来，即便经过修正后重新发出，对接收方而言，那又是一个新的信息了。交际的过程一旦完成，就是一个不可撤销的过去完成时。

3. 交际是一种共享意义的获取

交际中，传递方和接收方传送和接收的是一系列符号所表述的信息，也就是说，信息可以被传递，而信息的意义则取决于传递方和接收方的理解，因为它的意义受社会中众多因素的影响和制约，如双方的文化取向、社会地位以及交际发生的场合等。成功的交际过程要求传递方在发送信息时将他要表达的意义赋予特定的"符号串"，同时，必须考虑信息发送的环境、方式、渠道等因素，接收方通过接收"符号串"来获取信息意义。此时的信息，虽然与传递方所要传递的意义有一定的误差，但是仍然可以看作是传递方和接收方所共享的意义。因此，交际是信息接收方与传递方共享意义的获取过程。

4. 交际活动是一个有规律可循的行为

交际可以分为言语交际和非言语交际。言语交际需要遵循一定的语法、语用和语篇规则，非言语交际也需要遵循一定的社会文化规则，这就导致不同文化背景下的交流者进行交际时，往往因为上述规则的不同而变得举步维艰。但是，只要双方掌握了这些不同文化背景下的不同社会文化规则，就能够实现有效的跨文化交际。此外，交际双方可以根据交际活动的规律性预测交际行为的结果，预测的准确程度则取决于双方对交际因素的掌握程度。贾玉新认为，同一个文化背景下，人们的交际遵循的是同一套规则，因此更容易预测交际行为的结果，而不同文化背景下人们交际遵循的可能是两套不同的规则，或者一方对另一方的规则不太熟悉，这都会导致交际者在交际时出现一定障碍。但交际具有适应性的特点，处于交流中的人总是有意无意地尽力去适应对方，适应各种外界的社交环境。

### 三、交际的模式

信息的交际大概可以分为四个主要层次：人际交流、组织交流、大众传播和群体交流。本书作者涉及的主要是交流的第一个层次——人际交流。

1948 年，美国的政治学家 Harold D. Lasswell（哈罗德·D. 拉斯韦尔）最早提出信息交际的 5W 模式。至今，这种简单直观的方法仍是指导人们交际过程的一种极为便捷的综合性方法，但它更多地关注效果，却没有考虑交际双方的反应和反馈。1949 年，C. Shannon（香农）提出了传播的"数学模式"，但是该模式没有摆脱线性模式缺乏反馈的局限。1966 年，DeFleur（德弗勒）发展了香农的模式，显示出信源是如何获得反馈的，但他的模式更为适合描述大众传播。1954 年，W. Schramm（施拉姆）在 Osgood（奥斯古德）的基础上，进一步提出了自己的环形交际模式。在这个模式中，交流的参与者既是信息的传递方也是信息的接收方，每一个循环中他们不断变换着角色，它更加注重的是交际的过程。关世杰认为，它对于人际交流的情境更具有概括性和适应性，这不仅是一个宜于分析人际交流的模式，而且有助于我们理解跨文化交际关系。

### 四、建立良好关系所应遵循的交际原则

1. 尊重原则

尊重包括两个方面：自尊和尊重他人。自尊就是在各种场合都要尊重自己，

维护自己的尊严，不要自暴自弃；尊重他人就是要尊重别人的生活习惯、兴趣爱好、人格和价值，只有尊重别人才能得到别人的尊重。

2. 真诚原则

只有诚以待人，胸无城府，才更容易产生感情的共鸣，才能收获真正的友谊。没有人会喜欢虚情假意。

3. 宽容原则

我们在人际交往中，难免会产生一些不愉快的事情，甚至产生一些矛盾冲突。这时候我们就要学会宽容别人，不斤斤计较，正所谓退一步海阔天空。人不犯我，我不犯人。人先犯我，礼让三分。不要因为一些小事而陷入人际纠纷，这样我们会浪费很多时间，同时变得很自私自利，变得很渺小。

4. 互利合作原则

互利是指双方在满足对方需要的同时，又能得到对方的报答。人际交往永远是双向选择、双向互动。你来我往的交往才能长久。在交往的过程中，双方应互相关心、互相爱护，既要考虑双方的共同利益，又要深化感情。

5. 理解原则

理解是成功的人际交往的必要前提。理解就是我们能真正地了解对方的处境、心情、好恶、需要等，并能设身处地关心对方。有道是"千金易得，知己难求"，人海茫茫，知音可贵啊！善解人意的人，永远受人欢迎。

6. 平等原则

与人交往应做到一视同仁，不要爱富嫌贫，不能因为家庭背景、地位职权等方面的原因而对人另眼相看。平等待人就不能盛气凌人，不能太嚣张。平等待人就是要学会将心比心，学会换位思考，只有平等待人，才能得到别人的平等对待。

# 第二节　跨文化交际

## 一、跨文化交际的必要性

作为人类的一种社会活动，跨文化交际由来已久。人类从远古时代就开始了跨文化的交流。一国之内不同种族之间的战争与通婚，人们到全球各地的经商、传教和探险都是在进行跨文化的交流。中国古代"丝绸之路"的开辟、佛教的传入、郑和下西洋以及近代的"西学东渐"和五四运动时期广泛吸收西方文化，都是跨文化交流的突出例子。但是在过去漫长的历史中，大多数人生活在有限的空间内，跨文化交流并不是普遍的现象。人类频繁而大规模地进行跨文化的交流只是近几十年发生的事情，特别是进入 21 世纪以来，跨文化交际更成为人们生活中不可或缺的一部分。新世纪如此广泛而深入的跨文化交际主要是受到以下因素的影响。

1. 交通和通信技术的发展

科学技术的进步改变了人类交往的方式和频率。特别是近几十年来，交通工具和通信技术的发展大大缩短了人们之间的时空距离。各种交通工具如飞机、火车、汽车的方便和快捷使人们到不同国家和地区进行政治、经济、文化活动和旅游观光成为很平常的事情，这样，人们与不同文化背景的人或事接触的频率便大大提高了。而通信技术的发展，无论是卫星电视还是电脑网络，都把世界各地所发生的事情几乎是同步地展现在人们面前，让人们足不出户就能知道世界各地发生的新闻，同时了解生活在不同文化环境中的人们的生活方式。而 e-mail、Skype、Facebook、Twitter 等网络工具的普遍使用使远距离的人们也能方便地进行交流，提高了不同文化的人们之间交流的便利性。总之，科学技术的发展使跨文化交际已成为人们日常生活的一部分，如何有效地进行跨文化交际已成为人们普遍面对的问题。

2. 经济的全球化

经济的发展向来是影响人们生活方式和交往方式的非常重要的因素。跨文化交际的发展与目前经济的全球化有很大关系。经济全球化的最主要特征是全球经济的互相关联和互相依存，每个国家的经济发展越来越依赖国际大环境和地区间的合作与互补。遍布世界各地的跨国公司、合资公司、合作项目的存在，促成了不同文化背景的人们在工作环境中进行跨文化交流。为了提高工作效率，员工需要学会与不同文化背景的上司、同事和客户进行有效交流的方式。而公司也必须了解来自不同文化背景的客户的特点和需求，有针对性地开展商务活动。例如，现在西方国家的许多商店就专门雇用懂汉语和中国文化的职员为中国游客提供服务。由此可见，全球化的经济活动促进了跨文化交流的深入和广泛发展。

3. 人口的流动

世界范围内的人口流动是促进跨文化交流的另一个原因。人们由于各种原因，如为了躲避战争或出于经济等原因而移民到别的国家。人口的流动使接受移民的国家形成了文化的多元化格局。如何适应新的国家的文化环境，如何尽快融入其主流文化，如何与不同文化背景的人们和谐相处，是新移民面临的现实问题。而如何化解不同文化背景的人们之间的误解和冲突也是移民国家的政府面临的挑战。特别是像美国、加拿大、澳大利亚等移民国家，人口结构的多元化使跨文化交流成为个人和政府都关注的问题，这也是跨文化交际学科在美国兴起和发展的原因之一。

4. 广泛的国际交流与合作

当前国际的文化交流日益频繁。很多人到别的国家旅游、留学或从事各种形式的文化交流活动。中国的汉语教师到海外任教，中国学生到海外留学，外国人在中国学习汉语和中国文化，都是国际文化和教育交流的 子。这些文化的旅居者到别的国家并不是以移民为目的，也没有融入当地主流文化的迫切需要。但是他们需要适应新的文化环境，与当地人进行有效的沟通和建立良好的人际关系。他们在新的环境中常常会由于语言和文化的不同而产生心理上的不适或者交际上的障碍，感受到"文化休克"。如何在短期内适应新的文化环境，提高跨文化交际能力，就成为这些旅居者所面临的重要课题。另外，面对全球变暖、环境恶化、恐怖主义、区域性领土争端等世界性难题，不同国家和文化的人们需要进行广泛而深入的对话与合作。不同文化背景的人们具有国际化的视野、开放而宽容的态度和良好的跨文化沟通技能，才能让这个世界变得更和平、更美好。

**二、跨文化交际的定义**

跨文化交际既是指一种人类的社会活动，也是指一门研究跨文化交际活动的学科。在这里，我们首先分析跨文化交际作为一种社会活动的特点。

什么是跨文化交际？首先我们需要给它下个定义。以下是几个比较常用的有关跨文化交际的定义：

1. 跨文化交际是指那些其文化观念和符号系统的不同足以改变交际事件的人们之间的交流。（Larry A. Samovar，2010）

2. 跨文化交际是一种交流性的和象征性的过程，涉及来自不同文化背景的人们之间的意义归因。（Gudykunst&Kim，2003）

3. 跨文化交际就是不同背景的人们之间的交际。（胡文仲，1999）

4. 跨文化交际是来自不同文化背景的人们之间符号性交流的过程。有效的跨文化交际的目标是在交互的情境中给不同的个体创造共享的意义。（Ting-Toomey，1999）

在以上这几个跨文化交际的定义中，胡文仲的定义最为简洁，Ting-Toomey的定义最为全面。以上的定义归纳了跨文化交际的几个重要特点：跨文化交际是不同文化背景的人们之间的交流；跨文化交际是通过象征符号来实现的；跨文化交际是一种动态的过程；跨文化交际是一种双向的互动；跨文化交际的目标是创建共享的意义。

跨文化交际是不同文化背景的人们之间的交际。这里的跨文化交际实际上包含着两个层面：一个层面是指不同国家和不同民族的人们之间的交际，例如中国人与日本人、美国人、阿拉伯人之间的交际是跨文化交际；另一个层面是指同一个国家或民族中，不同性别、年龄、职业、地域的人们之间的交际，这也是跨文化的交际。例如男性和女性之间的交往就可以被看作是一种跨文化的交往，美国社会语言学家 Tannen 写了一本《你怎么就是不明白》 （*You Just Don't Understand*）的书，专门探讨男女之间交际的特点并分析误解产生的原因。她认为男性侧重信息传递而女性侧重建立和谐关系的特点使男女之间的交际存在着很多误解。在中国，南方人与北方人，城市白领与进城民工，老年人与青年人之间的交际其实也都构成了跨文化的交际。美国不同族裔的人们之间的交流也是跨文化的交际。胡文仲（1999）认为，在某种意义上，不同人群之间的交往都是跨文化交际。

### 三、跨文化交际的特点

1. 跨文化交际主要指人与人之间面对面的交际

虽然跨文化的交流包括国家之间的交流、组织之间的交流和人与人之间的交流，但是跨文化交际更多地侧重人际交流的层面，特别是人与人之间面对面的交流。Bennett（1998）就强调指出，跨文化交际主要是指不同文化背景的人们面对面的交流。面对面的交流既包括了语言交际也包括了非语言交际，而且是一种双向交流和互动的过程。这也是为什么早期的跨文化交际研究特别关注非语言交际，而不太关注大众传媒的原因。因为传统的大众传媒是一种单向的交流，是传播与接受的关系，缺少面对面交流的互动性。

2. 跨文化交际中涉及很多差异性

跨文化交际是不同文化背景的人们之间的交往，因此涉及了许多差异性。陈国明（2009）指出跨文化交际的特点之一就是差异性。跨文化交际涉及了深层文化，如文化传统、价值观、信仰、态度等方面的差异，也涉及了行为方式和习俗方面，如手势、衣着、语言使用的差异。另外，跨文化交际还涉及个人文化身份和社会角色方面的差异，如性别、年龄、职业、地域等方面的不同。这些存在差异的因素相互作用，影响了跨文化交流的过程和结果。一位中国的中年女教师与一位拉美文化中的高中男生进行跨文化交际，这不仅涉及宗教信仰、价值观、交往方式等方面的差异，而且还涉及性别、年龄、社会角色、个性等方面的差异。

3. 跨文化交际容易引起冲突

由于语言、交际风格、非语言行为、思维模式、社会准则、价值观等方面的差异，跨文化交际很容易产生误解和冲突。陈国明（2009）认为差异性是导致跨文化交际出现冲突的主要原因。Cushner 与 Brislin（1996）举了个例子，一个美国女学生出于好意把泰国室友洗干净的内衣和袜子叠放在她的枕头上，结果这个泰国女生觉得受到了侮辱，一定要搬离宿舍，因为在泰国人看来，头部是神圣不可侵犯的，把内衣和袜子放在枕头上是一种冒犯。

4. 跨文化交际的误解和冲突大多属于"善意的冲突"

虽然跨文化交际充满了冲突性，但是许多冲突往往不是出于人们恶意的动机，而是来源于人们良好的愿望。自己文化中得体而礼貌的行为到了另一种文化中可能会成为无礼的举动，善良的意图可能会产生意想不到的误解和不愉快。Brislin（2000）把这样的误解叫作"善意的冲突"（well-meaning clash）。例如，接受批评时直视老师的眼睛被西方学生看作礼貌的行为，但是这种行为在中国文化中却是一种不尊重老师的表现。跨文化交际中的大多数误解和冲突都属于这种"善意的冲突"，而不是人们有意地伤害别人。

5. 跨文化交际常常引起情感上的强烈反应

跨文化交际是一种很容易造成心理紧张的活动。人们经常提到的"文化休克"就是形容在跨文化交际中产生的心理反应。由于跨文化交际是不同文化背景的人们之间的交际，交际的过程和结果都充满了模糊性和不确定性，而这种模糊性和不确定性容易使人产生心理上的焦虑。Gudykunst 与 Kim（2003）用与陌生人的交往来形容跨文化交际，而 Gudykunst 的"焦虑管理理论"就是针对跨文化交际过程中的心理特点提出的。

6. 跨文化交际是一种挑战，更是一种收获

跨文化交际是一种挑战。因为跨文化交际中充满了误解、失败甚至冲突，所以成功的跨文化交际不是一件容易的事情。但是跨文化交际又是一种能给人带来深刻变化的活动。跨文化交际的经历使人们具有更开阔的视野、更丰富的阅历、更成熟的性格、更复杂的思维、更宽容的态度。许多有过出国经历的汉语教师都表示，跨文化交际的经历给他们的人生带来了积极的影响，不仅使他们变得更加独立，具备更强的适应能力和交往能力，更重要的是使他们更深刻地感受到世界上存在着不同的人生方式，并且学会了理解和欣赏这种文化的差异。

# 第三节　跨文化交际能力

跨文化交际是一种交际行为，就交际的种类来看，可以是人际间的交流，也

可以是个人与公众（群体）间的交流。Brian Spitzberg 认为个体的交际能力体现于个体在特定场合中得体、有效的交际行为。在跨文化交际语境中，交际双方共同点减少，差异增多，会使交际难度增加。影响有效交际的变量包括语言差异、文化差异、世界观、价值观等。Kim 对跨文化交际能力做出了更为具体的界定：跨文化交际能力是个体所具有的内在能力，能够处理跨文化交际中的关键性问题，如文化差异、文化陌生感、本文化群体内部的态度，以及随之而来的心理压力等。

Spitzberg 的定义从宏观上把握交际能力和跨文化交际能力，即交际能力体现在交际行为的"得体性"和"有效性"上，跨文化交际体现在交际场景，即"特定场合"中。

Kim 对跨文化交际能力的界定更加强调"跨文化能力"，即处理文化差异的能力，没有提到交际行为的过程（是否得体）和交际结果（是否有效）。

本书认为，Spitzberg 对交际能力的界定可以涵盖跨文化交际能力的内容，即在跨文化交际语境中（特定场景），交际者得体（符合目的文化的社会规范、行为模式和价值取向）、有效（实现交际目标）的交际行为。

理解跨文化交际能力的概念需要考虑构成概念内容的基本要素的意义。交际技巧可以体现交际能力，但是行为本身并不是能力。能力是一种社会评价，交际能力可以表现为得体的交际行为。

行为的得体性取决于交际场景和交际对象。某一场合中"得体的行为"，在其他场合有可能变得不得体。一个精通中国文化的美国人在与中国人交往时表现出很强的交际能力，而在与阿拉伯人打交道时却表现得手足无措。交际能力是交际双方给对方的印象或评价，或者说，交际能力是对于交际者交际行为的社会评价。交际行为的得体性是指交际者的交际行为符合交际语境中交际对象的社会文化规范和行为期待。交际双方的关系也是影响交际行为得体性的因素之一，有时人们会以违反交往规范的方式建立新的规范或关系。例如：按照规则，公司同事在上班时间内的谈话内容应该只限于业务信息，但实际上，人们在交谈中往往会夹杂个人信息或其他与工作无关的话题。从交际场景来看，这样的行为是不得体的，但是就交往双方的私人关系而言，谈论私人话题是可以接受的，交际双方行为的得体性体现在对规则违反程度的把握和对交际语境的选择。此外，不同文化中人们的行为习惯、交际模式、言语和非言语符号的差别使判断行为得体与否更加困难。

例如：美国文化中商务谈判是一种很正式的交际形式，一般在会议室进行，谈判双方的座位安排以面对面为主。因此，美国人会认为阿拉伯文化中席地而坐，谈判双方人员混坐在一起的谈判方式不正式，同时会觉得芬兰人喜欢在集体洗桑拿浴时谈判的行为不得体；而在阿拉伯和芬兰文化中，人们这样做是为了缓和竞争的紧张气氛，保持融洽的关系。

跨文化交际能力除包括交际行为的得体性外，还包括交际结果的有效性。交际行为的有效性是指交际者能实现交际目标，也有学者把有效交际看作是交际能力的体现。

有效，即效力（effectiveness），与效率（efficiency）相关却不相同。有效交际指成功的交际，实现交际目标的交际，代表满意；效率指交际的直接性、立即性，代表速度。一般来讲，人们认为，效率较高的交际会更有效，因为高效率意味着低消耗（时间、精力）。然而，想要实现预期的交际效果，只有效率是不行的。

交际行为的得体性和交际结果的有效性决定交际的质量。交际行为不得体，交际结果无效是交际质量最低的模式；行为得体却达不成交际目标的是社交变色龙，在交际中他们不违反交际规则却也不能实现交际目标；能够实现交际目标，但是行为不得体也是不可取的，例如：那些通过欺骗、强迫等手段，牺牲他人利益，为达目的不择手段的行为；高质量的交际是交际者既能够实现交际目标，同时交际行为又符合特定场景的文化习惯。下面的案例可以向我们展示交际得体性与有效性的关系。

美国商人 Btian Holtz 被公司派往泰国管理分公司。Thani 先生，泰方的经理助理，为人精明强干，是不可多得的人才，但是他最近一段时间经常迟到。Holtz 决定采取些措施提醒他一下。经过深思熟虑，他有 4 种处理问题的策略：

（1）找 Thani 私下交谈，询问迟到的原因，并告诉他必须按时上班。

（2）不理会这一问题。

（3）Thani 下次迟到时，公开责备他。

（4）在私下交谈时，示意他想请 Thani 帮忙处理公司职员经常迟到的问题，并请 Thani 建议处理方法。

第一种方法是有效的，因为这样做的结果是 Thani 不会再迟到。然而，泰国的文化习俗是避免当面直接批评或责备他人的，Holtz 的这种行为在泰国的文化语境中是不得体的。第二种策略（不理睬对方迟到的行为）是得体的，但是不能实现交际目标（使对方按时上班）。第三种策略（公开指责）则既不得体又无效，因为公开指责在泰国文化中被视为侮辱，Thani 可能会因此提出辞职。Thani 是一个有价值的职员，Holtz 是想让他更好地为公司服务，而不是想终止合作关系，所以 Thani 的辞职意味着交际失败。第四种策略，间接提醒了对方自己关注的问题，又避免了让对方觉得"丢脸"，是既得体又有效的最佳选择。跨文化交际能力的另一决定性因素是语境。语境是交际发生的环境、场景或场合，可指文化、交际者之间的关系、地点、交际功能等。交际要在一定的场景中进行，交际者的社会角色、交际角色和交际目的直接影响交际行为，如言语和非言语交际方式正式与否等。与相同文化背景的交际对象交际相对容易，因为双方使用相同的符号系统，彼此清楚对方在某一场景中对自己的行为期待。不同文化背景的交际者在跨文化语境中的交际要困难许多，交际者缺乏足够的对方文化的知识，不知道自己在这一场景中的得体行为是什么，从而心理上会产生焦虑情绪；同时，对方的行为模式与自己文化对此种情境的行为规范不同，从而产生厌恶的情绪。交际知识的缺乏和负面情绪的影响从行为上表现出来——没有得体的交际技巧，没有积极的交际动机和态度，这就会导致跨文化交际失败，这也是没有跨文化交际能力的体现。

通过对跨文化交际能力的分析，我们认为，跨文化交际能力是一种内在的力量，可以通过输入跨文化交际的知识增加能力，能力通过运用技巧的方式体现于行为上，但是行为本身并不代表能力。跨文化交际能力强的交际者的交际行为得体，即符合交际场景的社会文化规范、交际对象间的角色关系和交际功能，同时有效，即可以实现交际目的。交际的有效性代表满意度，但是有时有效的交际不能达到完全满意的效果。例如：一对恋人感情破裂，男方还深爱女方，但女方不再爱他了。男方知道他没办法实现他的交际目标，即挽回爱情，达到完全满意，此时的有效交际是退而求其次，以得体的方式与对方保持朋友的关系，这也是有效的交际。

理解跨文化交际能力的内涵是进一步研究跨文化交际能力构成的基础，对于跨文化交际研究和跨文化交际能力培养研究都有重要的意义。

跨文化交际能力的构成是规划教学内容的蓝本。跨文化交际学是新兴学科，国外学者在跨文化交际能力方面的研究成果颇为丰富。如 Ruben 的七大交际维度理论对交际能力的解释是：以与具体环境中的个体的需要、能力、目标和交际期待基本一致的方式进行交际的能力，同时要满足交际者自身的需要、能力、目标和交际期待。

他（1976）指出了跨文化交际情境中使个体能够有效交际的七大行为要素，具体如下：

（1）尊重：个体显示出对他人价值和潜在价值的高度尊重。

（2）互动中的姿态：交际中以一种描述性而非评价性的态度来回应对方。

（3）对知识的取向：将自身的知识与认知看作个人的知识而非四海皆准的知识。

（4）移情：设身处地从对方的情况入手，考虑问题，争取达到"将心比心，感同身受"。

（5）角色行为：特定的群体情境中完成相关的任务与扮演相关角色。

（6）互动中的管理：适当调控交际对象的互动表现。

（7）对模糊性的容忍：能够适应与预期不同的模糊情况，能够对其充分容忍而不感到过分的不适。

Michael Byram 的欧盟模式（1997）认为跨文化交际能力，"要求学生获得跨文化交际方面的知识、技巧、态度和客观评判型的文化意识"。他提出跨文化交际能力的构成要素为如下 5 个方面。

（1）跨文化交际的态度：对文化问题要保持好奇和开放的态度，不再对其他文化和自身文化持怀疑态度。这就意味着，交际者愿意去比较描述自身的价值观、信仰和行为，而且不再假定它们是唯一的和绝对正确的，能够客观地从其他文化的角度看待自身的价值观、信仰和行为。简单地说，跨文化交际的态度就是不再将自身的文化看作"中心文化"。

（2）知识：知识是指社会群体的成就性"产品"和自身文化或其他文化的行为规则，以及社会交际和个体交际的具体过程。因此知识包括两大要素：社会交际过程的知识以及解释这些社会交际过程和产物的知识，后者包括他人如何认识你和你对他人的认识与理解。

（3）解释与讲述的技巧：解释来自其他文化的文献或事件，从自身文化的角度来解释或是讲述其他文化的文献或事件。

（4）发现和互动的技巧：能够习得文化和文化实践中的新知识并且运用这些知识、态度和技巧来处理实际交际中互动上的一些问题。

（5）客观评判型的文化意识：能够根据来自自身文化和其他文化的外在显性标准、洞察力、实践和结果来客观评判文化问题。

对于跨文化交际能力构成要素的研究是培养跨文化交际能力的重中之重，许多跨文化交际学界的专家都对这一课题有所涉猎，下面是 3 位学者提出的理论，是对跨文化交际能力构成研究的重要成果。

1. Yong Yun Kim 的跨文化交际能力构成理论

Kim 是跨文化交际研究领域杰出的学者，他运用社会心理学、应用语言学和社会学方法，把影响跨文化交际能力的因素结合起来，形成一个新的跨文化交际能力模式。他认为，跨文化交际能力由认知能力、情感能力和行为能力构成，三者相互联系，相互影响，不可分割。一个认知能力强的交际者，例如：熟练掌握目的语，熟悉目的语文化；同时，情感上对目的语文化持积极态度，学习目的语和目的文化的动机强烈，通过掌握目的语交际系统——言语和非言语促进了认知能力的发展，在行为上表现出良好的交际技巧。

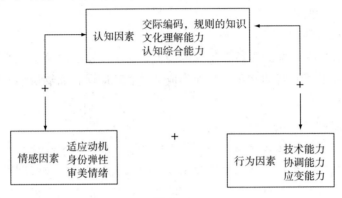

图 2 - 1

注："＋"代表正关联。

图 2 - 1 是跨文化交际能力的构成因素的关系，箭头和"＋"表明各因素间相互影响的关系，其中一个因素的变化会导致其他因素的改变。一个人的跨文化交际知识增加了，交际动机随之增加（交际动机增加在行为上表现为积极参与交际活动）。积极参与使交际者增加经验知识，学到更多的跨文化交际知识，这将推动积极情感能力的发展，形成良性循环。

（1）认知能力要素

交际是一个复杂的过程，是交际者对交际目的进行编码形成信息，通过一定的渠道或者方式传达到接收方，接收方解码反馈的过程。交际过程中的各个环节都受到交际双方性别、年龄、受教育程度、文化背景等干扰。跨文化交际的认知能力要求交际者能有理解并破译不同言语和非言语编码的能力，具体包括 3 方面的能力。

• 掌握目的文化的交际体系

语言是交际的主要手段之一，掌握目的文化的交际体系先要掌握目的文化的语言。

这里的语言不只包括语言知识，还包括语用知识。语用知识能够帮助交际者得体地使用语言，如以对方习惯接受的方式表达赞扬、邀请、拒绝等意图和情感。

• 文化理解

话语模式和行为模式基于文化，对于目的文化的理解程度决定了交际者对其话语模式与行为模式的理解和接受程度，这是移情能力的基础。文化是一个宽泛的概念，其分类形式多样，一般认为文化的重心包含于伦理方面、宗教方面、政治方面和经济方面。理解文化是一个浩大的工程，即要了解历史、政治、宗教、价值观等方面的知识。

• 认知综合能力

所谓认知的综合能力是整合信息的能力。一个高水平的跨文化交际者能够更深入地了解目的语和目的文化，从而形成一种心理倾向，能够辨别本族文化和其他文化的细微差别。

（2）情感能力要素

情感能力是跨文化交际能力的重要组成部分，是要求交际者具有跨文化交际意识，尊重其他文化，克服民族中心主义、种族主义等交际障碍的能力。具备良好的移情能力有利于在行为上采取得体的交际策略。情感能力包括3方面内容。

• 适应动机

适应指交际者在跨文化交际语境中适应他者文化系统的交际模式，能够按照对方习惯接受的方式交际。主体适应的速度和程度取决于主体的动机。融入对方文化动机强烈的人，接受对方文化的心理准备充分，行动积极，适应速度较快；反之，动机弱则不利于克服自身文化系统的干扰，适应速度较慢。此外，年龄对于适应也有影响，年轻人比较容易接受新的目标语文化，而年纪大的人接受起来就比较困难。

• 身份弹性

身份弹性是一种基本的社会心理定位，涉及主体对自身、自身文化和目的文化的尊敬，即主体是否愿意改变其建立在原有文化体系中的行为模式和习惯。这种弹性或适应性有利于减少对其他文化的偏见，从而使交际者实现交际目标。

• 审美情绪

审美情绪与 Ruben 提出的移情较为接近。移情是从对方的角度看待问题，而审美情绪更加深入，指交际者在跨文化语境中的交际行为符合目的文化的审美习惯。了解对方的审美习惯有利于主体欣赏、理解对方的文化产品，包括美术、音乐、体育等；同时有利于主体理解日常生活中遇到的对方文化中的笑话、幽默以及喜怒哀乐等情绪的表达。

（3）行为能力因素

跨文化交际能力指主体能与不同文化背景的个人或者群体进行有效沟通的能力。交际是一种行为，交际能力体现在具体交际行为中，所以跨文化交际的行为能力是跨文化交际能力的最终体现。行为能力的最终形成需要认知能力所获得的知识做支撑，情感能力做铺垫，即通过具体行为表达个人的认知和情感经验。跨文化行为能力包括 3 方面内容。

•技术能力，包括基本的语言技能、工作技能、学术技能等一切能够获得有用信息，解决不同问题的技能。

•协同一致能力，指交际者能够以得体的举止与当地人和谐相处的能力。

•应对变化的策略能力，指交际者能够克服文化差异，运用合适的交际策略解决问题，实现交际目标的能力。

2. Brian Spitzberg 的跨文化交际能力构成理论

Spitzberg 认为跨文化交际能力由知识、动机、技巧 3 个因素构成，三者相互影响、相互依存。跨文化交际能力需要足够的跨文化知识、积极的动机和有效的交际技巧，3 个因素应同时具备，任何一个因素都不能单独构成跨文化交际能力。

（1）知识

知识指交际者应该了解目的文化中交际对象、语境以及人们对得体行为的要求等信息。这些知识是交际者正确解读交际对象传达的言语和非言语信息的基础，也是交际者选择得体交际行为的依据。缺乏跨文化交际知识，交际者便会无法确定自己的交际行为在目的文化的某一语境中是否得体、有效。

跨文化知识包括广义文化知识（涉及各国文化的知识）和狭义文化知识（涉及某一特定文化的知识）。广义文化知识从宏观上解释跨文化交际现象，对交际者的跨文化交际行为做一般性的指导。例如：了解各国文化中存在不同的文化模式和交往规则可以帮助交际者意识到文化差异的重要性，提高对跨文化现象的敏感度。了解文化对人际交往模式的影响可以帮助交际者理解跨文化交际语境中交际对象的行为取向。跨文化交际能力还需要掌握某一特定文化的知识和常识，如：该文化不同于其他文化的特点，以及其主流文化模式和优势等。特定的跨文化交际目标要求交际者掌握特定语境的知识，如：进行跨文化商务沟通要求交际者掌握目的文化中有关商务活动的常识，出国留学要掌握与学习和生活有关的文化常识等。

（2）动机

动机指交际者在预期和进行跨文化交际活动时的情感联想。与知识一样，不同的情感因素影响着跨文化交际的效果。人类的情感包括感觉和意图。感觉指人们在与来自不同文化背景的人交际时体验到的情感状态。尽管人们总是混淆情感和思想，但是情感并不是思想，而是人们对思想和经验的情感和心理反应。跨文化交际中人们会有幸福、哀伤、急切、愤怒、紧张、惊讶、迷惑、轻松和快乐等情感体验。感觉涉及交际者对其他文化的敏感性，以及对交际对象和某一特定文化的态度。有的人不习惯面对不熟悉的东西，其他文化中陌生的景色、声音、味道使他们退却。提高体验陌生事物的动机有利于提高跨文化交际能力。

意图或目的是指导行为的目标和计划，是指导交际者在具体交际活动中的行为取向。

人们对来自不同文化背景的人往往持有某种定势性的看法，这种看法可以帮助交际者缩小采取应对措施的选择范围，意图会受这种定势的影响。如果在交际行为发生之前，交际者对交际对象或其文化持有负面的看法，那么在交际中，这种负面看法会影响到对交际对象行为的客观判断。如果交际意图或目的是积极的，交际双方彼此的判断和评价准确，表明跨文化交际能力较强。

（3）技巧

技巧是在跨文化交际中表现出来的得体、有效的交际行为。交际者只掌握必需的跨文化交际知识，持有积极的交际动机还不足以完成跨文化交际任务，他必须能够运用一定的行为技巧。这好比一个人想游泳，他看了很多关于如何游泳的书，掌握了游泳技巧的知识，他有强烈的游泳的动机，但是他还是不会游泳，因为他没有掌握游泳的技能。

很多跨文化交际学者对 Spitzberg 的理论加以修改，提出相似的模式。例如：研究跨文化交际能力培养的学者提出，"意识"是与"知识""动机"和"技巧"同样重要的第四因素。Paulo Freire 认为，意识主要指对自我以及与自我相关联的人或事物的认识，包括探索、实验和体验，是自我反省的，可以自我展现也可以向他人展现。意识具有不可逆的特点，一旦有"意识"便不能回到原来无意识的状态。意识可以提高认知、情感和行为技巧，因此在跨文化交际能力培养中应该有培养跨文化交际意识的内容。

3. Judith Martin 与 Thomas Nakayama 的跨文化交际能力构成理论

Judith Martin 与 Thomas Nakayama 编写的《语境中的跨文化交际》中提出一种新的跨文化交际能力模式，包括知识因素、情感因素、心智活动特征和情境特征4个要素，如图2-2所示。

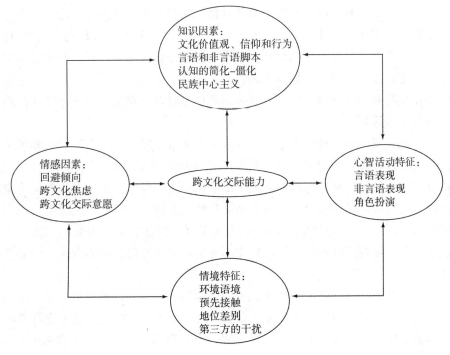

图 2-2　跨文化交际能力模式

（1）知识因素

跨文化交际能力中的知识因素指交际者对交际对象所在文化了解的程度，了解对方文化越多，跨文化能力越强。交际者应该了解目的文化的价值观念和信仰，了解交际对象来自何种文化模式：集体主义—个体主义，高语境—低语境，高权力距离—低权力距离，高不确定性回避—低不确定性回避。交际者还应掌握目的语文化的言语和非言语交际脚本。交际理论家 Charles Beger 认为言语和非言语脚本对交际有指导作用。脚本存在于人脑的长时记忆中。一个知识经验丰富的交际者拥有较多的能够指导他理解和预见交际对象交际行为的剧本库，当他与他人交际时他会从记忆库中找到类似的经验指导他的行动，如果他没有经历过同样的交际场景，他会利用类似的经历作为参考，甚至借鉴以前观察到的他人（包括书籍、电影、电视中等）的经验。在日常生活中，我们评价一个人有经验，就是这个道理。

认知的简化和僵化指交际者在与来自其他文化的人交际时，处理信息的方式过于简单、僵化。Kim 在论述文化冲突时把这种现象用作一种维度，认为人们认知的简化和僵化可以促进思维定式的形成。这种认知习惯导致个体目光狭隘，容易对其他文化产生负面的判断。有跨文化交际能力的交际者往往具有较为开放的、灵活的认知体系，而认知体系简单且僵化的交际者不具备跨文化交际能力。

民族中心主义指个体以自己所在的文化或群体为中心评判其他文化和群体。民族中心主义者通常对其他文化群体持有消极的态度或采取敌对的行为，他们认为自己文化群体的价值观念最为正确，并以此为衡量一切的尺度。民族中心主义是跨文化交际能力发展的障碍，此种观念的持有者对宏观文化的理解程度较低。

（2）情感因素

跨文化交际中的情感因素，指交际者对待来自不同文化的交际对象和跨文化交际行为的态度——接近或疏远，其重要特点是对跨文化交际活动产生的焦虑，即因正在进行的或预期进行的跨文化交际活动产生恐惧和焦虑心情。跨文化交际焦虑程度高的人倾向于避免与来自外来文化的人交际，在他们眼里那些人都是行为奇特的"他者"，对"他者"奇特行为的不理解使他们觉得紧张、焦虑，并因此躲避交际。是否愿意进行交际，即交际动机，是跨文化交际能力构成中的重要情感因素。

Kim 认为，个体处理心理压力的能力可以影响其接近或避免跨文化交际的态度。在跨文化交际语境中，文化差异带来潜在的不确定性，这会增加交际者的压力，有的个体善于把握压力，有的则不擅长减轻压力。Gudykunst 和 Kim 认为，有效的跨文化交际者应该在一定程度上能够容忍含混和不确定性。交际者处理压力和容忍含混的能力越强，跨文化交际能力越高。

跨文化交际能力中的知识因素和情感因素相互支持、相互影响：跨文化交际知识越多，跨文化交际的心理压力越小，进行跨文化交际的动机越强；交际动机强烈，获得跨文化交际经验的机会多，积累的跨文化知识就会越来越多。

（3）心智活动特征

跨文化交际能力中的心智活动特征是知识和情感因素的体现，内容包括言语和非言语表达以及角色扮演。言语表达指个体如何运用语言。交际者可能了解很多目的语的语言知识，但是语用能力很差，不能在实际对话中使用目的语流利表达。很多留学生到目的语国家不是为了学习语言知识，而是为了有更多的机会练习使用目的语。了解并运用目的语可以增强交际者的认知能力，提高跨文化交际质量。语言脚本可以减少不确定性，心智活动把语言脚本付诸实践，一个不了解目的语的人不会知道目的语中基本的交际方式，如：问候、邀请、日常用语等。

非言语表达也是重要的心智活动之一。交际者要注意对方文化中肢体语言、时间语言、颜色语言、空间语言、辅助语言等非言语符号的细微差别。与言语交际的情况类似，一个具备目的文化非言语交际知识的人不一定能够准确使用该非言语符号系统。因此，在出国之前交际者应该刻意做一些专门的练习，提高运用非言语符号系统的能力。例如：如果准备去日本，我们应该在家人和朋友面前练习鞠躬。此外，味道也是很重要的非言语符号。在出国之前我们应该了解目的文化对味道的喜好和日常的习惯，有的国家，如美国，喜欢用香水或其他化妆品掩盖人体的自然味道，而很多国家的人们却不习惯使用香水。

角色扮演与语境有关，这是指交际者在目的文化中如何根据自己的角色身份得体地使用言语和非言语符号。人们在社会生活中扮演不同的社会角色，文化记载了社会对不同社会角色的期望和要求，这是个体扮演角色的脚本。换言之，人们根据自己文化内部的角色期待扮演自己的社会角色，个体的言行要符合其扮演的角色身份。文化是社会角色的行为规范，不同文化对同一社会角色言行的期待不同，跨文化交际者了解目的文化对自己所扮演角色的期待，并调整自己的行为模式，使自己的言行符合目的文化的要求。在美国，教师尽量与学生保持平等的关系，对学生的约束较少，学生可以自由提问，教师和学生一般使用非正式的、生活化的语言对话，所以一个美国教师在课堂上身着牛仔裤，坐在桌子上讲课可以被理解为在制造轻松活泼的课堂气氛；而在韩国，学生期待教师为人师表，仪表言行都应该正式、庄重，美国教师的行为在韩国文化中不符合其扮演的角色身份要求。

不同文化对职业以及性别的言语和非言语表达方式以及行为模式的期望不同，跨文化交际者要能够调整不同语境中角色身份的行为差异，以对方文化可接受的得体方式进行交际。

（4）情境特征

跨文化交际能力的第四个因素是发生跨文化交际的真实语境。个体可能在某一语境中表现出较强的交际能力，而在其他语境中则无法自如应对，因此交际能力的大小依语境变化，影响跨文化交际能力的情境特征包括环境语境、预先接触、地位差别和第三方的干扰等。

环境对交际的影响很大，某些环境承载的文化信息量很大，在这样的环境中，交际者很容易感到紧张，从而影响到言语和非言语表达。例如：日本的茶道是一个文化内涵很深的仪式化的活动，而不仅仅是大家在一起喝茶的活动，美国人不了解茶道的内涵和程序，在整个茶道仪式中感到莫名其妙和无所适从，他下一次参加茶道的动机会减少。

与目的文化有过接触对提高跨文化交际能力意义重大。如果个体在出国前曾经与目的文化的人有过接触，那么发展跨文化交际能力要相对容易。当然，与目的文化的交际者建立信任感需要一定的时间，但是一般来讲，与当地人接触越多，了解对方文化知识越多，与对方文化接触的紧张感越低，交际动机越强，移情能力越高。

人们所扮演的社会角色存在社会地位差别，不同文化背景的人们对社会地位有不同的认识，在权力距离高或权力距离低的不同社会，人们往往对社会地位与自己平等、低/高于自己的人在情感态度和言行上表现出不同取向，美国人倾向于降低身份距离，他们对父母直呼其名，百姓和媒体公开评论当权者的言行和决策。在权力距离高的国家，地位决定一切，甚至在对话中谈话者的发言顺序都由地位身份来确定。电影《安娜与国王》中，西方女性安娜看到泰国国王的仆人见到国王时要马上跪拜，觉得难以接受，因为她认为这是对仆人人性的不尊重。西方文化与泰国文化对地位的不同理解导致跨文化误解，安娜不能以西方文化的价值观改变泰国国王的习惯，泰国国王也不该依泰国人的习惯要求西方人（安娜）见到他就行跪拜礼。

第三方的干扰或参与也是改变交际情境的因素之一，第三方的出现可以改变人们在交谈中的地位，如：你的上司加入你和同事之间的谈话，你就要注意当前的话题是否得当，并调整言语和非言语表达方式。如果第三方是女士，那么交际者就要注意对方文化中与女性交际的要求。

## 第四节　翻译教学与跨文化交际学

所谓跨文化交际学，即不同文化背景的人走到一起分享思想、感情和信息时所发生的一切。跨文化交际的英语名是 Inter-cultural Communication，也称 Cross-cultural Communication。跨文化交际学最先在美国兴起。美国是个移民国家，文化碰撞时有发生。来自世界各地的移民都强调并维护自己的文化，因此形成了美国的多元文化格局。于是跨文化交际引起了美国学者和各界人士的广泛关注。日本也不甘落后，于 1972 年在东京召开了第一届跨文化交际学国际研讨会，出席人数超过两千。1974 年，跨文化教育、训练与研究学会（SIETAR，Society for Intercultural Education，Training and Research）在美国正式宣布成立。我国研究跨文化交际学起步较晚。北京外国语大学著名语言学家胡文仲教授于 20 世纪 80 年代初期开始从事跨文化交际学的研究，著作颇丰，目前已经编著出版了《跨文化交际学概论》《跨文化交际与英语学习》等多部图书。目前，跨文化交际学已发展成为一门被国际学者们充分重视的集人类学、语言学、心理学、传播学、社会学等为一体的综合性学科。

外语教学与跨文化交际有着密切的关系。有外语学习和外语交际体验的人在跨文化交际中往往处于有利地位。外语教学工作者在跨文化交际中的优势非常明显，他们不仅已经具备相当的外语水平和文化能力，而且早已认识到文化教学对外语教学的重要性。由于语言学的发展历史远远长于跨文化交际学，语言学的研究成果，特别是关于语言、思维、文化和交际之间关系的研究，为跨文化交际学的理论和实践提供了很大的启示，成为跨文化交际学的基础理论之一。

外语教学的意义不仅在于帮助学习者获取一个表达思想的新工具，更重要的是通过学习一门新语言，学习者可以开阔视野，学会从不同的角度、全方位地去感知和理解社会现象和事物，并在各种跨文化交际情况下，能够调节自己的行为，进行恰当有效的交流。外语教学这一优势是由语言与世界观和思维，语言与文化和交际的关系决定的。

### 一、语言—世界观—思维

语言反映并影响人们的世界观这一思想已经得到很多语言学家和哲学家的论证。德裔美国文化人类学家 Franz Boas 根据自己对因纽特人和印第安人语言与文化的研究，提出了著名的文化相对论和语言相对论的观点。每种文化都是其社会生活发展的产物，满足该文化群体的生活和精神需要，因此不能用好坏的标准来加以评判。同样，每一种语言都有其独特的划分世界、区别体验的词汇和方法，一方面，这种语言特点的形成是由其地理、历史、社会等客观因素决定的；另一方面，这个语言体系又反过来影响该语言群体的人们对世界的感知和理解。

Boas 对爱斯基摩语言中"雪"的词汇的论述成为理解语言、文化和思维关系的经典和标准的参考。他的学生 Kroeber 和 Sapir 发展了他的理论，尤其是 Sapir 和 Whorf 共同建立的萨丕尔-沃尔夫假设引起广泛的关注和争议。

他们着重研究语言与世界观的关系，强调语言对思维和文化的作用。在他们看来，"真实的世界"在很大限度上建立在语言习惯的基础上，即我们的语言习惯决定和影响我们对世界的感知。每种语言反映不同的社会现实。目前，对于语言和思维及文化之间关系的一个共识就是，语言是理解世界的向导，但并不是唯一的决定因素。

### 二、语言和文化关系的研究

关于语言与文化的关系问题，学术界提出过多种观点，其中有代表性的有萨丕尔-沃尔夫假设，他们认为语言结构是文化结构的本源和决定因素；与之针锋相对的马克思主义的观点认为，社会文化结构是语言的决定因素；格里姆肖的《社会语言学》则认为，语言结构和社会文化结构互限；乔姆斯基的学说认为，语言结构和社会文化结构都是受第三种因素，诸如人的本质、人脑结构、人类思维特征等决定的；实证主义则认为，语言结构和社会文化结构之间只有伙伴关系、相关关系，而无因果关系。此外，尚有语言是文化的载体说、语言与文化的基本特征一致说、语言是文化传播的工具说，等等。语言究竟是什么？普通语言学认为，语言是由词汇和语法构成的系统。这是对语言的本质所下的最基本的定义。不过，如果从社会语言学、历史语言学、文化语言学等角度来看，我们又会得出各种不同的解释。可见，要对语言下一个大家都认可的定义并非易事。实际上，人们对语言本质的认识也有一个漫长而复杂的过程。在人类的早期，经历了一个万物有灵的泛神论阶段，人们崇拜很多神灵。语言虽然存在于社会生活中，却是既看不见，又摸不着的，而它在人们生活中又十分重要，因此，带有神奇色彩的语言就顺理成章地被人们视为一种神了。如信奉印度婆罗门教的人就把语言当作一个伟大的神灵加以崇拜。即使到19世纪科学语言学产生之后，语言仍被做出种种不同的解释。如历史语言学家把语言看作一种机械现象或自然界的有机体；结构主义语言学认为语言是一种符号体系；乔姆斯基则把语言当作人脑的先天机制。这些看法有一个共同点，就是都没有看到语言与社会、文化之间的关系。从严格的意义上说，语言的本质属性与人的本性是密不可分的。人与动物的根本区别在于人有社会性，而动物没有。人的社会性又集中表现在语言和文化方面，因而语言和文化是人类社会活动的特有产物。换言之，人只有在创造语言和文化的社会活动中才能成为真正意义上的人。从一定意义上说，人之有语言和人之有文化，是从不同的角度对人之本性的揭示。人、语言、文化这三者，正是在社会性这一点上统一了起来。

我们承认语言是一种社会现象，实际上也就承认了语言是一种文化现象。但语言不等于文化，同样，文化也不等于语言，二者的概念有大小之分，有包容与被包容之分。文化是一个大概念，它既包括物质文化，也包括精神文化。其中精神文化中又包括物化形态（如文学艺术作品等）和尚未物化的文化因素，如思维方式、价值观念、道德情操、宗教感情、民族意识、民族气质、审美趣味等。这些尚未物化的文化因素，只存在于人的意识之中。我们说语言是一种文化现象，因为它是人类精神活动的产物，所以可以把它归之于精神文化之列。不过，语言是已经物化了的一种精神文化现象，是自成体系的特殊部分。总之，如果说文化是涉及人类生活方方面面的一个大系统的话，那么语言就是其中的一个子系统。然而这种包容关系还只是语言与文化之间复杂关系的一个方面，要全面认识二者之间的关系，还要做进一步的考察。

从语言与文化的特殊关系来说，我们主张语言是文化的凝聚体。之所以提出这一说法，是基于对以下一些因素的考虑：

首先，语言具有原文化的性质。前面说过，语言是一种文化现象，语言本身就是语符形式与文化内容的有机整体。这就是说，语言不仅仅是意义的代码，而且也是文化的代码。语言包含了所有文化积累的信息，这就使语言成为文化总体中最基本、最核心的部分，所以我们说语言具有原文化的性质并不过分。

其次，在语言系统中凝聚着几乎所有的文化成果，保存着几乎全部文化的信息，这就使我们有可能通过语言了解、分析、认识各种文化现象，包括已经消失了的文化现象。由于语言有一个系统的结构，这就使人们在不自觉的状态下通过语言对自然界和人类社会的万事万物做出了分类和解释，从而使一切文化信息从混沌变为有序。当然，语言对事物的分类和解释未必是准确的、科学的，因为它往往早于人们对事物有意识的分类和解释。但是，语言毕竟客观地反映了人类历史上不同时期的认识水平和每个民族特殊的认识方式。因此，我们说，语言不仅是一种文化现象，而且是历史文化的活化石，是一种特殊的、综合性的文化凝聚体。

语言与文化之间有着互相影响的关系，而语言对文化的影响主要是：语言在文化的建构、传承以及不同文化间的交流等方面，发挥着不可替代的作用。

人类对文化的建构，离不开对客观世界的认识，对客观世界的认识，又离不开人在实践过程中所进行的一系列思维活动，而思维活动的物质外壳则是语言。作为思维成果的思想，自然也必须依附于语言这个物质外壳加以固定。只有如此，思想才具有可以感知的物质形式，并用来进行传播和交流。一旦个人的思想成为集体的财富，为大家所共享，这就形成了文化。当然，传播交流思想的媒介还可以是其他形式，如手势、符号、图画、音乐、舞蹈等，但这些媒介都有很大的局限性，就交际的广度与深度而言，它们都不能跟语言相提并论。由此可见，语言在文化的建构中所起的作用是多么重要。

再看语言对文化传承所起的作用。如前文所说，语言是文化的凝聚体，建构起来的文化系统大都储存在语言之中。人们常说的文化遗产、文化传统，主要是通过语言传承给后人的。换言之，后人通过学习前人的语言，也就同时学会了前人的文化。另一方面，人类还要不断地发展自己的文化，他们对客观世界的认识也永远不会停止。在认识世界的实践中，人们不可避免地要受到语言的巨大影响。这是因为，人们不仅接受了前人的语言文化系统，而且还被强制性地接受前人的语言进行思维。不同的语言凝聚着不同的文化信息，在运用不同的语言进行思维时，必然会受到不同语言及其蕴含的思维方式的制约，因此可以说，语言不仅在文化传承中发挥着独特的作用，而且影响着人类认识世界、发展文化的全过程。

正如美国语言学家沃尔夫所说："我们都按自己本族语所规定的框架去解剖大自然。"

我们在自然现象中分辨出来的范畴和种类，并不是因为它们用眼睛瞪着每一个观察者，才被发现在那里。恰恰相反，展示给我们的世界是个万花筒，是变化无穷的印象，必须由我们的大脑去组织这些印象，而这些印象主要是用大脑中的语言系统去组织。语言在文化交流中的作用和影响同样是显而易见的。在人类早期的某些历史阶段中，有的文化确实是独立存在并传承下去的，但更为常见的却是不同文化在不断碰撞、交流和相互影响的情况下发展。特别是在交通、通信等科技手段飞速现代化的当今世界，"地球村""全球化"等词使用的频率越来越高，这意味着不同文化之间的相互碰撞、交流和影响也越来越剧烈。从发展的角度来说，这种情况恰恰为人类文化的演进与提升提供了前所未有的机遇。假如一种文化闭关自守，与其他文化圈虽"鸡犬之声相闻"，却"老死不相往来"，那只会加速它自身的衰败乃至消亡。不同文化之间的接触与交流，显然要以语言接触为先导。

德国语言学家洪堡特说："人从自身中造出语言，而通过同一种行为他也把自己束缚在语言之中；每一种语言都在它所隶属的民族周围设下一个圈子，人只有同时跨进另一种语言的圈子，才有可能从原先的圈子里走出来。"

不同文化圈子的接触，实际上也是不同语言圈子的交并。由于语言是文化的凝聚体，只有掌握了他人的语言，才有可能真正了解他人的文化，因此，不同文化之间的交流，只有通过语言的先导才能实现。

综上所述，由于语言是人类思维的物质外壳和最重要的交际媒介，而且凝聚着整个文化系统，因此，它在文化的建构、传承和发展上，在文化的接触与交流上，都是不可或缺的必要条件，也是带有决定意义的重要因素。从这方面说，语言对文化的影响，无论怎样强调都不为过。不仅语言对文化有很大影响，文化对语言的影响也是显而易见的。有关文化对语言、语音、词汇、语用和语言交流等方面的影响，许多论著有专门的论述，这里不拟细说，只谈一下不同的文化特点往往会导致不同的语言特点。生存环境是人类文化环境的一个重要方面，而生存环境对人们所使用的词汇就有很大影响。在某些语言中，表达某个事物可能只用一个词，而在其他语言中，可能会有很多个，这跟人们生存环境的不同有很大关系。比如，雪在因纽特人的生活中几乎无处不在，雪对于他们来说实在太重要了。尽管因纽特人的语言中并没有一个总括性的词表示雪这一事物，但他们却创造了大量描绘各种类型的雪的单词。在阿拉伯国家的历史上，骆驼是一种非常重要的交通工具，所以在阿拉伯语中，与骆驼有关的词就多达几百个；而在汉语中，有关骆驼这种动物的词则很少。即使是在英语中，对骆驼的分类也只有单峰驼和双峰驼两个词。关系对语言也有直接的影响。在中国，宗法血缘关系始终没有像西方社会那样被打破，因此人们对各种亲属关系分得细致而烦琐，汉语中有关亲属的称谓词也十分丰富。在用汉语和英语进行交流时，这类词常常使交际双方感到难以理解。因为不是所有的英语称谓都能找到令人满意的汉语称谓的对应词，而汉语中的许多称谓在译成英语时更难找到令人满意的对应词。如汉语中的称谓，哥哥、弟弟、姐姐、妹妹等，从字面上就能看出比我们谈及的人年龄大还是小，而这些词的英语称谓却没有表明这一点；再如英语中的 uncle 一词，在汉语中却可以同时表示伯伯、叔叔、姑父、舅父、姨父等。这些称谓不仅表明了这些人的辈分，而且也表明了他们是父系亲属还是母系亲属。这些称谓常常让西方人感到头疼不已，以至于在翻译红楼梦等作品时不得不望称谓而兴叹。原因何在？当然跟中国历史上的宗法文化有关了。

在外语学习过程中，我们常常会有这种体会，有的词在不同的语言中可以找到完全对应的词，比如英语中的 pen 就是汉语中的"钢笔"，英语中的 bed 就是汉语中的"床"。但是，有时意义相对应的词在不同语言中的意义并不完全相同。以"知识分子"一词为例，在中国通常是指接受过高等教育的人；在许多偏远地区，甚至中学生也被称为"知识分子"。但在欧美发达国家，"知识分子"只是指少数有高级学术地位的人，如大学教授，而不包括普通的大学生。再比如"干部"一词，在中国所指的范围很广，既包括政府官员、企事业单位的领导，也包括国家机关、军队、人民团体中的公职人员（士兵、勤杂人员除外）。但在英语中，"干部"一词的范围要小得多，仅仅指极少数的重要官员。这种情况，显然是受到了不同文化影响的结果。另外，不同文化之间的交流，也会对语言产生明显的影响。如中国历史上佛教的传入，使大量佛教用语融入了汉语系统之中。诸如"世界""如实""平等""现行""刹那""清规戒律""相对""绝对"等，都是来自佛教的语汇，今天我们甚至感觉不到这些原本都是外来词。同样，一些具有代表性的汉语词，如"功夫""太极""饺子"等，也已被越来越多的外国人接受，这跟中国的一些影视节目在国外的播映以及中餐馆遍布世界各地有关系。

总之，语言与文化在发展过程中是始终相互作用、相互影响的。

# 第三章　文化学习的基本概念和本质过程

## 第一节　文化的定义和特点

### 一、文化的定义

文化一词，几乎人人皆知，但文化究竟是什么，却没有多少人能够说得清楚。汉语中文化一词最早出现在西汉刘向的《说苑·指武》中："圣人之治天下也，先文德而后武力。凡武之兴，谓不服也；文化不改，然后加诛。"文化在这里的意思是指与野蛮相对的教化。现代汉语中使用的文化一词，是由日本学者在翻译西文时借用了汉语的词汇，后又由日文传到汉语里，逐渐成了具有丰富内涵的词汇。文化一词的英文为 culture，德语为 kulture，二者都源于拉丁语的 colere 一词，这个词的本义有土地的耕作、植物栽培、居住、敬神等多种含义，后来逐渐引申出与物质意义相对的精神含义，进而泛指人们所创造的一切物质财富和精神财富、人们的思维方式、生活方式等。文化的定义可谓众说纷纭。1871年，英国人类文化学家泰勒在《原始文化》中给文化的定义是：

文化或文明，就其广泛的民族学意义来说，是包括全部的知识、信仰、艺术、道德、法律、风俗以及作为社会成员的人所掌握和接受的任何其他才能和习惯的复合体。

1952 年，美国文化学者克鲁伯和克拉克洪在其发表的《文化，关于概念和定义的检讨》中说到，在 1871 年到 1951 年的 80 年间，西方出现了 164 个关于文化的定义，并对这些定义做了辨析，进行了概括：文化由外层的和内隐的行为模式构成；这种行为模式通过象征符号而获得传递；文化的核心部分是传统的观念，尤其是它们所带来的价值。文化体系一方面是行为的产物，另一方面则是进一步的行为的决定因素。

1965 年，莫尔在其著作《文化的社会进程》中提出了约 250 种有关文化的定义。之后，俄罗斯学者克尔特曼在进行研究时发现，文化的定义已超过了 400 个。

我国学者倾向于从广义和狭义两方面来理解文化，《辞海》给文化下的定义是：从广义上说，指人类社会历史实践过程中所创造的物质财富和精神财富的总和；从狭义上说，指社会的意识形态以及与之相应的制度和组织机构。广义的文化几乎涵盖人类社会生活的方方面面，黑格尔的名言"文化是人类创造的第二自然"就是从广义上来理解文化的。狭义的文化指意识形态，以及与之相适应的制度和组织结构。

由于本书是探讨跨文化交际的，所以会更关注那些包含文化和交流如何互相作用的定义。本书将借鉴贾玉新教授的观点，他认为人类学者对文化的界说，尤其是社会语言学家 Goodenough 关于文化的定义，更有利于跨文化交际领域的研究。根据 Goodenough（1957）的观点，文化是"由人们为了使自己的活动方式被社会的其他成员接受，所必须知晓和相信的一切组成。作为人们不得不学习的一种有别于生物遗传的东西，文化必须由学习的终端产品——知识——就这一术语最宽泛的意义来说——组成"，概括地讲，文化是人们所思、所言（言语和非言语）、所为、所觉的总和。在不同的生态或自然环境下，不同的民族创造自己特有的文化，也被自己的文化所塑造。

## 二、文化的特点

### 1. 文化的系统性

文化作为社会大系统的一个重要组成部分，是一个有机的整体。文化自身作为一个独立的系统又由具有特定功能的子系统按一定结构构成。根据不同的标准，文化作为一个整体，可以有不同的分法。最简单的是"二分法"，就是把文化分为物质文化和精神文化两大类。文化也可以分为物质生产文化、制度行为文化和精神文化三个不同的层面。根据文化在社会这个大系统中发挥功能的不同，文化还可分为主文化、亚文化和反文化。文化的构成单位是文化要素，各文化要素之间既相辅相成，又相互制约，发生着"多米诺骨牌"那样的连锁效应。霍尔曾说："你接触的文化的一部分，就会受到其他各部分影响。"美国的民权运动就是文化各要素相互联系、相互影响的一个例子。这场民权运动所带来的变革涉及多个方面，如司法制度、教育制度、居住方式、歧视行为、就业机会、交流方式等。

### 2. 文化的动态性

文化形成时具有一定的稳定性，但同时文化又是随着时间、空间及其他条件的变化而不断变化的。人类文化的发展是一个由简单到复杂、由低级向高级不断进化的过程。

文化的稳定性是相对的，其变异性是绝对的。

文化的变化主要有三个机制：①创新；②扩散；③文化适应。创新一般被定义为对新的经验、工具和概念的发现，创新最终会被文化成员们接受，并且会带来社会习惯和行为的改变。电视、电脑等对文化重构就产生了重大影响。扩散是变化的另一种机制，即一种文化向另一种文化输出。可口可乐、肯德基和麦当劳在全世界的销售，就是文化扩散的典型例子。文化适应是文化的另一种变化机制，当一个社会接触到一个更为主导性的文化并受其影响发生文化急剧变化时，文化适应随之产生。这种变化在国际移民中是普遍的，文化适应的基本特点是：大多数人虽然在不断适应新的文化，但是仍然保持原文化的许多价值观、习俗以及交流方式。

### 3. 文化的继承性

继承性是文化的前提。如果文化发展没有继承性，就无文化可言。前人的知识、经验、信仰、价值观、宗教、行为方式等通过家庭、学校和社会环境在一代代中传递沉积，这使文化发展成为一个连续不断的过程。人们在传递文化的过程中，对先前文化中所取得的成果及进步内容加以继承，同时扬弃其糟粕部分，这使得优秀文化得以传递。正如基辛所说："学习链条上的任何一个断裂都可能导致文化的消失。"

文化是通过学习获得的。习得性是文化非常重要的特点。一个人的生活环境决定了这个人具有什么样的文化。文化学习既可以是有意识的，也可以是无意识的。父母告诉孩子在做了错事时要道歉，于是孩子学会了礼貌；父母告诉孩子早上起床后要刷牙洗脸，这样孩子就学会了卫生习惯；老师告诉孩子说话不要太粗鲁，行为要端庄，于是孩子了解了文明举止，这些都是有意识地学习文化的例子。当一个中国孩子在春节时给长辈拜年，他在学习文化；当一个西方国家的孩子在复活节时吃火鸡，他在学习文化；当韩国孩子在过生日时喝海带汤，他在学习文化。这些都是无意识地学习文化的例子。人们可以通过各种各样的渠道学习文化，如谚语、民间故事、传说、艺术和大众传媒等。

文化是基于符号的。马塞尼斯关于符号的定义清楚地说明了符号与文化的关系："符号就是同样文化背景下的人们用来指代特殊意义的任何东西。"人类文化如果没有语言符号，将很难得以传递，那简直是不可想象的。人们之间知识的传授靠符号，同时观念向后代的传承也要借助于语言符号。贝茨和皮拉格精辟地概括了语言符号对文化的重要性：语言的作用是，如果某事发生了，人们可以互相交流商讨对策，也可以在事后将他们的经历抽象归类（比如"幸运的时机"或"恶兆"等），或者可以表达以前从未说过的想法。伦理、宗教、哲学、文学、科学、经济、科技等许多人类知识领域和信仰都有赖于人类更高层次的交流活动，同时，人们学习和运用知识能力的提高也有赖于此。

# 第二节　文化学习的目标

文化是一个社会群体独特的生活方式和独特的价值体系，因此，各社会群体内部虽然存在某些差异，却遵循大体相同的文化模式；同时，每种文化自成体系，与其他文化既有共同点，又有地区差异与个体差异，具有一定的不可通约性。

人类学家罗伯特·F.墨菲（Robert F. Murphy）指出，一种文化往往包含了多种有差异甚至相互冲突的行为方式或价值观念，但它总是有其内在的一致性。

人类学家鲁思·本尼迪克特（Ruth Benedict）在其极具影响力的代表作《文化模式》中剖析道，人类的行为千姿百态，其多样性可能是无穷的。但是一个部族，一种文化在无穷的可能性里只能选择其中的一些，而这种选择有自身的价值取向。各文化群体选择的行为方式包括生死观、婚姻观以及政治、经济和社会交往中的各种规约、风俗和礼仪等。这些取向经过历史的筛选、整合和抽象，逐步形成了和谐而稳定的文化关系与结构，即文化模式。通俗地讲，文化模式就是指文化群体所表现出的相对的共性。但是，我们也应该清醒地认识到不同文化彼此之间的差异。人类学家克利福德·格尔茨（Clifford Geertz）曾说过："每种文化都在自己的轨道上，以它自己的速度，朝着不同的方向行驶。"每种文化自成一体，按照自己特定的逻辑运作，各自的目标不尽相同。卡里·多德（Carley Dodd）认为："当文化的差异和变异影响到人际交往的结果时，跨文化交际就发生了。"

由于各文化群体皆从各自的角度确立行为规范，一种文化的习俗、空间感、时间观念和社会价值观在另一种文化看来或许是难以理喻的，甚至是完全荒谬的。

大体上讲，学者们对跨文化交际具有下列共识：首先，跨文化交际涉及两个文化群体或文化成员，各自的内部有同一性；其次，两个群体或群体成员之间具有重要的差异。正因为文化皆有一定的共性和模式可循，跨文化交际研究才得以展开；正是文化个性的存在才使得跨文化交际研究的内容变得充实，使它具有挑战性，并且在充满矛盾与争论的过程中不断走向深入。

第二语言习得研究表明，任何语言的学习都涉及学习者的情感和心理，都会对他们的自我认识产生一定的影响，这是由语言的社会性和文化性决定的，因此从一定意义上来说语言学习就是文化学习。那么，讨论文化学习的目的必然离不开对语言学习的分析。

## 一、外语学习的目的和动机

几乎所有的第二语言或外语学习者都经历了第一语言（或母语）和第一文化（或本族文化）的习得过程，这两个过程基本上是合二为一、同时进行的。人们从出生开始就通过家庭、学校和社会，与父母、老师、同学和其他成人进行各种交流活动，在自然的环境中习得了交际语言，掌握了社会规范和交际常规，形成了受该社会文化影响的世界观和价值观，从而成为一个社会的人，一个具有该民族文化身份的人，这就是他们的社会化过程（socialization process）。社会化过程虽然已经完成，但语言交际行为和文化价值观、世界观并非就因此而定型不变了；相反，随着阅历的增加、知识的积累，人们的世界观和价值观不断被修改，个性特征越来越明显。在促使人们世界观和价值观不断改变的诸多因素（如教育、工作、家庭、交友等）中，第二语言和第二文化的学习起着重要的作用。

外语学习的动机和目的多种多样。根据 Gardner 和 Lambert（1972）对外语学习动机的研究分类，有些人学习外语是为了获取文凭，找到好工作，阅读相关资料，获取各种信息，享用以这门语言为媒介的各种娱乐活动，如上网、听音乐、看电影等，这属于工具型动机（instrumental motivation）。另一些人学习外语是为了与外国人进行交际，学习外国文化和技术，促进文化交流，是一种综合型动机（integrative motivation）。这两种外语学习动机对语言学习结果所起的作用一直没有定论，但是对文化学习的影响则一目了然：工具型动机作用下的外语学习，将语言视为工具，语言学习是为了实现一些功利目的的手段，因此不太重视对外国文化的了解。而综合型动机则促使人们在学习语言的同时，学习相关文化，增强跨文化交际能力，因此更有利于文化学习。当然，我们不能否认工具型动机下的外语学习也是一个文化学习的过程，因为语言和语言使用本身都蕴含着丰富的文化意义，无论学习外语的动机和目的如何，它都会或多或少地对学习者的世界观、价值观和自我认识产生影响，这种影响的大小在很大限度上取决于语言学习和文化学习的动机和目的。

## 二、文化学习的目的

跨文化培训和第二语言习得研究都区别了文化调试和文化移入（acculturation）两种不同的文化学习目的。前者是针对在外国旅居者，或在国际化场所工作和学习的人，他们学习目的文化，参加跨文化培训是为了适应新的文化环境，积累跨文化交际的经验，以求更好地在旅居国家生活、工作和学习，与当地居民友好相处。他们学习目的文化的同时，仍然保持自己本族文化的身份。文化移入主要是指移民来到接收国家后，通过参加学习、培训或各种社会活动，学习、吸收该文化的价值观和世界观，依照他们的规范和习俗进行交际、生活和工作，力求融入主流社会，甚至不惜放弃自己的本族文化身份。这两种文化学习基本上都是在目的文化环境中进行的，学习者本身就处于外国文化环境之中，一般会经历强烈的文化冲撞，感受文化差异带来的痛苦和迷茫，因此学习动力一般很强，学习环境和条件优于在本国学习外国文化，学习效果比较明显。

就外语教学而言，文化学习的目的更倾向于文化调适，即保持自己的文化身份，在了解目的文化特点的基础上与目的文化群体进行恰当、有效的交际。然而，这种以某一具体文化为学习目标的文化学习不是外语教学中文化学习的最终目的，它只是文化学习的一个必经阶段。外语学习者在此基础上，了解更多的文化群体，掌握文化和跨文化交际的普遍规律，增强跨文化意识，提高跨文化交际能力，力求成为一个跨文化的人，这才是 Kramsch（1998）和 Byram（1997）所提出的外语学习和文化学习的最终目标。

这一目标虽然对于中国的外语教学来说显得异常困难和有些不切实际，因为中国是个文化相对统一、民族相对集中的国家，同一学校的学生基本上有着相似的文化背景，文化多样性不如美国、加拿大和澳大利亚等西方国家那么显著，跨文化交际体验相对有限，但是，外语教学特别是英语教学的时代要求和外语教学巨大的文化教学潜力决定了在中国的外语教学中培育跨文化的人的目标不仅是必要的，而且也是可行的。

## 三、跨文化的人的特征

以培育跨文化的人为目标的教学和培训常常遇到一个关于文化身份的问题。那些在国外旅居一段时间后回到自己祖国的人们通常会经历文化回归冲撞（cultural reentry shock），这使他们感到更加迷惘和痛苦，就像得不到父母和家庭温暖的孩子一样，他们失去了原有的、稳定的文化身份，得不到同胞们认可和接纳，仿佛成为一个没有文化归属的人。

由于文化身份是人们社会生活不可缺失的心理需要，那么这是否意味着培育跨文化的人的目标不符合人们对文化身份依赖的现实呢？Trim（1997）指出，学习外语，了解目的文化和社会，并不等于放弃自己的文化身份，成为目的语群体的复制品，而是通过学习爱国文化，使自己的性格和身份更加成熟，更加复杂化，从而担负起文化交流的桥梁作用，这是我们对文化学习者的期望。Adler（1997）和 Janet M. Bennett（1993）也对跨文化人的多文化身份问题做出了很好的回答。

1. 跨文化人的特征

早在 20 世纪 70 年代，Adler 就认识到多元文化现象的存在，并对其进行了深入细致的分析和研究。他认为，正是 20 世纪纷繁复杂的国际国内形势造就了多元文化现象，一个多文化的人（a multicultural person）在认知和情感上保持人类所共有的本性，但同时他认可、接受并欣赏来自不同文化的人们之间存在的差异，一个人的身份不是根据他所说的语言、所访问的国家的数量和所经历过的跨文化交流的次数来确定的，也不是根据他的职业、居住地或认知水平来确定的，一个人是否是一个多文化的人，取决于他的世界观和言行是否具有开放性和灵活性。具体来说，一个具有多文化身份的人与一般人相比有 3 个特点：

（1）具有多文化身份的人在文化心理上具有适调性，即他的世界观和价值观根据不同的交际场合不断地调整，以满足具体交际的需要；

（2）具有多文化身份的人似乎一直处于一种变化的状态，各种各样的跨文化体验对于他来说既是一个不断学习和探索文化的过程，也是从一种身份转向另一种身份的过程；

（3）具有多文化身份的人保持一种不定的自我，他们的文化参考框架能够随机应变，他不受任何文化的束缚，对自己的本族文化也可以从一个旁观者的角度去看待和评价。

Adler 关于多文化身份的人的论述实际上与我们所指的跨文化的人是一致的，因此以上 3 个特征就是跨文化的人应该具备的素质。

2. 跨文化的人的文化身份

Janet M. Bennett 关于多重文化身份的研究更进一步地揭示了这一现象的本质，将掌握了两种或两种以上文化参考框架的人称为文化边缘人（cultural marginal person），这些人通过参加培训，或者通过长期与来自不同文化的人们一起学习、生活、工作，学到了除自己本族文化系统之外的另一种或几种文化系统，被称为双文化（bicultural）或多元文化（multicultural）的人。但是这些不同文化系统一方面为他们提供多种参考框架，给他们参与跨文化交际带来了便利；另一方面，不同文化参考框架之间的冲突和竞争、转换和选择也给他们带来了烦恼和痛苦。Bennett 将这两种现象归纳为建构型文化边缘（constructive marginality）和封闭型文化边缘（encapsulated marginality）（1993）。

简而言之，封闭型文化边缘人往往在两个或多个参考框架之间徘徊不定，难以驾驭自己的选择和行为，他们一般自我意识很强，与任何文化的人们相处时都感到格格不入，会有一种孤独无援、缺乏认知和归属的感觉。对这样的文化边缘人来说，习得两个或多个文化参考框架与其说是一种成就，不如说是一种负担，因为他们不能很好地利用这些文化知识和经验。与之形成对照的建构型文化边缘人，他们善于根据自己的跨文化体验总结经验，他们遵循文化相对论的原则，理解和尊重各种民族文化，在面对不同文化视角和价值观时，他们善于根据具体语境的需要，适时地选择和建构适合当时交际需要的文化参考框架。他们不必依赖和忠实于某一个固定的文化身份，而是在跨文化调适、学习和实践过程中习得了一种流动、变化、综合的文化身份。因此在与来自各种不同文化的人们相处和交流时，他们灵活的文化身份和文化相对性的态度使他们感到舒适、自然。显然，建构型文化边缘人就是我们所说的跨文化人的标准，是我们学习和培训的目标。总之，针对不同的人、不同的情况，文化学习的目的也不同。就外语教学和跨文化培训而言，培养具有跨文化交际能力的跨文化的人、多文化身份的人或建构型文化边缘人是我们的目标。

# 第三节　文化学习的本质和过程

任何人的学习都是一个复杂的认知心理过程，教学的目的就是促进这个过程的顺利完成。文化学习，作为一种人类学习活动，同样是一个认知发展的过程，但它又有着不同于其他学习活动的特点。首先，文化学习涉及价值观、世界观、社会规范等人类主观文化因素，与个人的生活、工作和学习息息相关，学习过程受到很多主客观因素的影响，学习者往往会因为文化冲突而感到紧张、焦虑、恐慌、气愤，因此在文化学习过程中学习者的个人感受比较强烈，受到的心理上的冲击较强。其次，文化学习的过程非常漫长，无论是文化调适、文化移入，还是跨文化人的培养，都必须经历一系列认知、心理、情感和行为的改变和调整过程。换句话说，文化学习过程包含多个层面，经历多个阶段，是一个系统工程。第三，文化学习虽然也包含新知识的吸收，新的认知图式的建立，但它主要是对现有认知图式和参考框架的一个增加和修改的过程，这是文化学习与很多其他科目学习的主要区别，也是导致文化学习极为困难的原因之一。下面就从心理情感、认知和行为几个方面来详细论述文化学习的本质和过程。

## 一、心理情感的变化过程

不同文化的相遇经常导致冲突，价值观念的差异是其产生的根本原因。人们对这种冲突往往有强烈的生理和心理反应，这种现象就是文化冲撞。文化冲撞是第二文化学习过程中一个普遍的经历。它常对学习者的心理造成很大的冲击，使他们情感一度受挫，因此它主要是一个心理层面的问题。

Adler（1972）对文化冲撞做出了以下客观的描述：

文化冲撞是由于共享的感知、理解和社会交往符号的失去，而产生的一种焦虑。

经历文化冲撞的个人通过各种方式表现出自己由于文化差异而导致的焦虑和紧张，如反感、退缩、封闭和放弃。这些防范、自卫的态度说明其内心深处有一种不安全感，具体表现为感到孤独、愤怒、挫败和对自己能力表示怀疑。由于原来文化理解中熟悉的提示和线索不复存在，他对那些能够认识和理解的事情也变得茫然、恐惧和疏远。

焦虑、紧张、孤独、沮丧，以至于压抑、退缩、封闭，甚至放弃，这些文化冲撞所产生的心理和行为上的特点虽然在目的文化环境中进行第二文化学习的初始阶段最为明显，但是文化冲撞给学习者带来的心理上的冲击存在于任何目的、任何环境、任何阶段的文化学习中，只是学习者感受的强度和表现出来的特点有所不同而已。随着学习者对目的文化的了解越来越多、经历越来越丰富，文化冲撞的感受逐渐减弱。但是，除非被目的文化完全同化，否则这种文化疲乏的感受会永远存在。它一方面使学习者感到迷惘、痛苦，另一方面又不断促进文化学习进行到底。

就外语教学环境中的文化学习而言，外国文化知识的学习固然重要，但它只是文化学习的一个方面。要想成为一个跨文化的人，外语交际能力和跨文化交际能力的培养同等重要，这就要求学习者通过参与跨文化交际实践，通过与来自不同文化背景的人们广泛接触，通过自己的亲身感受来增强跨文化意识和跨文化交际能力。这种被称为体验式或发现式的学习（experiential or discovery learning），必然会使学习者感受到文化冲撞。当然，如果说处于目的文化环境中的学习者无法逃避文化冲撞所带来的痛苦，那么外语教学环境中的文化学习者则总是可以寻求到本族文化氛围的慰藉，逃避和放弃的机会要多得多。

但是，这种逃避文化冲撞的便利并不构成文化学习的优势；相反，正是因为缺失文化冲撞的体验才使得外语教学环境中的文化学习效果明显不如目的文化环境中的文化学习。这一定论的基础是文化冲撞不仅仅是一种病态的表现

（Oberg，1960；Foster，1962），更是文化学习的必经阶段和重要手段（Adler，1972；Brown，1986）。文化学习者应该正确对待文化冲撞，消除恐惧、退缩和放弃的心理障碍，积极利用文化冲撞，使那些刻骨铭心的经历成为自己文化学习的财富。

为了避免或减弱文化冲撞给人的负面、消极的印象，一些学者倾向于使用文化疲劳（culture fatigue）来指文化学习和调适过程中，人们所经历的生理和心理的冲击。Grove 和 Torbiorn（1993）认为，"文化疲劳是有效调适的一个必要前提，因为如果学习者原有的本族文化参考框架没有被部分打破的话，跨文化学习就不可能达到一定的高度"。跨文化交际领域已经出现了很多利用文化冲撞进行文化教学和培训的研究（如 Juffer，1993），它们都强调文化冲撞对于增强学习者跨文化意识，培养移情和文化相对论思想，提高自我认识的教学功能。

值得一提的是，文化冲撞虽然在文化学习过程中起着重要的作用，具有不可替代的教学功能，但是我们并不能因此而一味地强调其积极的作用，而忽视它对文化学习的消极影响。文化冲撞对学习者可能造成的压力和打击，会使他们丧失信心，学习热情和动力也会因此而减弱。所以，文化冲撞的经历并非越多越好，教师和培训者的任务之一就是减轻文化冲撞给学习者带来的紧张和压力，为他们提供心理上的安慰和行为上的引导。这样的帮助有两层含义，一是教师和培训者要在文化学习和跨文化体验开始前，对学习者进行指导性教育，使他们对文化差异所引起的冲突、跨文化体验所带来的冲击有一定的思想准备；二是教师和培训者要在学习过程中，针对学习者具体文化冲撞的经历和体验，对他们进行心理上的抚慰，鼓励他们对文化差异进行反思，对跨文化交际体验进行总结，从中吸取教训。

随着文化学习的不断深入，跨文化体验的不断增多，文化冲撞的感受逐渐减弱，学习者的心理情感必然发生改变，原来的焦躁不安被心平气和代替，他们开始发现目的文化的价值和作用，开始欣赏他们的习俗，开始重新评价自己的价值观念，最终完全被目的文化同化吸收。这一系列的转变就是文化学习过程中学习者心理情感可能产生的变化，但是并非所有的学习者都必须经历每一个阶段，尤其是最后被同化的阶段，它只适用于少数希望融入目的文化的学习者。

## 二、文化学习的认知过程

文化学习与很多人类的其他学习活动一样，是一个认知发展的过程。首先，文化学习从根本上而言是一个信息传递的过程。第一文化学习（即社会化）过程中，学习者（通常是小孩）为了满足自己物质和精神上的需要，通过与成人或其他年龄较长的孩子在家庭、学校和社会其他场所的交往，习得反映其家庭和社会规范特点的知识和行为技能。这些知识和行为技能的获得，就是一个认知发展的过程。这是因为如下两个原因。

一是，知识存在于概念之中，概念是从事实和状态中抽象出来的，在人脑里以"意义标签（semantic labels）"的形式储存和使用的（Hockey 和 Hamilton，1983）。因此概念的形成是文化模式和个人思维模式相互作用的结果，文化模式影响其成员对世界的感知，个人思维模式是个人独特生活体验积累的结果，个人与文化模式之间是一种辩证的、相辅相成的关系。所以，文化学习实质上是孩子们在成长过程中，通过参与各种家庭和社会活动，从具体对话、交往等刺激中形成对相关文化的理解，并将其概念化，从而完成知识的建构。

二是，在社会化过程中，成人乃至整个社会环境都有意和无意地将有关社会规范和价值观等信息传递给孩子们，所传递的信息经过孩子们的过滤、选择、分类，以认知结构的形式储存于他们的大脑中，这样习得的文化知识成为他们的认知图式（先验图式）（schemata）。

先验图式一词是 Bartlet（1932）针对人们面对复杂材料（刺激），对信息进行再编码和回忆时记忆和认知过程所发生的变化而提出的，他将先验图式定义为：对过去事件及其特点、环境和含义的一个可变的、灵活的组织，这个组织具有被新的事件修改的可能性。社会化过程完成后，人们已经具备了一个文化图式，它帮助人们对社会事件和人物进行感知、组织和理解，对人们的思想、行为起着指导和约束作用。因为它是个人体验和文化学习的长期的结果，所以它根深蒂固于人们的大脑之中，难以改变。然而，任何先验图式都是开放的，具有被修改的可能性，文化图式当然也不例外。

文化图式的修改有两种途径。第一，在同一文化环境中，继续学习，使自己的文化图式个性化。社会化过程虽然经过 10 年左右的实践就告一段落，学习者此时已经成为具有该社会文化身份的人，个人生活和社会交往基本遵循该社会文化的规范。但是，从某种意义上来说，社会化过程永远都不会结束，因为文化的学习永无止境，它不仅包括客观文化的学习，而且也是主观文化（社会规范和文化价值观念等）的学习过程。后者要求学习者在具体生活、工作和社会交往实践中不断完善对社会规范和文化价值观念的理解，而且因为社会规范和文化价值观念随着社会的发展和文化交流的影响在不断发生变化，所以文化学习必然随之继续下去。此外，社会化或第一文化的学习不仅仅是为了习得具有普遍意义的社会文化身份，而且也是促进个性发展的有效手段，除了较为宏观的民族、社会和文化身份之外，人们往往还有很多其他的身份特点，如性别身份、职业身份、地域身份、政治身份等。这些身份的获得和发展成熟也有待于学习者不断体验，不可能在短期内一蹴而就。所有这些身份综合起来就形成了学习者的个人身份和个性特点，它是文化图式不断发展变化的产物。

文化图式改变的另一途径是外国文化或第二文化的学习。如果说第一文化学习是一个文化图式的建构过程，那么第二文化学习则主要是文化图式的修改过程。

Rumelhart（1986）的图式理论可以充分说明第一和第二文化以及第二语言学习中学习者认知发展的不同本质。

Rumelhart 认为，学习一般有 3 种模式：增加（accretion）、调整（tuning）和再创造（restructuring）。它们都对学习者的先验图式产生影响，促使认知结构的变化。增加是对现有图式的丰富和扩大，是最常见的一种学习模式，因为任何一次新的经历都会在记忆中留下痕迹；调整是对现有图式的修改，使其更适合学习者的需要；再创造是在学习者大脑中尚未建立起有关图式或认知结构的情况下，创造了一个全新的图式。将这一理论用于理论学习和文化学习研究，我们可以这样理解文化学习的本质和文化学习与语言学习之间的差别。具体如下：

第一，文化学习和第一语言学习是孩子社会化过程中不可分割、相辅相成的两个方面。由于这个过程是从孩子一出生就开始的，在此之前孩子们大脑中几乎没有任何认知图式，所以社会化过程中的文化和语言基本上属于图式建构和创造模式，虽然在这个建构和创造过程中学习者也在不断修改、调整刚刚形成的认知结构，但总体上是以第三种学习模式，即再创造为主。

相对而言，第二语言和第二文化学习过程更为复杂，因为它们涉及所有 3 种学习模式。而且，鉴于语言和文化的差异，第二语言学习与第二文化学习过程还表现出不同的特点。首先，就第二语言学习而言，它既是一个图式再创造，又是一个图式增加和调整的过程。语言的个性和语言之间的差异决定不同语言有着不同的句法、语义和语用系统，尤其是印欧语系的语言和东方以汉语为代表的文字语言之间差异之大，使语言学习者普遍感到他们的学习经历是一个全新的过程，他们在建构一个新的认知图式，因此第二语言学习是一个关于语言符号和语言使用认知结构的创造过程。

另一方面，语言的共性决定第二语言学习者可以利用第一语言的学习经验，并借助第一语言进行思考，帮助他们理解第二语言的规律，这是第一语言或母语对第二语言学习的积极作用。母语干扰（native language interference）研究表明，第一语言对第二语言学习还有一定的干扰、妨碍作用，学习者，尤其是初级和中级阶段的学习者往往有意无意地将母语的使用规则搬至第二语言学习中，使他们的第二语言中介语（interlanguage）带有浓厚的母语特点。无论是母语对第二语言学习所起的积极影响还是消极影响，都说明第二语言学习不同于第一语言学习，它不是一个单纯的图式创造过程，从某种意义上来说它也是一个图式调整、修改和增加的过程。

与第二语言相比，第二文化学习更是一个认知结构调整、修改和增加的过程。共性文化（culture-general）研究表明，人类文化有很多共性，这些共性使得文化交流成为可能，因此第二文化学习不需重新建构起新的文化图式，主要是通过文化对比，了解文化差异。此外，文化无时无刻不对人们的思想、行为起着作用，根深蒂固地存在于人们的脑海里，一般情况下，人们以一种文化身份为主，自动遵循该文化的价值观念和行为准则。学习者可以了解多种不同的价值系统，但是从根本上来说，他们的世界观和价值观不具备多重性，不可能除本族文化价值观和世界观之外，另外再习得并自动使用一种截然不同的文化系统。换句话说，没有绝对双重文化身份的人，只有熟悉两种或多种文化，善于避免文化冲突的跨文化的人。

因此，第二文化学习有 3 种结果：①学习目的文化，取代本族文化；②放弃目的文化，保持本族文化；③学习目的文化，丰富本族文化，成为具有跨文化交际能力的跨文化的人。显然第三种结果是我们的目标，这一目标的实现不是再创造一个全新的文化参考框架和认知图式，而是在现有的参考框架和认知图式的基础上，通过学习不同文化，了解文化差异，增强跨文化意识，培养宽容（tolerance）、共情（empathy）的态度以及灵活机动的跨文化交际能力。总之，第二文化学习是对现有参考框架和认知图式的一个增加、修改和调整的过程。当然，这并不意味着第二文化学习不涉及图式再创造的过程，每种文化都有一些自己特有的文化内容，学习这些文化知识应该属于一个再创造过程，但是就文化学习整体而言，文化差异的学习远远大于特有文化内容的学习，因此它主要还是一个图式增加、修改和调整的学习过程。

根据以上论述我们可以得出这样的结论：第二文化学习与第一文化、第一语言学习以及第二语言学习有密切的关系，但从认知过程分析来看，它主要是一个对现有参考框架和认知图式的丰富、修改和调整过程。认知到这一点对于文化教学的组织和设计非常重要。

Kleinjans（1972）将文化学习的认知过程分为：信息的获取、分析、综合、理解和洞察 5 个阶段。信息的获取是文化学习的第一阶段，是学习者面对一些没有系统、没有组织的文化事实时的感知，尚未形成理解和系统；分析是对文化信息的整理归类，是这些杂乱无章的信息可操作化的过程，是理解的第一步；综合是将经过分析的文化信息组织成一个整体结构，各个要素及它们之间的关系一目了然，综合使人们看清文化的连贯性（coherence）和整体性。经过分析和综合之后，学习者对目的文化的具体信息和整体文化模式就逐步形成了理解，达到这个水平的学习者能够发现和解释该文化模式中一些新的行为和实践，善于根据文化线索，预计文化行为，而不必局限于对接触过的信息的理解。洞察力是指学习者能够从目的文化内部来看这个文化，即具备了该文化群体成员之间惯有的默契，知道目的文化行为的原因和动机。这个 5 步模型也清楚阐明了文化学习的认知过程，对我们的文化教学具有启发意义。

### 三、文化学习的行为表现

文化学习过程中，学习者内部心理情感和认知结构的变化往往与外部行为的调整同时进行。这一方面是因为认知心理通常会在行为中得以体现，两者一般不可分离；另一方面，文化信息的获取和文化知识的积累固然重要，但是如果文化学习仅限于此的话，文化学习的目标，无论是文化调适、文化移入，还是跨文化人的培养，都是不可能实现的。

首先，以信息和知识为中心的文化学习将文化看作是一个封闭的、终结的、完整的系统，忽视了文化的开放性和发展变化的特点。不同文化之间相互交流、相互影响、相互借鉴，再加上科学技术的发展、社会的进步和人们生活水平的提高，这些都促使文化不断发展变化。因此，把文化当作固定不变的知识体系来学是不符合文化发展规律的。其次，以信息和知识为中心的文化学习很容易使学习者对目的文化产生成见或偏见，从而忽略目的文化内部亚文化和每个人个性特点的存在。最后，如果只学文化知识，不注重能力的培养，学习者面对以前没有接触过的环境往往会措手不及，难以应对。总之，具备很多关于目的文化知识的人有可能根本无法与这个文化群体的人们进行有效交际，也不太可能掌握和学习新文化的技能。Crawford-Lange 和 Lange（1984）因此得出结论：文化应该被当作过程来学习，如果被当作一组事实来学习的话，学习者只是在学习文化的特点，而不是文化的本质。

由此可见，信息和知识的获取不应该是文化学习的重点，文化学习应该是一个认知发展的行为调整的过程，在这个过程中，学习者不仅获取文化信息，积累相关文化知识，更重要的是在获取信息和知识的同时，通过参与、体验和实践，使这些文化信息和知识转化为能力，并对所学的知识和体验进行反思，与本族文化对比，从而增强跨文化意识和跨文化交际能力。跨文化交际能力一方面体现在学习者的心理情感层面，另一方面体现在他们的交际行为上，两方面互为条件，相互支撑。缺乏应有的心理素质，学习者不可能在交际中表现得自然得体；而心理和情感必然会在行为中得到体现。文化学习是一个行为调整的过程，这主要是指学习者的交际行为随着认知结构的调整，目的文化知识的积累和跨文化意识的增强会产生变化。具体来说，文化学习过程中学习者的行为可能经历这样几个发展阶段：意识（awareness）、关注（attending）、反应（responding）、实践（acting）和互动（interacting）（Kleinjans，1972）。对于目的文化中的一些行为，学习者首先是意识到他们的存在，并对其加以关注和仔细思考，然后学会针对这些行为做出恰当的反应，并能够在各种语境中有意识地进行交际实践，最后达到在任何场所或语境中都能灵活、自由地与目的文化群众的成员进行互动交流。这一过程的特点是学习者逐渐形成能够根据不同场合和环境，灵活调整与目的文化群众的成员之间的交际行为的能力。这一行为调整过程与前面所讨论的认知心理的发展过程是同时进行的。

交际行为由语言交际行为和非语言交际行为两方面构成，因此文化学习除了获取文化知识和能力之外，必然包括语言和非语言交际行为的学习。语言交际行为与文化有着密切的关系，学习者必须在学习目的语言和文化的过程中注意文化对语言使用的作用。学习者应该在外语交际实践的过程中，用心体会用目的语言和文化进行交际与用本族语言和文化进行交际的差异，在增强跨文化意识的基础上，调整语言交际行为，使其具有可变性和灵活性。非语言交际行为涉及的范围很广，除了包括副语言特征和体态语之外，对时间和空间的态度和处理方式也具有丰富的文化含义，是非语言交际的重要组成部分。由于非语言交际行为一般都是自然、无意识的行为，而且第二文化学习者都已习得了自己本族文化的非语言交际行为，因此要学会目的文化中的非语言交际行为非常困难。其实，文化学习并不要求学习者掌握目的文化中的所有非语言交际行为，他们只需要了解该文化的非语言交际行为的特点和一些比较敏感的行为，在与该文化群体的人们交际时，理解他们的非语言行为，避免使用对方忌讳的行为，并能够根据交际需要，灵活地调整两者之间的时空观。所以，文化学习的目的不是力求习得一套完整的目的文化的非语言交际行为系统，而是在学习和了解目的文化的非语言交际行为的基础上，调整自己现有的非语言交际行为系统，增强其灵活性，使其适应多种不同文化环境，这就是文化学习作为行为调整过程的真正含义。

# 第四节　影响文化学习的因素

文化学习是一个复杂的心理成熟、认知发展和行为调整的过程。在这个过程中还有很多因素影响着文化学习的结果。例如学习者的文化体验、文化学习的环境及文化学习的时间都不同程度地影响着文化学习。

## 一、文化差异

人类文化具有普遍性，任何文化都包括主观文化（规范、价值观、世界观）和客观文化（习俗、科技、生活方式），表明人类共同的物质和精神的需要。但是这些文化范畴的具体表现却因群体和环境的不同而各异，这就是文化差异。中国古代《三字经》云："性相近，习相远。"西方文化学界也常常发生这样的感叹："文化的共性将我们聚集到一起，而文化差异使得我们彼此分开。"文化差异是导致国家、民族、群体等概念形成的主要原因，是文化学习和文化交流的动因和基础，如果大家都共享统一的文化系统，就没有进行文化学习和交流的必要了。

文化差异对文化学习的影响主要表现在差异的大小上。一般认为差异越大，文化学习就越艰难；相反，本族文化和目的文化越近似，学习起来就越容易。中国学生学习美国文化自然比欧洲学生学习美国文化要困难一些，因为东方文化与美国文化的差异远远大于欧洲文化与美国文化之间的差异。

首先，从心理情感上来说，中国学生学习美国文化可能会经受比较强烈的文化冲击。在中国，学生的学习和生活都得到学校和家长的周密安排，学生除了学习基本不用为其他事情操心。然而，来到美国后，这样的照顾没有了，学生得自己安排学习和生活，没有人告诉你应该怎么做，而且由于两个国家的学习体系、教学理念以及价值观念都存在很大的差异，因此初来美国的中国留学生所经受的心理和情感上的挑战可想而知。反观来自欧洲的留学生，不仅从外貌特征上与美国人没有太大的区别，而且他们对美国文化并不感到非常陌生，在美国文化中一般能应付自如，虽然他们也会经历文化冲击，但其受冲击的程度普遍低于中国学生。

其次，文化差异越大，文化学习的内容就越多，学习者认知结构的丰富和调整的幅度必然更大。文化学习从一定意义上来说就是文化差异的学习，学习者通过了解和学习与自己文化不同的生活方式和价值观念，增强与该目的文化群体进行交流的能力，同时提高对文化差异的敏感性和跨文化意识，最终实现提高跨文化交际能力的目标。

再次，文化差异越大，学习者语言交际和非语言交际行为的调整就越难。在美国大学课堂上，欧洲学生和美国学生"霸占"自由发言和讨论的时间，而来自日本、中国等东方学生基本保持沉默，不是他们没有思想和观点，只是他们插不进话。这与交际风格在东西方文化中的差异有关，美国等西方国家的人们在交际时通常采用你来我往、乒乓式的交际风格；日本和中国文化强调谦虚谨慎、少说多听，因此交际时往往采用带有保龄球式的交际风格，有去无回。习惯于倾听的中国和日本学生要改变自己的交际风格，适应美国侃侃而谈的交际风格，是一个比较艰难的过程。

总之，文化差异越大，学习者的心理情感、认知发展和行为协调就会经历更多的痛苦、复杂和艰难的过程，因此在制订文化教学大纲时，我们有必要对两种文化进行全面、深入的比较，总结出异同，合理组织对文化差异的教学，使学习者在心理、认知和行为上都有切实的进步。

然而，文化差异对文化学习的影响不一定都是负面的、消极的。笔者认为文化差异越大，文化学习的价值就越大。学习与自己本族文化差异很大的文化，虽然对心理上的冲击更大，认知和行为调整更复杂，但正因为如此，它更有利于增强文化差异的敏感性和跨文化意识，更能促使学习者反思自己的文化和生活方式，更能帮助学习者培养跨文化交际的灵活性。

此外，我们也不能因为文化差异对外国文化学习的影响而断定文化差异必然导致文化冲突，文化近似就意味着和平相处。历史证明，文化差异很小的民族或群体也常发生冲突。法国和德国是两个在文化和地域上都联系紧密的国家，但是在 19 世纪中期到 20 世纪中期的短短 100 年的历史中就有过 3 次战争。虽然文化差异不是导致冲突或战争的唯一或主要原因，但是文化差异越小，人们越容易淡化两种文化之间存在的一些微妙差别，而这些微妙的、不明显的差异也有可能会导致误解，甚至是仇恨。

世界上不存在完全相同的两种文化，每种文化都有其自身的特点，而且每种文化内部都有各种各样不同的亚文化，每个人也都是一个独特的个体。即使来自同一文化背景的人们，由于性别、年龄、教育和经历等的不同，他们也有各自的性格特点。所有这些不同层次上的文化差异都可能成为冲突和误解产生的原因，都会影响跨文化交际，因此文化学习和文化教学既应该注意那些文化之间明显的差异，也不能无视那些看似相同，实际有别的文化特点。

## 二、文化体验

学习者的文化体验对文化学习的影响表现在 3 个方面。

其一，学习者已经有的文化体验决定他们对某些文化概念较为熟悉，对另一些文化概念则较为陌生。教育心理学研究表明，内容熟悉程度直接影响学习者对所学东西的感知。外语教学通常主张选用学生熟悉的话题，将新的语言知识置于学生熟悉的内容和材料中，来保持他们的学习兴趣，促进新知识的吸收。文化是人们组织和解释经历的内部机制，因此学习者已有的文化体验是学习新概念的基础。那么应该如何引入新的文化概念呢？我们既不能完全根据学习者的本族文化进行教学，也不能脱离本族文化，将目的文化的环境照搬到文化教学中去。较好的做法是在新旧两种文化之间搭起一座桥梁，从学习者熟悉的文化概念入手，再引入新的、陌生的文化概念。

其二，人们往往根据自己的文化体验来理解和组织新的文化经历。心理学研究发现有的文化倾向于场依赖的感知模式，另一些文化倾向于场独立的感知模式。前者将周围的环境作为一个整体来进行感知，倾向于综合、概化，注重合作与和谐；后者则对具体、独立的项目进行感知，不依赖他人或周围环境的帮助，注重具体细节，喜欢使用标准的图表。一般来说以美国为代表的西方文化偏向于场独立的感知模式，归纳、综合是常见的方法，注重合作与和谐。生活在这样两种不同的文化中的学习者在理解和组织新的文化知识和经历时必然表现出不同的特点，因此文化学习的方式就有所不同。学习者在学习一种与自己的本民族文化差别很大的文化时，可能对目的文化的一些刺激不够敏感，不能去感知，所以教师不要指望学生对呈现的材料自动地感知和理解，必须设法将学习者的注意力引向这些文化刺激，帮助他们对其进行感知和理解。

值得注意的是，根据文化来划分场依赖和场独立不是绝对的，同一文化中包含各种不同个体，他们的感知模式可能与主流文化的倾向不同，甚至是完全相反的，因此我们只能说学习者的文化体验对他们的感知模式起一定的作用。文化教学要考虑学习者的感知模式，一方面迎合他们的学习方式和特点的需要；另一方面，通过让他们接触不同的感知模式，来扩大他们思维和学习的灵活性，接受多种不同方式的教学，这本身就是文化教学的一部分。

其三，不同文化在呈现或输入信息以及在对信息做出反应或输出信息时，采用不同的模式，有着不同的倾向，而且不同的文化体验影响人们信息输入和输出的方式。一般来说，接受过正规教育的人们习惯语音表达，以图片等视觉刺激为辅；而对那些没有接受过正规教育的人们，用实物呈现、具体直观的方式介绍新知识或许更有效。文化对比研究表明，低语境文化习惯语言表达直截了当、具体明了，因此说话人一般是有话直说，不指望对方去揣摩自己的意思，听话者通常也根据说话人的话语去理解其含义，因此在这些文化中，语言是一个主要的信息输出和输入渠道，其他非语言交际手段起辅助作用。与此形成对照的是高语境文化，虽然语言表达也非常重要，但是对话语的理解不像低语境文化那么单纯，因为话语的含义还同说话的场合、对象及说话人的话外音有很大的关系，因此与低语境相比，在同一场合，高语境文化的人们语言表达少于低语境文化的人们，而高语境文化的人们比低语境文化的人们对环境更敏感，更善于通过语言之外的其他信息输入和输出渠道捕捉信息。

鉴于此，文化教学必须在分析学习者对信息输入和输出特点的基础上，设计教学方法，尽量使用多种信息输入和输出模式呈现教学内容，鼓励学生用多种手段做出反应，这样一方面是为了满足不同学习者学习特点的需要；另一方面能引导他们了解和接受多种信息输入和输出模式，从而增强他们文化学习的灵活性。

综上所述，学习者的文化体验通过影响学习者的感知和认知模式对文化学习起作用。文化教学必须充分考虑学习者的这些特点，以文化多样性为原则，设计教学活动，这样做有3个方面的好处：①它使不同风格的学习者享受均等的教育机会；②它促进外语教学，因为语言学习与其他学习一样都是从已知出发去发现未知；③它有利于实现外语教学促进文化理解的目标，因为文化理解的一个方面就是培养学习者感知模式的多样性和灵活性。

从另一个角度来看，我们也可以得出这样的结论：学习者文化体验越丰富，他们接触的感知和认知模式就越多，文化学习就越顺利，效果就越显著。当然这并非是一个绝对的理论，因为文化体验也会给文化学习带来负面的影响。它有两方面的表现：①学习者长期生活在本族文化的环境中，自然会沾染民族中心主义思想，这对外国文化的学习非常不利；②一些不愉快的跨文化交际的体验会在学习者的心里蒙上阴影，使他们对外国文化的学习产生畏惧、厌烦等消极情绪，对外国文化表现出敌视的态度。这要求外语教师在文化教学过程中合理利用学习者的文化体验，对他们加以正确引导，帮助他们消除这些心理障碍。

### 三、学习环境

文化学习环境可以指学习者目前所处的社会大环境，也可以指他们接受教育的学校和课堂小环境，两者之间有密切的关系。由于后者将在稍后以教学方法为题进行探讨，这里只关注社会大环境对文化学习的影响。

我们通常将英语教学分为：英语作为第二语言教学（English as a second language，ESL）和英语作为外语教学（English as a foreign language，EFL）。两者之间的主要区别就在于社会文化环境的不同。ESL是在目的语言、社会和文化环境中的英语学习，学习者除了课堂英语学习之外，还有很多接触目的语言和文化的机会，在很大限度上是一种浸入式的语言和文化学习模式，这种现象在美国、加拿大和澳大利亚等有很多移民的国家极为普遍。相对来说，EFL 的学习者以课堂教学为主要渠道，接触目的语言和文化的机会远远少于 ESL 的学生。这两种社会环境对文化学习有很大的影响。

首先，语言和文化输入量的多少直接影响学习者的文化学习。文化学习不仅是文化知识的学习，而且要求学习者从情感上习惯、接受文化差异，从目的文化价值观的角度去理解文化行为。从行为上来说，学习者要能够调整自己的语言和非语言交际行为，灵活有效地与目的文化和其他文化的人们进行交际。如果认知的学习可以通过阅读等间接渠道，不通过体验和实践来完成的话，那么情感和行为的调整往往需要大量直接的、体验式的刺激。这一点与语言学习者必须开口练习才能提高交际能力是一样的道理。因此，ESL 为文化体验和实践提供了极好的环境和机会，有利于文化学习认知、情感和行为各个层面全面发展。相对来说，EFL 就缺乏这个优势，它只能依靠教师设计一些文化模拟活动，使用关键事件等教学手段来增强学生对文化的敏感性。

其次，在两种不同的社会环境中学习外国文化，学习者的学习动力也有着很大的差别。一般来说，ESL 学习者的动力很足，每天面对目的文化，他们往往有一种迫切感。为了更快、更好地适应主流文化，更好地在这个文化中生活、工作和与人相处，他们利用各种机会学习目的文化，因此效果显著。EFL 环境中的学习者由于缺乏紧迫感，而且缺少机会，因此学习的动力明显不如 ESL 的学生。

再次，在两种不同的环境中学习外国文化，学习者感受到的文化冲击程度不同。ESL 学习者由于与目的文化接触的机会更多，交流的内容更广、更深，所以文化冲击的频率和程度必然比 EFL 学习者要更高、更强。强烈的文化冲击可能导致两种结果：大部分 ESL 学习者能够通过文化冲击的经历切实感受到文化之间的差异和冲突，并从中获取很多经验和教训，最终成功完成从文化中心思想向文化相对思想的转变，要么被目的文化同化，要么成为一个具有跨文化交际能力的文化边缘人。另外也有一部分 ESL 学习者由于受到的文化冲击过度而退缩，将自己封闭起来，成为封闭型文化边缘人，或干脆保持原来的文化身份和行为特点。EFL 学习者虽然不会经受如此巨大的文化冲击，但正因为缺少文化冲击的经历，他们的文化学习很可能片面肤浅，很难达到一定的高度。最后，文化学习的环境影响文化学习和教学的方法。EFL 文化教学由于受环境的限制，教学活动的设计既要符合文化学习对学习者认知、心理和行为各个层面的要求，又必须因地制宜，具有可行性。

## 四、学习时间

正如何时开始学习外语会给外语学习带来影响一样，文化学习的内容和方法也会受到学习者年龄的影响。众所周知，本族文化习得，即社会化过程，是从小孩一出生就开始，到青春期基本结束。这个阶段对于本族文化和母语的学习非常重要，错过这个关键时期，离开必要的社会环境，社会化过程就非常困难。之所以如此，是因为儿童时代是认知发展最关键的时期，人们的整体智力水平、基本的感知和认知结构以及性格等一般都是在儿童时代形成，在以后的生活中得以发展巩固的，这是认知心理学的研究结果。

心理学理论对于第二文化或外国文化的学习同样具有启发性。如果儿童时代是感知模式和认知图式形成的关键阶段，那么外国文化的教学就应该在这个时期向学习者灌输多种感知和认知模式，扩大他们的视野，增强他们理解事物的灵活性和多维性。进入少年时代的孩子们，生理上正处于向成年过渡的阶段，正是身份感和归属感形成和加强的时期，而且也是人们对他人或他群态度变化最大的时候，所以在这个阶段，文化教学就应该以培养学习者对目的文化积极、肯定的态度，弱化民族中心主义思想，增强文化相对论思想为中心任务。

虽然学习者的年龄对文化学习和教学的内容和方法有一定的作用，但是年龄与学习的关系一直是一个有争议的、极为复杂的问题，没有绝对的结论，所以不能成为文化教学设计的主要依据。

影响文化学习的因素还有很多，如：学习者的性格、两种文化之间的关系，等等。文化教学必须充分考虑这些因素，合理规划文化学习的整体框架和具体步骤，设计出多种多样的满足学习者需要，符合社会环境的教学活动。

# 第四章　英语语言文化与英语教学

## 第一节　大学英语教学中的文化导入

　　语言是文化不可分割的一部分，是文化的载体，其丰富的文化内涵和文化负荷传递着无尽的文化信息。在人类社会中，文化几乎无处不在。"文化"一词的含义很广泛，"一般认为它是一个民族在自己的社会历史发展中形成的独特的风格与传统。世界上每一种语言都充满了文化色彩，语言中的文化现象除狭义地指社会意识形态外，还泛指社会历史、自然地理等各方面人类所独有的特征"。

　　在当今高科技迅速发展的信息时代，国家、民族、团体、个人之间合作和交流日趋频繁。文化差异是导致跨文化交际产生障碍的重要因素。一个国家的哲学、信仰、伦理、心理乃至政治等诸多因素确定了在该国的文化中，社会交往必须遵循其特定的规范，其中包括与之有关的语言规范。对于一个讲母语的人，本国这些约定俗成的规范已经成为日常生活中极其自然的事情。然而，对于不熟悉这一文化背景的外国人而言，这些规范可能就会形成一个文化障碍，影响交际的顺利进行。语言教学不仅包括语言知识的教学，而且包括文化知识的教学。在大学英语教学中文化导入是很有必要的，文化导入的方法和途径应贯穿大学英语教学之中。

### 一、大学英语教学中文化导入的必要性

　　语言不仅是人类交流的工具，同时是文化的载体。一个国家的语言必然会反映这个国家、这个民族的文化特征、思维方式。它们之间的关系是密不可分的，如果不了解目的语的文化，我们就不可能真正理解和运用外语。在经济全球化深入发展的今天，各国之间的交往日益频繁，各种文化之间的碰撞也日益增多。单纯掌握一门外语而不了解其背后深厚的文化底蕴并不能有效地帮助人们跨越文化

鸿沟，成功地实现交流。因此，在大学英语教学中渗透文化教育是非常必要的。

### （一）大学英语课程教学的基本要求

大学英语的教学目标是培养学生的英语综合应用能力，增强其自主学习的能力，提高其综合文化素养，使其适应我国经济发展和国际交流的需要。然而，不论是语言学的基础理论，还是指导语言学习的各种教学法，无一例外的都是指向同一目标即语言自身的规则。从索绪尔结构主义语言学的二项分析，到乔姆斯基的转换-生成语法，从传统的语法翻译法、静默法到直接教学法等，都未给我们外语教学实践指出语言是一种交际工具。也正是由于这样的理论指导，在传统的大学英语教学中，我们总是对学生进行一种"纯语言能力"的培养，要求他们造出合乎语法规则的句子、篇章，使其凭借一种含有投机成分的应试技巧顺利地取得各种等级证书。这种做法"强调了对语言表层结构即应试要求语言点的分析，而放弃了对语言深层结构即社会文化背景的讲析"。因此，为了培养学生的交际能力，大学英语教学必须在进行语言知识教学的同时，进行文化导入，从而避免因文化差异而引起的语用失误。

### （二）语言和文化的关系

文化语言学研究表明，语言中储存了一个民族所有的社会生活经验，反映了该民族的全部特征。学生在习得一种民族语言的同时，也是在习得该民族的文化。外语教学的任务是培养在具有不同文化背景的人们之间进行交际的人才。同时，语言和文化紧密相连、不可分割。语言是一种符号，是文化的载体，又是文化的重要组成部分。文化是语言赖以生存的环境，文化在一定程度上也限定并塑造了特定的言语表达方式。总之，语言就好比树木，文化就好比森林，不了解语言生存的环境就好比只见树木不见森林。正如萨丕尔所言，"语言基本上是一种文化和社会的产品，因此它必须从文化和社会的角度去理解"。然而，传统的英语教学更注重语言知识的管束和积累，而忽视语言所处的文化，从而出现了英语语言能力强的人其跨文化语用能力不一定强的现象。美国外语教学专家温斯顿·布瑞姆拜克在谈到只教语言不讲文化的恶果时说："采取只知其语言不懂其文化的教法是培养流利大傻瓜的最好办法。"因此，在大学英语教学中适当渗透一些文化知识，开展一些文化对比的讨论，这有助于学生更深刻地理解语言，增强其对文化差异的敏感性，进而提高其跨文化交际能力。由于语言和文化相互依存和影响，因此，我们在进行英语教学的同时有必要导入与英语语言有关的文化内容。

### （三）国内外客观形式及大学生文化习得现状

国内外客观形式及大学生文化习得现状也决定了在大学英语教学进行文化导入的迫切性。随着全球经济一体化进程的加快，跨国界、跨文化的交流日益增多，造成了对既懂专业又通晓外语并能进行跨文化交际的优秀人才的巨大需求。为了适应社会发展的需要，为了保证国际交流的准确和有效，大学英语教学也必须在传授语言知识的同时，传授文化知识，帮助学生了解英语国家的人文地理、历史传说、风俗习惯、价值取向和社会观念等。学生通过熟悉有关的文化背景知识，不仅可以激发他们学习英语的兴趣，满足他们语言学习的要求，而且随着文化知识的积累，学生对语言本身的理解也会更加透彻，反过来又会促进他们英语水平的相应提高，真正达到培养学生能够运用英语准确、顺利地进行交流的教学目标。而非英语专业培养出来的学生在未来的工作岗位上将会有更多的机会参与跨国界、跨文化的交流。但由于应试教育的影响、文化输入的缺失及母语文化的干扰，目前大学生的跨文化习得状况不容乐观。这种供需之间的矛盾也说明在大学英语教学中进行文化导入是必要而且迫切的。

## 二、大学英语教学中文化导入的内容

文化导入教学模式是一种通过引导的方式让学生主动建构语言与文化知识，促进英语综合应用能力提高的相对稳定的操作性框架。该模式主张教师在一定的教学环境中，根据教学大纲、教材和学生实际，运用正确的方法对学生进行积极引导，激发他们的思考与想象，促进学生主动进行内部心理表征的建构，从而培养学生对文化差异的敏感性、宽容性以及处理文化差异的灵活性，提高学生综合运用英语的能力。那么在大学英语教学中应该从哪些方面构建学生的文化知识呢？

关于大学英语教学中文化导入的内容，学者们有着不同观点。吕必松、赵贤洲、张占一等主张将大学英语教学中的文化教学内容分为交际文化和知识文化。所谓交际文化，指的是两个文化背景不同的人进行交际时直接影响准确传递的语言和非语言的文化因素，包括问候、致谢、称呼、习语、委婉语和禁忌语。而知识文化，指的是两个文化背景不同的人进行交际时，不直接影响准确传递信息的语言和非语言的文化因素，一般是指政治、经济、历史、地理、科技、文教等相关背景知识。魏春木、卞觉非则把外语基础阶段文化导入的内容分为文化行为项目和文化心理项目。他们认为，文化行为作为动作系统，是外显的、受文化心理支配的，处于文化的表层，可逐层细分出不同的文化项目如购物、住宿、称呼等；文化心理是文化行为背后的价值观念系统，是内隐的、支配文化行为的，处在文化的底层。文化心理对人们的语言或行为起着规定性作用，它决定了人的处世哲学、评价事物的标准和行为规范等。比如，在西方很多国家忌讳询问对方年龄、婚姻状况、收入、宗教信仰等是出于对隐私的尊重，但这只是一种外在的文化现象，其本质是反映了西方个人主义价值取向的基本社会文化心理。这些观点在一定程度上具有积极作用，对外语教育有很大的现实意义和指导意义。因为文化本身的复杂性和层次性，不同文化的划分在某种程度上相互交叉，很难将文化细分，但我们必须注意文化导入的多样性并且根据学习者的需求进行合理导入。这就要求不同的外语教育工作者根据不同的教学对象，以及教学中须达到的不同目的，具体问题具体分析。

目的语国家的文化是一个宽泛的内容，涉及植根于民族语言中的社会习俗、传统习惯、思维模式、世界观、价值观、宗教信仰及反映目的语民族的生活背景。任何民族的个体都生活在一个特定的社会环境之中，他所使用的语言必然会反映其所处社会的文化特征，带有该民族特有的文化印迹。

我国英语教学的目的是培养学习者的跨文化交际能力。"跨文化交际是指不同文化背景的人们（信息的发出者和信息的接收者）之间的交际。"根据跨文化交际学的理论（贾玉新），跨文化交际与同一主流文化内的交际在本质上是一致的，二者所涉及的变量或组成要素基本一致。交际是信息的传送和接收，"共同"或"共享"是交际的前提。除了共享同一语言系统之外，有效的沟通还依赖于交际双方对其他相关因素的理解和掌握。交际行为是文化行为，也是社会行为，它必然发生在社会和文化之中，并受众多社会文化因素的影响和制约。对这些相关社会文化因素的了解和掌握是实现有效交际的前提。而影响交际的众多社会文化因素主要包括：宽泛的交际环境，包括文化环境、心理环境和自然地理环境因素等；具体的交际环境——情景因素，这受制于宽泛文化环境，并直接影响交际的环境，包括交际双方的社会地位、角色关系、交际发生的场合、所涉及的话题等；规范系统，"规范是交际环境和语码（语言和非语言）之间的中介系统，不仅是交际行为的制约系统，也是交际行为的解释和评价系统"。同一主流文化内的人们之间之所以能够顺利地进行有效交际，是因为大家在很多方面具有共享——大家"共享"宽泛的交际环境知识、具体的交际环境知识（情景方面的知识）以及社会规范文化等。因此，跨文化交际双方要想实现有效交际，双方在以上这些方面的"共享"也是必不可少的。

教学目的与教学内容都是教学活动的主要构成要素，其中教学目的决定着教学内容的选择，教学内容是教学目的得以实现的媒介，因此英语教学的目的是英语教学中文化导入内容确定的主要依据。英语教学的目的是培养学习者的跨文化交际能力，那么，制约和影响学习者跨文化能力获得的主要文化因素应该成为英语教学中文化导入的主要内容。

基于心理环境属于心理学的范畴，不在本书讨论范围之内，因此英语教学中的宽泛文化环境知识主要包括价值观和地理文化知识。具体交际环境知识主要指与情景因素有关的文化知识，即交际所必须遵循的情景适应性规则。而社会规范体现在交际层面主要包括言语和非言语规则。因此，英语教学中文化导入的内容主要应包括以下几个方面的内容：

**（一）情景文化**

情景因素直接影响交际的环境，它受制于宽泛文化环境，包括交际双方的社会地位、角色关系、交际发生的场合、时间、所涉及的话题等。有效的交际不仅依靠对宽泛文化环境的认识，也离不开对它赖以生存的情景的认识，因为语码（语言和非语言符号）的使用受制于情景——情景中的社会因素决定谁在什么时候说什么，怎么说，对谁说，为何目的等。

不同文化在具体的情景规约，即情景适应性规则方面存在着差异。了解这些差异是实现有效交际的前提。符合某一文化中情景规约的行为在不同文化的相同情景中，很可能是违约的行为，它可能会导致严重的后果。也就是说，相同的情景在不同文化中其情景适应性规则是不完全相同的。例如：在我国文化中，师生之间在某一特定情景中，如在学校里交往时，所应遵循的情景适应性规则与英语文化中师生之间在相同情景中所应遵循的情景适应性规则不尽相同。这是两种文化在深层文化上的差异在交际层面上的体现。

**（二）基础背景文化**

基础背景文化指某种语言产生和使用的社会历史文化背景。大学英语教学中对基础背景文化的导入应包括有助于学生理解所学内容的文化背景知识：目的语的政治、经济、天文、地理、历史、文学等方面的背景材料。缺乏这些知识会导致理解困难，而了解相关的文化背景更能帮助学生进一步理解教材，更恰当地接受并运用材料中的语言知识，我们应在课堂教学中及时讲授有关文化背景知识。在教学过程中，教师应设法帮助学生了解目的语国家的文化背景并避免用本族的文化标准来衡量其他民族文化，努力培养学生的跨文化意识，避免由于文化差异而导致理解上的错误。

**（三）价值观念文化**

语言反映一个民族的价值观念、政治信念、宗教信仰、社会准则、风俗习惯、道德标准和思维特征。东西方之间观念存在很大差别。西塔拉姆曾研究过不同文化的价值体系，并按其重要程度做了分类，所比较的群体是西方文化、黑人文化、东方文化、非洲文化。调查显示西方文化在个性、金钱、救世主、标新立异、进取精神、尊重青年、效率、坦率、守时这几项名列第一，而这九项东方文化较弱。东方文化在感激、谦逊、因果报应、集体责任、尊重长者、好客、土地神圣感、和平这八项名列第一，这八项也正是西方文化的弱项。观念文化的不同必然构成理解障碍。

### （四）词语文化内涵

词汇在语言中占有重要的地位，威尔金斯曾说："没有语法不能很好表达意思，而没有词汇则什么也不能表达。"目前学生中普遍存在一个误区，即认为背单词是提高英语水平的唯一途径。有些学生学习英语相当努力，也确实背了不少单词，但是考试时的成绩总不令人满意。原因是他们只是记住了词语的字面意义，而在具体的语言环境中词语的意义常常是依据上下文而出现很大差别的。因此掌握词语的文化内涵就更为重要。词语文化内涵比较丰富的有习语、典故、委婉语、借代等。

### （五）社会规范文化

规范是"社会或群体对所期望的和接受的行为所共享的标准或规则"。它与交际紧密相关，它是一套系统的规约，告诉人们应该做什么，怎样做，不该做什么。它是环境和符号（语言符号和非语言符号）之间的中介系统。

Summer（1940）将规范分为三个范畴：民俗，道德规范，法律。法律属于政治的范畴，不是我们文化导入的重点。文化导入中的规范主要包括前两个范畴。事实上，道德规范也属于民俗的范畴，只不过它包含了道德和伦理的意义。民俗的范畴中与外语学习密切相关的内容主要有言语规则和非言语规则。道德规范反映在言语规则和非言语规则中主要指一些禁忌语和忌讳的体态语等。

一个社会中人们的言语行为必须遵守其社会或群体所共享的言语规则。言语规则是约定俗成的规则，它制约着一个社会或群体中人们的说话方式与内容，反映了不同社会在文化背景和价值取向等方面的差异。英汉两种语言在日常言语行为方面存在着很大差异，如在实施"问候"这一言语行为方面，汉语中人们一般可以根据对方的具体情况即景即情问话。

人际间交流是通过两种形式进行的，一是言语行为，二是非言语行为，后者也是极其重要的交际形式。非语言交际在交际活动中也是非常重要的。很多非语言行为都是约定俗成的，为不同文化所独有。因为文化差异的存在，相同的非语言行为可能表示不同的意义，而不同的非语言行为则可能具有相同的含义。

## （六）自然地理文化

不同的地理环境会塑造出不同的民族性格。掌握一个国家自然地理环境的知识不仅有助于我们了解和理解一个民族的国民性格、价值观念，还有助于我们理解一些语言单位所蕴含的文化意义。如："west wind"和"西风"在中国文化和英语文化中有不同的含义。由于中国和英国地理位置的不同，当西风吹起来的时候，英国正是万物复苏的春天；而在中国则正是深秋或隆冬，天气变冷，树木凋零。因此"west wind"在英语中是希望和力量的象征；而"西风"在汉语中则是凄凉和萧条的代名词。因此，了解一个国家或民族的地理环境是理解这个国家或民族文化的基础。

## （七）社会习俗和价值观

语言反映文化，文化的不同必然导致语言的不同。在跨文化交流中，一种文化中人们习惯交流的话题可能是另一种文化中人们设法回避的话题。正确掌握文化禁忌是实现跨文化交际的前提。中国人见面时常问"你吃了吗""你去哪"，交谈中习惯于问对方的年龄、收入、家庭状况等，而这些在西方国家都是交谈的禁忌。此外，在中国，个人主义一般是贬义的，中国更强调集体表现和合作精神，而在西方，则强调个人表现和竞争，他们认为不愿意显露自己才华的人是不可思议的，这就是文化差异，即价值观不同的问题。这些社会习俗和价值观的差异会给英语语言的顺利交流与应用造成一定障碍。鉴于此，教师的教学目标和任务是帮助学生跨越或者是填平这些文化差异的鸿沟。大学英语教学中的价值观引导，也就成了教师要注重培养学生的逻辑思维能力和批判分析能力，即是非善恶的判断与分析能力，教师应将其有机地贯穿于培养学生语言知识的积累与创新、语言运用能力的开发与提高、文化知识的积累和跨文化交流能力的过程中。一种文化，最根本的性质是指一系列的价值观念，教师必须以科学价值观为指导来培养学生的语言、文化知识与应用能力，这样才能真正帮助大学英语教学，推动学生科学和人文素质的协调发展。

## 三、大学英语教学中文化导入的原则

不同文化在价值取向、生活方式、思维方式、社会规范等方面都存在差异。不同的社会，人们举手投足，一言一行都恪守各自的风俗习惯，并反映其价值观念。交际过程中，在遵守其行为准则和社会规范的同时，人们都带着与其自身文化相应的社会期望。交往规则或社会语言规则，不仅因文化而异，而且具有无意识性质。这意味着尽管一个人对自己的母语的使用规则能达到炉火纯青的地步，他们对规则的存在却毫无意识，因为他们是毫无意识地习得这些规则，而且能无意识地用这些规则去判断别人的言语或交际是否正确得体。由于语用迁移，人们在使用第二语言或外语交际时，尽管语言能力很强，但常常会遇到一些障碍，致使双方难以沟通而产生误解，甚至导致意想不到的后果。这种失误表现在语言使用的各个方面，包括言语功能、言语行为的实施（尤其表现在问候、恭维、感谢、抱歉、拒绝等言语行为方面），篇章组织结构，交际风格，交际方略，交际规则，礼貌规则等方面。教师应要求学生理解目标语文化以及相关的观念或交际期待。为提高学生的语用能力和交际能力，教师在教学中应注意加强文化内容的导入。由于文化涵盖极广，我们必须遵循有效的导入原则。

（一）主体性原则

新课程标准强调"以学生为主体"的教学原则，这一原则体现在课堂教学中学习任务的设计，即学生在老师的指导下，通过语言实践来感知和体验，达到实现语言目标的学习，这样就保证了学生主体作用的发挥。因为，只有在语言活动中，学生才自始至终是自觉主动的语言实践者和学习者，而不是传统意义上的被动的知识接受者。学生通过自己的实践和思考活动，可以了解语言知识和能力的获得过程，经历语言学习价值的生成过程，体验成功或失败。由此可见，课堂导入中的学习任务提供了一条有效培养学生情感态度和人文精神的理想途径，学习任务给予学生体验语言学习意义，培养完美人格的机会，是学生主体性原则的最好体现。

（二）简洁性原则

从系统论的观点看，教学过程是一个系统结构，由导入、呈现、理解、巩固和结尾构成，五者是一个连续的整体，缺一不可。如果只重视课堂导入，而忽视其他环节，再精彩的课堂导入也不能达到整个教学过程预想的结果。所以教师在一堂课开始时就要尽量在尽可能短的时间内激发学生的兴趣，吸引学生的注意力。一旦学生学习的自觉性被调动起来，教师就要抓住这个教学过程的"黄金时刻"，进入下一个环节，开展正课学习。

导入只是一种准备教学活动，是安定学生的情绪，集中学生注意力，引发学生兴趣，明确学习的目的、任务和要求的过程。其主要功能是集中地让学生为新的学习做好充分的心理准备和知识准备。因此，课堂导入不宜费时过多，通常以3～5分钟为宜，应力求做到"简约不简单"。若导入时间过长，就会使课堂起始阶段显得冗长，内容复杂，这容易引起学生的厌烦情绪，进而影响整节课的进程。

## （三）适用性原则

教师要结合教材内容和跨文化交际本身需要，传授与文化交际密切相关的适用性文化知识，凡涉及影响语言信息准确传递的文化知识，都应是导入的重点。如果所导入的文化知识与学生能力的提高密切相关，学生的学习兴趣将会大大提高。

## （四）实用性原则

文化的内容丰富而又复杂，因此教师在导入过程中应选取对跨文化交际使用价值大的文化差异，对日常生活交际密切相关的文化差异及有广泛代表性的内容应精简。实用性原则要求所导入的文化内容与学生所学的语言内容密切相关，与日常交际所涉及的主要方面密切相关，也要考虑学生今后从事的职业性质等因素。这样做一方面不至于使学生认为语言与文化的关系过于抽象、空洞和捉摸不定；另一方面使文化教学紧密结合语言交际实践，可以激发学生学习语言和文化的兴趣，产生良好的循环效应。

## （五）差异性原则

学生的学习程度和水平层次存在着差异，这就要求教师在实施课堂导入时要加以充分的关注，让处于不同水平层次的学生都有"用武之地"。例如，对一般水平的学生，要求他们能听懂，按要求去做；对于英语水平较高的学生，则要求他们能用英语来表达思想和开展交流等。同时，教师在设计不同的课堂活动时，还要考虑不同性格的学生的需要。对于性格外向、活泼开朗、表现力强的学生可以考虑让他们去表演对话；而对于性格内向、不善言辞的学生，可让他们回答一些自己有把握的问题，以得到老师及同学的肯定，增强学习英语的自信心。这样的教学有助于发展师生之间、学生之间的情感，进而形成一个和谐的学习氛围，激发学生的学习动机。新课程标准把注重学生的情感列为课程目标之一，强调认知与情感的协调发展，体现"以人为本"的教育思想。

"导"与"教"一样无定法，切忌生搬硬套。对于不同的教材和教学内容，教师也应采用不同的课堂导入方式；即使同一教材、同一教学内容，对不同班级的课堂导入也要有不同的导入设计，使用不同的导入方法。这需要教师根据所教班级的具体特点，进行具体分析。如较沉稳班级和较活跃班级的导入设计应有所不同。对于同一个班级来讲，课堂导入的方法也要经常变换，这样才有利于保持学生的新鲜感。一堂好课必须有一个良好的导入作为前奏。课堂开始时的组织教学在于集中学生的注意力，引起学生的兴趣，那么新课的导入方法就更为重要了。针对不同类型的课题，教师可以用不同的导入语言和导入方法。根据课题的类型、学生的实际情况或者教学实际条件，教师可以选择不同的导入方式，如讲故事、提问、播放视频、表演、猜谜语、集体讨论、演讲等不同的方式，甚至可以用游戏或竞赛等方法，尽可能让每堂课都有新鲜感，让学生始终对英语学习充满兴趣和热情。

### （六）阶段性原则

阶段性原则就是要求文化内容的导入应遵循循序渐进的原则，根据学生的语言水平、接受和领悟能力，确定文化教学的内容，由浅入深，由简单到复杂，由现象到本质。具体地说，初、中级阶段应着重交际文化的导入，因为它直接影响交际过程中信息的传递，属于表层文化；高级阶段则应重点导入知识文化，虽然知识文化在交际过程中不直接影响信息的准确传递，但它属于深层文化，是交际文化的"根"，是更深层次的理解，掌握交际文化的钥匙。在实施阶段性原则的同时，教师必须注意文化内容本身的内部层次性和一致性，使教学内容不至于过于零碎。

### （七）目的性原则

导入一定要有较强的目的性，让学生明确将要学什么、怎么学、为什么要学。教学的目的不同，侧重点则不同，各环节的时间分配和组织处理也应有所区别。教师在导入新课时常直接或间接地让学生预先明确学习目的，从而激发其内在动机，使其有意识地控制和调节自己的学习，但不论使用哪种导入方式，都应当有明确的目的。为达此目的，用于导入的故事、图片、游戏、歌曲以及所采用的语言材料都要与课堂教学内容密切相关。否则，导入形式再新颖，也不会有好的效果。

有些教师在设计课堂导入时偏离了教学重点，只是为了"导入"而导入，这使得课一开始就目标不明确，因而无法吸引学生的注意力，有时甚至会误导学生。教师是游戏活动的指挥者和领导者，设计游戏时要考虑周全，事先评估实施时可能出现的问题，不能生搬硬套。教师还要权衡游戏的作用，只有在明确教学目的的前提下合理使用游戏，才能真正发挥其导入作用。

### （八）母语文化与目的语文化兼容并举原则

在跨文化交际中，人们关注更多的是母语文化对语言交际活动形成的负迁移影响，却往往忽略母语文化同样可以发挥正迁移作用。作为与目的语文化进行对比的工具，母语文化能更深刻地揭示目的语文化的一些主要特征，从而加深学生对民族文化本质特征的了解。有学者在研究中发现，跨文化交际的文化制约并不是来自对目的语文化的不了解，而是来自对目的语文化和母语文化之间差异的不了解。因此，外语教育中的文化教学既要关注目的语文化的导入，也有必要更好地学习掌握本族语文化的精华，二者应兼容并举。对两种文化进行对比研究是消除语用失误和文化失误的重要途径。

### （九）文化教学坚持中西文化并重的原则

目前大学英语教学中存在的问题之一是一味强调目标语文化的传授，而对中国文化及其表达式的传授没有给予足够的重视。许多英语学习者由于长期模仿和浸透英美文化，清空母语文化积淀，对英语国家文化的认同超过对自己国家文化的认同，削弱了对母语文化的了解，在一定程度上变成了西方文化的"语言工具"。所以，在大学英语教学中，教师应结合中西文化的关联性，适时、适量增加中国文化元素，使学生了解中国文化知识的水平与了解西方文化知识的水平呈同步增长之势，加深他们对中西文化的差异性认识。同时，在教材编写方面，我们要注重中西方文化并举，适当增加母语文化知识比例，让学生在接触英语文化的同时有母语文化输入的机会，这对学生了解目的语文化，厚积母语文化具有直接的助推作用。

## 四、大学英语教学中文化导入的方法

教学中教师要做到既不放弃知识文化的积累又要加强交际文化的导入。交际文化的传授应该从日常生活的各个方面入手，教师主要向学生讲述英汉常用语在语言形式和风俗礼仪方面的差异。文化导入应侧重知识文化，以提高学生的文化意识和文化修养为主，使学生了解西方人的价值观以及他们的思维方式等。教学中文化导入的方法有：

### （一）直观导入法

心理学告诉我们，人们直接感受事物比通过载体、媒介感受要来得轻松、生动、深刻。课堂上使用真实的物品、生动的画面或仿真的场景，会使学生有置身其中的感觉，使他们闻其声，见其形，临其境，感其情，沉浸于交际性课堂的氛围之中。实物、图片、音乐、视频等为媒介实施的课堂导入，这些直观的实物能够快速吸引学生的注意力，提高他们学习的兴趣和积极性。在现实的课堂教学中，教师如果能将这些实物搭配合理，运用得当，往往能够收到事半功倍的效果。

1. 图片导入

图片与实物一样，也是一种非常直观和生动的教学辅助材料，适当巧妙地利用图片往往能收到语言表达难以实现的效果。对于无法引进实物而又距离学生生活实践较远的内容，图片就可以大显身手。利用图片导入课堂教学活动通常有以下几种形式：

首先，利用教材中已有的插图导入新课。现在中小学英语教材一般都配有与课文学习内容紧密联系的插图。教师为了让学生对教材的内容有所了解，往往对插图加以描述，学生结合图片和老师的提示就能加深对学习内容的理解。这有利于激发他们的学习兴趣，提高其参与的积极性。

其次，利用网络搜集图片进行导入。教师通过网络搜集的图片相比文中插图更具有新鲜感，但是需要用电脑等辅助设备才能进行展示。

另外，对于年龄较小的学生，教师还可以用卡片或者挂图进行导入。比如学习水果名称时，教师可以拿一些卡片展示给学生，让学生说出卡片中水果对应的英语单词，从而让学生认识这些单词。卡片比起实物来说，更方便且能重复利用。

根据心理学研究成果，一个人经过一段时间的注意力集中后，注意力就会有所分散，尤其是年龄比较小的学生，注意力集中的时间段较短。而恰当运用图片会有助于学生注意力的转移，从而延缓注意力分散时间的到来。

2. 简笔画导入

在课堂教学中，实物、图画有着特殊的信息沟通作用，但当这两种条件都无法达到时，教师就可用简笔画作为课堂教学的辅助手段开展教学活动。简笔画在现代语言教学中是一种既简便又经济的直观教学辅助手段。应用简笔画进行英语教学，能够迅速经济地给学生创设生动有趣的英语学习情景，引导学生直接进入英语思维环境，增强他们的形象思维能力，激发他们听说英语的积极性，使课堂气氛变得活跃。

3. 多媒体视听说导入

多媒体集图像与声音于一体，能吸引学生的注意力，增强学习的感官刺激，并能激发学生的学习动机，同时能加大教学密度，优化教学效果。运用多媒体手段导入新课，采用视听结合的方式，将使学生在心理上和知识上做好学习的准备。

传统的教学模式往往以教师为中心，教师仅利用讲解和板书作为教学的手段和方法向学生传授知识，学生则被动地接受教师传授的知识；现代教育建构主义学习理论以学生为主体，教师在整个教学过程中起组织者、指导者、帮助者和促进者的作用。教师需利用情景、协作、会话等学习环境要素充分发挥学生的主动性、积极性和创新能力，最终达到使学生有效地实现对当前所学知识的意义建构的目的。在这种模式中，媒体不再是帮助教师传授知识的手段、方法，而是用来创设情境、进行协作学习和会话交流，即作为学生主动学习、协作式探索的认知工具。结合声音、图像以及动感的画面可以让学生沉浸在教学要求的氛围之中，使较为抽象枯燥的语言知识变得生动活泼，对于提高学生兴趣活跃气氛，提高其主动学习、积极探究具有很重要的作用。

视频导入虽能弥补其他直观导入法的缺陷，集声音、音乐、图片、动画等优点于一身，能快速有效地吸引学生注意力，但是其播放时间不能太长。教师应把学生的注意力适时地引导到学习内容上面，而不是一味地任由学生放纵他们的思维和注意力。那样的话，不但不能收到预期的效果，反而会分散学生的注意力。

### （二）测试法

通过测试学生所学语言的文化知识背景和外语交际能力，找出中国学生在英语学习过程中易犯的文化错误，从而有针对性地导入文化知识，这也不失为文化导入的一个行之有效的方法。

### （三）典故引入法

典故是人们在说话和写作时所引用的历史、传记、文学或宗教中的人物或事件。运用典故不仅可润饰语言，使之丰富多彩，生动清晰，而且使人们更易于沟通思想。

大多数人在说话和写作时都引用历史、传说、文学或宗教中的人物或事件，这些人物或事件就是典故。基于某些词汇的神话背景，将这些词语与英语中的其他词语组合而成固定的短语，这些短语表达与相关神话背景相关的语义。在教学中若遇到此类典故，教师应给以仔细讲解。这样，不但能提高学生学习兴趣，而且能增强他们的阅读能力。

### （四）课后补充法

英语课堂教学毕竟有限，尤其是大学英语，教师要充分利用第二课堂辅助进行文化教学，组织学生观看英文原版录像、电影，录像和电影提供的语境多，学生可观察姿态、表情、动作等辅助语言手段。教师还可以鼓励学生大量阅读与文化现象有关的书籍、报纸和杂志，留心积累有关文化背景方面的知识；让学生主动与外籍教师和留学生接触交谈；举办专题讲座；开设"英语角"；让学生收听VOA 和 BBC 英语广播等。这样就可以让学生逐渐深入了解所学语言国家的历史、地理、文学、教育、艺术、哲学、政治、科技、风俗习惯等各方面的知识。

### （五）课内外活动法

为了更有效、更有针对性地在大学英语教学中进行文化导入，教师除了采用上述的文化导入方法外，还可"设计各种各样的课内外活动，并尽量使活动融知识性和趣味性于一体，寓教于乐，以激发学习者的热情"。这项活动可使学生复习所学过的词汇知识，发挥丰富的想象，有机地把语言学习和文化学习在大学英语教学中结合起来。

成功的大学英语教学应是语言与文化相结合的产物，孤立的语言教学不能保障交际的顺利进行。在大学英语教学中，教师不仅要讲解语言知识，训练语言能力，还要注重文化导入，把文化导入的各种方法和途径融合于教学实践中，加强学生文化意识的培养。语言学家 Lado 在《语言教学：科学的方法》中指山："我们不掌握文化背景就不能教好语言。语言是文化的一部分，因此，不懂得文化的模式和标准，就不可能真正学到语言。"

### （六）文化习俗对比法

对比法是跨文化语言教学中的一个极为重要的手段。中西文化差异经常成为困扰学生学习英语的阻碍因素，因而将文化教学渗透到大学英语教学的各个方面就显得至关重要。"有比较才有鉴别"，我们只有通过对比才可能发现学生母语和目的语语言结构与文化之间的异同，从而产生一种跨文化交流的文化敏感性。礼仪、风俗习惯的中西差异是我们在英语课堂教学中不可或缺的内容。学习外语，必须学习目的语国家人士的生活礼节、习惯。

### （七）词汇文化内涵介入法

词汇的文化内涵一般指其感情色彩、风格意义和比喻意义等。因为文化背景的不同会导致社会观念不同，所以人们会对同一事物有不同的认识，如不加注意，以母语文化模式去套用，就会引起误解。因此教师凡是遇到在英汉语言里具有不同文化内涵的词汇，就应不失时机地提醒学生。

### （八）有关的文化知识加以注释法

教师要根据教材每节课的内容，渗透相关英语国家的历史地理、风情习俗以及政治经济等知识，使学生能在更好地理解所学课文的同时加深对有关文化的了解。

### 五、大学英语教学中文化导入的措施

多年来，众多学者对在大学英语教学中文化导入的必要性进行了比较充实的论证，其中也不乏对实施文化导入的方法与策略提出的有价值的尝试。但是在大学英语教学中文化导入的实践仍存在很多问题，主要包括：文化导入比较零散，不够系统；文化导入中中国文化缺失，造成文化导入与语言学习和语用能力培养脱节；忽视对不同文化和价值观念正确态度的培养；文化导入不能够激发学生的学习兴趣等。针对这些情况，如何在大学英语教学中更加高效地进行文化导入，以提高大学生的跨文化交际能力？

**（一）英语教师提高英语国家文化素养的措施**

在英语教学中要有效地培养和提高学生的交际能力，首先要弥补英语教师英语文化知识的不足。英语教师继续教育是很好的补缺机会。在继续教育中，我们要加强文化背景知识的教学，使英语教师深入细致地了解英语国家的历史、文化、传统、风俗习惯、生活方式甚至生活细节，从而使英语教师提高英语国家文化素养，为改善英语教学创造条件。

1. 更新教育观念，树立良好文化意识

英语教师必须认识到英语教学不是被动式吸收英语知识，而应该把英语教学当成一种文化教育，旨在帮助学生树立正确的文化意识观念。英语作为国际通用语言，教师必须更新自身教育观念，以正确和发展的眼光看待中西方文化差异，培养尊重不同文化的态度和自身的文化交际意识，努力强化自身的文化素养，以促进更好的教学。英语教师只有先从思想的高度认识到文化素养的重要性，才会努力把英语教学当成文化教育来展开课堂教学。我们还要在对比汉语文化与英语文化差异的基础上，以英语文化中较为突出的文化特征，尤其是容易引起交际上困难的文化特征为背景编写教材，将其作为专门的英语文化课程的内容。英语继续教育是面向全体英语教师的成人教育，英语教师之间的年龄、学历、职称等方面还存在着很大差异，因此，我们应对不同层次的英语教师实施不同的教学内容。对那些英语文化知识几乎是空白的教师要比较系统地介绍英语国家，尤其是英美的历史、地理、传统、风俗等；对那些曾接受过英语文化教育的教师，要更新教学内容，着重介绍新的语言文化现象。

2. 结合教材内容，有针对性地提高文化素养

读懂英美文化课本不是一件轻松的事情，英语国家有很多，随着对外交往的扩大，我们对英语国家文化的学习不能仅仅局限于英国和美国。一般的英语国家文化课本已经包含主要英语国家即英国、美国、爱尔兰、新西兰、澳大利亚、加拿大的社会与文化。各国专家编写自己国家的社会与文化，因而对各个国家文化的学习相对独立。如果一个国家一个国家地学习，头绪繁多，而且很难整合，我们要想在纷繁复杂的内容叙述中架构系统的知识体系，就必须要掌握关键知识点，进行对比、分析、综合，了解其本质特征。这就需要教师建立起多维文化视域，用批判性的眼光对待异国文化，适当吸收。教师可以在教学过程中结合教材对比本土文化和英语国家文化，丰富英语国家背景文化知识，使自身在文化学习中提高文化素养。教师可以通过结合教材内容，转变英汉思维，了解差异，来树立真正的跨文化意识，有效提高自身文化素养，从而做一名符合教育发展趋势的英语教师，不断往专业化方向发展。总之，只有吃透教材，形成系统化的社会与

文化知识体系，教师才能在实际应用中胸有成竹，有的放矢，才能有效完成教学任务。

### 3. 英语继续教育教材内容包括丰富的文化点

英语继续教育各门课程所选用的教材内容都应该是尽量丰富的文化点，我们也可以选取将文化内容与语言材料结合起来的文章。英语文学作品的阅读也是一种学习英语文化知识的重要方法。一个民族的优秀文学作品是该民族文化的精华部分，是传统文化的积累。因此，文学作品是了解一个民族的最生动、最丰富的材料。相关课程应选择一些有助于学员在短时间内提高交际技能的文学作品，还可以安排一定量的报刊选读。阅读报纸、杂志或阅读从报纸、杂志上选下来的文章，也是了解当前社会各阶层、各种社会问题、各集团的动态和社会关系的最直接的途径。从这里所了解的信息是最新的，往往也是教材所缺少的，这种做法可以扩大教师的知识面。

### 4. 以英美文化课为依托，深化对英美文化的理解

英语教师最系统的文化训练应来自大学期间英美文化学习的课堂，目标语的学习者运用自己的思维形式，用原汁原味的英语叙述自己的本土文化。读懂原著的英语文化是非常具有挑战性而且是非常有意义的：一方面可以综合提升英语语言词汇语感的能力；另一方面又能了解英语国家文化。所以，英语学生应重视英美文化的课程学习，同时要夯实自己理解文化的知识基础，要大量查阅有关英语国家的人文书籍、地理书籍、社会制度的书籍，以课文为依托不断扩充和深化自己的社会与文化知识，不仅要读懂字面的文化知识，更要读懂文化形成的深刻原因。而要读懂文化的形成原因需要以许多知识原理为依托。形成目标语国家的社会与文化体系需要老师的引导，更需要对学习这门功课的必要性的认识，还需要调动自身的潜力。有良好的社会与文化课训练的人，才能够掌握相关的文化知识，真正建构目标语国家的文化体系，形成系统的文化观。

### 5. 英语文化教育应贯穿于继续教育的各门课程之中

在英语继续教育中，我们应使英语文化教育与其他课程的教学浑然一体，使英语文化教育贯穿于继续教育的各门课程之中，用社会语言学的基本理论来指导教学，处理好语言与文化的关系，语文能力与文化能力的关系让英语教师充分注意了解英汉交往中东西文化差异的广阔范围和诸多因素。英语教师继续教育所开设的各门课程既应从不同的视角，展现英美等国的社会阶层、家庭结构、职业等社会文化大的方面，又要重视约会、打电话、吃饭、打招呼等社会生活细节，以及词源典故、成语、格言、委婉语、禁忌语、敬辞、谦辞、语体等反映文化差异的因素。在继续教育中，强调英语语言的社会文化因素，会帮助英语教师逐渐形成对英语文化的敏感性。

6. 加强继续教育，扩大对外交流，提升自身文化素养

只有不断加强学习，才能不断提升自我。因此，英语教师可以通过多种途径，加强继续教育，提升自身文化素养。教师可以注重加强精神和表达文化学习，深入了解英语国家的人文风情、地理面貌、传统节日等内容。此外，英语教师可以利用互联网进行继续教育，多观看英语电影和外国综艺性节目，从观看过程中感受英语国家文化，使自身视野不断开阔，进而提升文化素养。最后，英语教师继续教育工作也要适应时代的要求，加强对外的交流与合作，做到"请进来，送出去"。我们应请进英语国家的专家学者直接参与英语继续教育工作和英语教学，增加英语国家的专家学者与我国英语教师们进行座谈交流的机会；还要经常选派英语教师出国培训，使其身临其境，直接了解英语国家，切身感受英语文化。这极有利于教师认识比较汉英语言、文化的差异，进而有效培养和提高其文化素养。

我国著名的语言学家季羡林曾经说："世界上万事万物无不随时变化，语言何独不然！一个外语学者，即使已经十分纯熟地掌握了一门外语，倘若不随时追踪这门外语的变化，有朝一日，他必然会发现自己已经落伍。"继续教育中"英语文化"课程的教学要随时把语言现象的最新变化介绍给教师们，因为语言的变化反映了社会文化的变化。

综上所述，中国在开放，世界在融合，英语教师英语文化素质偏低并直接影响学生英语交际能力培养的情况不能再延续下去了。同时，英语教师必须提高自身的英语文化素养，不仅要注意英语国家文化、社会、风土人情的了解，更要重视和拓展对英语文化课程的学习，还要在英语阅读的过程中注意积累英语国家文化的知识，使英语国家文化的知识深化和系统化。英语教师要掌握本土的文化，学会中西文化对比分析研究，真正地在自身文化底蕴的基础上增加对其他民族文化的理解和认同，最终实现顺利表达本土文化以及与英语国家进行跨文化交际的教学目的。

**（二）大学生提高英语国家文化素养的措施**

1. 充分利用多媒体技术

随着信息技术的不断发展，多媒体正作为一种现代化的教学手段应用于课堂教学，如课件制作、网络教学等。那么教师就能利用多媒体给学生播放一些反映英语国家文化的电影、电视，寓教于乐。还有一些软件也是很好的文化交际教材。这种多媒体教学打破了传统教学的枯燥乏味，也增强了学生的学习热情，优化了课堂教学，搞活了课堂氛围，进而提高了教学质量。

当然，除了课堂之外，在网络世界的今天，我们可以通过上网了解一些相关

英语国家的一些信息。这也是当今一个比较方便快捷的了解英语国家文化的途径。

2. 利用英语课堂传授文化知识

英语教师应当充分利用课堂教学使学生明白英语学习不仅是词汇、语法的学习，更是文化的学习。学生只有懂得欣赏英语国家的文化，才有兴趣学习英语。教师可以在每堂课正式上课之前抽出几分钟时间向学生介绍一些英语国家的文化，也可以让学生自己在课后收集文化方面的材料到课堂上以演讲的方式介绍，以培养他们的自主学习能力。此外，教师可利用教材适时导入与教材相关的文化背景知识，这能在很大限度上激起学生的学习热情。

3. 举办中西方文化交流活动

教师可以指导学生组织举办各种学习英语国家文化的活动，如英语演讲比赛、英语知识竞赛、英语国家文化知识讲座、英语辩论赛等。学生通过自身的参与能更加深入地了解英语国家文化和中国传统文化的差异，从而最大限度地减少实际运用英语进行交际过程中遭遇的"文化冲突"。

此外，在条件允许的情况下，我们可以"走出去"，身临其境地了解英语国家的文化。总之，文化是在发展中不断变化的，我们也得用发展的眼光去了解英语国家的文化。

我国目前大学英语教学中的文化导入还做得不是很理想，还需要广大的教育者充分利用各种资源，充分利用各种机会不断地提高自身和学生们的跨文化知识和能力。在课堂教学中的文化导入，教师也不应只停留在讲解对学生理解语言有帮助的"文化碎片"上，还需要挖掘其深层的价值观念或历史渊源，从而帮助学生从整体和概括的高度对目标语文化有所把握，并形成正确的价值判断。最后，跨文化交际不是单行道，而是至少两种文化之间的交流与碰撞，当代的大学生也应该通过两种文化的对比学习更加了解，甚至能够宣传中国的基本国情和灿烂文化。

# 第二节　美国多元文化教育对大学英语教育的启示

## 一、美国多元文化教育的背景

首先，美国的在校学生在构成上具有鲜明的异质结构，大约有 25％ 的儿童来自少数民族，而且这个比例有增无减，因为不断有世界各地的移民流入。据估计，到 2020 年美国在校学生中有色人种学生将超过 30%。因为以白人为中心的种族主义天然存在，而且它已经影响人们对事物的理解、评价、信仰和行为，所以教育应直面这种存在并加以改革。如果学校教育不实行多元文化教育，那么种族歧视一类的社会问题就会日益严重。加之美国人一贯主张民主，强调人权，在这样复杂的社会构成中消除社会偏见，尊重人们的生活选择，让所有人享有平等的机会以使其在智力、社会能力和个人成长等方面的潜力都得到最充分的发挥就成为公民的一种迫切要求。

其次，随着科学技术的发展，在学校教育中树立全球意识正成为公民的一种紧迫任务。因为人们越来越充分认识到人类只有一个地球，而这个地球正面临诸如：环境污染、贫穷和疾病、全球性饥荒、艾滋病、国际恐怖主义等诸多问题。人类要解决这些问题，就需要全球性的合作，而这种合作就需要人们具有一定的跨文化理解能力。这种能力在学校教育的培养中则要求实行多元文化的教育。

另外，文化多元论的理念日益深入人心。所谓文化多元，即所有共同存在的文化群体以平等和相互尊重为特征共创的一种社会环境。它坚决反对文化同化论的幻想。这种"文化同化论"期望少数民族能够放弃他们的传统，混合或被主流社会中占统治地位的文化所吸纳。而多元文化教育则主张在多元文化社会里少数民族成员有权自由地保留其特有的文化方式，只要这些传统能与整个社会和谐共存。

尽管对于多元文化教育仍然有很多不同视点形成的不同定义，不过这些定义都含有一个核心，那就是多元文化教育通常是指多民族国家对各民族的学生，特别是少数民族的学生进行的有关少数民族文化的教育，以使学生能享有平等的教育机会，能理解自己的民族文化并享有应有的文化尊重。

## 二、美国多元文化教育对我国大学英语文化教育的启示

一直以来，我国的文化教育理论研究发展迅速，但实际应用却由于种种原因远远滞后，而大学英语课程中的文化教育则成为当前大学英语教师迫切需要关注和改进的内容。很多学生都是为了拿到毕业证书或大学英语四六级证书而迫于无奈学习大学英语的。因此，学生们并不看重大学英语教学中的文化教育。他们认为只要学习好英语并通过考试就算是完成了大学英语的学习。然而，语言是文化的载体，语言始终是与文化同步变化的。如果不了解一个国家的文化，我们就无法深入了解这个国家的语言。语言与文化是相互依存的，任何一种语言都不仅仅体现着该民族特有的民族文化、风土人情、生活习俗以及历史，也反映着该民族文化的逻辑、民族心理、人文历史、社会价值和民族的思维方式。不同的民族有着不同的社会文化背景，不同的语言文字正是它们各具特色的表达符号。因此，

学习一门外语必须要了解这门语言所承载的历史和文化。对于目的语国家的文化、传统、风俗习惯、生活方式及生活细节了解得越深刻细致，学习者就越能够正确理解并准确使用这种语言。那么，大学英语课程进行多元文化教育，就要从教学大纲入手进行大学英语教学改革。

### （一）重新思考民族教育的概念

美国多元文化教育由于过度强调差异，研究范围过大，致使研究者无法确定应被首先关注的文化群体。多元文化教育概念的模糊不清给实施多元文化教育带来了一定的困扰。从美国多元文化教育的理论和实践出发，结合中国的实际，笔者对民族教育的基本概念和范围曾进行如下的阐述：民族教育可分为广义和狭义两种，广义的民族教育是指对作为有着共同文化的民族或共同文化群体的民族集团进行的文化传承和培养该民族或民族集团的成员，一方面适应现代主流社会，以求得个人更好的生存与发展，另一方面继承和发扬本民族或本民族集团的优秀传统文化遗产的社会活动。狭义的民族教育又称少数民族教育，指的是"对在一个多民族国家中人口居于少数的民族的成员实施的复合民族教育，即多元文化教育。多元文化教育的目的是，一方面帮助少数民族成员提高适应现代主流社会的能力，以求得个人的最大限度的发展；另一方面继承和发扬少数民族的优秀传统文化遗产，丰富人类文化宝库，为人类做出应有的贡献"。少数民族教育是多民族国家实施的国民教育的重要组成部分。民族教育基本概念在理论上的厘清，不仅有利于对民族教育实践的指导，而且也是确定多元文化教育目标和内容的必要前提。

### （二）开设英语文化教育相关的辅助课程

大学英语的学分随着大学英语教育改革的推进将有所减少。这就意味着大学英语的课时也大大地减少了，那么，要求大学英语教师在如此有限的课时内将文化与语言教学都完成恐怕会有相当大的难度。学校在课程设置与安排上可以通过面对全校学生开设诸如"英语国家文化"这样的通识课程，辅助大学英语教学做好目的语国家文化的普及，开拓学生对于英语学习的文化视角，提高他们的学习兴趣。教师在原有的大学英语课程内容上增加文化内容，把多元文化知识内容作为选修的或额外的课程，使多元文化内容在课程中逐步增加，最终把多元文化内容作为课程中的共同核心。如此，多元文化教育则能以核心课程的方式出现。教师们也可以先在小范围改进教学内容并实施多元文化教育，取得了一定的教学成果之后，教师可以进一步扩大大学英语教育中的多元文化教育改革范围，相互间可以取长补短，互相促进，增强改革信念。

### （三）创造氛围培养多元文化意识

在经济全球化的背景下，东西方文化相互影响，中国文化表现出了前所未有的复杂性。它既要继承中国特色的本土文化，又要防止西方文化的渗透；既要顺应时代的变革创新，又要保持我国的传统文化，所以当前文化的多元态势使我国传统的价值体系受到了严峻的挑战。我们的教育身在其中，如何培养公民的多元文化价值观，即在保持自身文化特色的同时，尊重不同文化，肯定文化的多元性和多元价值成为新时代的使命。

美国多元文化教育代表人物班克斯认为多元文化教育至少包含三层含义："一种理念或一种观点，一场教育改革运动，同时是一个教育改革过程。"多元文化观的建立首先基于观念的获得，但是我们都知道，个人或者群体的观念或者概念的获得与改变是非常难的，这需要全社会或者说从学校这一学生生活的空间开始，创造多元文化氛围，促使学生了解自身文化的意义，肯定自己的文化，进而了解并尊重其他文化，从而建立多元文化观。

### （四）实施"多元文化整合教育"

结合美国多元文化教育的理论和实践，笔者认为，应该在一个多民族国家中实施"多元文化整合教育"。"多元文化整合教育"理论认为：一个多民族国家的教育，在担负人类共同文化成果传递功能的同时，不仅要担负传递本国主流民族优秀传统文化的功能，而且也要担负起传递本国各少数民族优秀传统文化的功能。"多元文化整合教育"对象不仅包括少数民族成员，而且也包括主流民族成员。"多元文化整合教育"的内容，除了包括主流民族文化外，还要含有少数民族文化的内容。少数民族不但要学习本民族传统优秀文化，而且也要学习主流民族文化，以提高少数民族年轻一代适应主体文化社会的能力，求得个人最大限度的发展。主流民族成员除了学习本民族文化外，还应学习少数民族文化。"多元文化整合教育"的目的是：继承各民族优秀文化遗产，加强各民族间的文化交流，促进多民族大家庭在经济上共同发展、在文化上共同繁荣，在政治上各民族相互尊重、平等、友好与和睦相处，最终实现各民族大团结。

### （五）实施多元文化课程改革

当前，我国少数民族地区基础教育存在的最大弊端是过度重视普适性知识的传授，使学校教育与当地儿童的发展和地方经济社会等方面的发展相脱离，学校课程内容远离少数民族学生的实际生活经验，常常造成"文化中断"，导致在学校里少数民族学生习得的普适性知识和日常生活经验无法建立有机联系，无法满足他们带有地域性、民族性和学校特点的发展需要，导致他们对于基础教育课程产生陌生感和自卑感，在学习过程中备受挫折，从而丧失了学习的动力，这是造成少数民族学生低学业成就的一个主要原因。要想提高少数民族学生的学业成就，我们就必须改造少数民族地区学校的整体文化，实施多元文化课程改革，协调、平衡和整合国家文化、地方文化和社区文化的立场、观点和诉求，创造一个真正平等的有利于少数民族学生成长的教育环境。

# 第三节　大学英语跨文化教育中的问题与对策

## 一、大学英语跨文化教学的现状

教育部原副部长吴启迪曾经指出，当今世界科技迅猛发展，国家与国家之间展开的竞争日益激烈。在世界经济发展的浪潮中，中国经济迅速发展，国家综合实力日益增强，中国与世界各国的联系愈加密切。在世界经济一体化和文化日趋多元化的大背景下，已经成为世界通用"普通话"的英语，其在提升国家国际竞争力，在国际政治、经济商贸、信息交流等各个领域的重要作用越发凸显出来。掌握这门语言，能大大提高我们国家的国际竞争力。因此加强大学英语教学改革，提高人才培养质量是培养具有国际竞争力的高质量人才的关键。

可见，在国家高层和教育行政主管部门，外语教育已被提升到民族振兴、提升国家的国际竞争力的高度来认识。

### （一）给我国大学英语教学带来的挑战

1. 人才培养观念需要转变

随着全球一体化经济的不断发展，国与国之间的交流与合作日益频繁，这就使得我国需要大量拥有良好知识结构、出色的外语语言能力，熟知外国文化传统和交往礼仪，能够处理国际事务，进行国际交往的"国际化"人才。具体来说他们应满足如下几个方面：（1）正确理解和对待不同文化间差异的存在。"国际化"人才要通过发现其他文化中存在的不足来改进我们自身文化方面的缺陷，以便我们愈加客观公正地对待不同文化，同时，这也利于我们在差异文化中查找存在的类似的地方。（2）具备良好的文化适应能力。人们在跨文化交际过程中会不可避免地发生文化冲突，冲突程度的大小会影响人们是否进一步交流。人们只有提高自身的文化适应能力，才能保证跨文化交际的顺利进行。（3）跨文化交际能力是实现文化双向交流与互动的基础。丰富的词汇和地道流利的语言表达并不能保证跨文化交际的顺利进行，对外国人的历史、地理、习俗、生活方式和价值观念等的了解和理解在跨文化交际中起着至关重要的作用。

随着我国在政治、经济、文化等多个方面改革开放程度的加深，中国人跨文化交往日益频繁，人们普遍意识到只有熟练地掌握、运用外语，提高跨文化交际能力，才能有效地进行国际交流与合作。

因此，在跨文化背景下，英语教学责无旁贷。大学英语教学必须转变教学观念，把教学重点由原来的只注重语言教学转变为在原有语言教学的基础上，加强文化教学，加强培养学生的跨文化交际能力，努力造就国际化人才。

2. 外语教学理论需要更新

跨文化交际不仅仅涉及语言问题，不同文化间差异的存在，则更是难以逾越的障碍。在交际过程中，人们往往既要遵守语言规则又要遵守一定的文化规则。因而，在跨文化交际中，言语表达方面的文化规则和习俗等语言方面和文化背景方面的知识尤为重要。我国的外语教学，文化层面恰恰非常薄弱，因此外语教学所面临的挑战十分严峻。

文化冲突经常发生在跨文化语境中。曾有学者指出，相对语言错误来说，文化错误则更加严重。因为语言错误只是表明没有把心里想说的话表达清楚，而文化错误则极有可能使来自不同民族的人之间产生误会甚至敌意。要想成功有效地消除交际障碍和交际摩擦，顺利进行跨文化交际，我们就必须具备一定的跨文化交际能力。

Winston Brembeck 指出，"采取只知道语言不懂其文化的教法，是培养语言流利的大傻瓜的最好办法"。因此，外语教学必须重新定位教学目标，加强对跨文化理解的重要性的认识，要把培养学生的跨文化交际能力放在突出显要的位置才行。可见，传统的语言教学理论已经完全不能适应新形势下跨文化交际对外语教学的新要求。外语教学界只有以更加敏锐的眼光审时度势、通盘考虑新的世界局势对人才的需求，对外语教学理念、内容和方法等进行全面改革，才能使外语教学自如应对新的挑战。

### （二）大学英语跨文化教学的现状

在理论上，我国外语教学界已经普遍认识到外语教学中文化教学的重要性，而实际教学运行上，教学的现状仍不容乐观。我们跟踪调查大学生毕业后在英语运用方面的工作表现，发现能够胜任外事交流需要的学生极少。绝大多数人要么是会看不会说的"哑巴英语"，要么就是交际中随处碰壁的"流利傻瓜"。原因在于他们对异国语言文化缺乏了解和理解，不懂得目的语言的使用规则，在交际中常常发生误会，造成严重后果。外国人一般认为，能说一口流利英语的人自然懂得语用规则，不然，怎么能把英语说得这么好？学生从小学、初中、高中、大学一路学着英语走过了十几年，到头来却不能用英语有效地进行跨文化交际，这些事实足以表明我国的大学英语跨文化教学现状不容乐观。

大学英语是高等院校的必修课，各个院校都在大学英语教学上投入了大量时间，大量的人力、物力。然而，即使是四、六级成绩优异的学生也不见得能流利、得体地使用英语进行交际，这实在是件令人尴尬的事情。其原因在于：大部分课堂上英语教师仍在沿用传统的教学方法，即教师讲，学生听，缺少学生参与互动。学生对于英语国家的文化知识知之甚少。教师和学生都在纯粹为学语言而学语言。语言学习与文化学习被剥离开来。师生互动不足，素质教育大多停留在理论上。在英语已经成为世界通用语，国际竞争日趋激烈的 21 世纪，文化成为交流必不可少的、重要的因素。但是，大学英语教学实际上较少涉及文化教学。教师对该要求的了解程度表明他们对跨文化教学缺乏应有的了解与认识。

我国大学英语教学的现状是：教师只是注重课本知识，忽视了对学生进行西方文化学习的引导和指导；大学英语教学模式与教学方法过于陈旧，教学内容不能与时俱进；大学英语教师的专业知识和文化素养有待提高。

总之，大学英语教学不应该只是简单的语言学习，跨文化学习也不仅仅是在英语语言的学习中融入文化的影响，而是要在深厚的中华文化的基础之上，采用对比分析等方法宽容、敏感地深刻理解目的语文化。

**二、大学英语跨文化教学中的问题**

回顾我国过去几十年外语教学的理论和实践，不难看出，它基本上是围绕着语言知识教学、词语分析、语法讲解、句型操练这样一条主线进行的，而对语言外或超语言的文化因素却没有给予足够的重视。这在一定程度上是由于人们受到"语言工具论"思想认识的影响，习惯仅仅把语言当作一种符号来进行传授。在这种轻文化重语言的外语教学思想的背景下，大学英语教学一直把培养学生的"纯语言能力"作为主要的教学目标。课堂上大多数教学只是停留在语言本身，忽略了与语言使用密切相关的文化因素。

伴随经济全球化和多元文化的发展，跨文化教学理念已被越来越多的英语教师所接受，教师已经普遍认识到跨文化交际知识和跨文化教学的重要性，并普遍认为语言技能训练与文化知识学习同等重要，认识到英语教学不仅仅要培养学生的语言能力，更重要的是要培养学生的跨文化交际能力，语言技能和文化技能的完美结合才能使跨文化交际中的语用障碍和语用失误最大限度地得以避免。但认识归认识，大学英语跨文化教学并没有真正得到落实。教师和学生认识上的差距，教学目标、教学内容的制约等因素，使得跨文化外语教学效果不尽如人意。

下面我们就具体分析大学英语跨文化教育普遍存在的几方面问题：

### （一）传统中国文化价值缺失

刘长江（2003）指出，我国外语文化教学要特别注意两个方面：加强目的语文化和母语文化的学习；注重学习以目的语表达目的语文化和母语文化。因为在21世纪国际局势迅猛发展，文化的交流是双向的，外语学习的目的是实现"双语文化的交叉交际"。如果对对方文化缺乏了解，或因为不会使用外语进行文化表述，这种交际就会出现失误甚至中断。

近几年目的语文化教学在众多高校的跨文化教学中占据主导地位，目的语文化、目的语传统习俗和交际技巧得到不同程度的传播和学习，却忽略了自身的母语文化和母语文化正迁移的作用和意义。这种跨文化教学模式使跨文化交流的双方失去了平衡。

在跨文化交际过程中，人们要相互交流、彼此理解、互相影响。交流也意味着吸收和传播，只吸收，不传播，就不是真正意义上的跨文化交际。

中国文化知识的不足制约着学生跨文化背景下交流的顺利进行。目前，在外语教学中普遍存在着一些问题。如当前的大学生在跨文化交流时，他们虽了解一些英美文化，但对本国文化的表达和介绍却显得力不从心，无论是口语表达还是书面表达都无法在更广泛、更深刻的层次上做进一步交流，"中国文化失语症"现象十分严重。

"中国文化失语症"会给跨文化交流带来巨大的负面影响，最直接的危害就是阻碍跨文化交际的顺利进行，因为我们无法用英语向对方介绍与我们文化相关的一些内容。另外，我们会失去很多向外传播中国优秀传统文化的机会。如果在跨文化交际中，我们对自身文化发生失语现象的同时，却又一味地去迎合异族文化，没有了自我，其结果必然会陷入文化认同危机，而最终被强势文化所同化、吞噬。

在我国的英语教学中，英语教材中的西方价值观占主导地位，中国传统文化内容严重短缺。英语作为西方文化的载体，自然体现西方的价值观念和意识形态。以西方文化为主体的文化教学忽视了中国文化世界传播的重要性和必要性，不利于学生跨文化交际能力的提高和跨文化交际的有效进行。

因此，要客观辩证地评判异国文化，正确地欣赏和理解文化。单一地吸收和肯定或完全否定的态度都是不可取的。只有在正确的价值观和世界观的指导下，在深厚本土文化的基础之上学习、体验、对比、鉴别母语文化与目的语文化，我们才能正确理解、评判异国文化，才能实现真正意义上的跨文化双向交流。

## （二）跨文化教学目标不明确

在大学英语课程教学要求中，跨文化教学给出了一定的教学要求，但是没有做出具体的规定和标准，导致大学英语跨文化教学出现教学目标不明确等问题，给大学英语跨文化教学模式的实施带来很多困难。大学英语教师只注重大学生英语听、说、读、写能力的培养与提高，忽略英语文化的渗透，给英语文化传播造成一定的阻碍。跨文化教学没有明确的教学目标，导致大学英语跨文化教学实施缺少具体的教学指导，教师不能正确把握英语文化的教学程度。这也导致大学生之间存在严重的英语文化学习差异，给大学生英语学习综合能力不断提高造成严重影响。

## （三）英语教材设置不合理

教材在课堂教学中起着重要作用，学生的学习以及教师的教学都是依据教材进行的。以前的英语教材内容多是科技性以及说明性的文章，这样的文章不利于跨文化的学习。现如今，"大学英语使用较广泛的教材分别为董亚芬主编的《大学英语》及郑树棠主编的《新视野大学英语》，这两套教材比较充分地意识到英语国家文化在语言教学中的作用"。但在实际的教学过程中，教师依旧侧重主干知识的教学，即重点讲解语法、词汇等语言方面的知识，对文化的介绍依旧很少。另外，由前面的定义，我们可以知道跨文化是两种或者两种以上不同文化群体之间的交流，很多英语教材要么就是偏于科技性说明性文章，要么就只介绍英语的文化，而对于中国文化的介绍特别是中国文化的英语表达的介绍少之又少。这就导致很多学生会用英语表达诸如情人节、圣诞节之类的西方节日，但对于七夕等中国的节日却不会表达。这也在一定程度上影响了跨文化交流。

## （四）学生学习英语的功利性问题

在外语教学中，教师是教学的主导，起着引导、指导的作用，而学生是学习的主体，在众多影响外语学习的因素中，学生是事关外语教学效果的内因，是学习成败的决定因素。学生的学习态度和动机决定了学生是否有积极的学习行为。

文化内容基本不作为考试内容，学生学习英语的功利性程度太高。学生对于英语文化的学习很被动，相当一部分学生学习英语是为了应付考试和为出国创造条件，并不是日常生活的积累或者兴趣使然，更谈不上为社会的进步和发展尽义务、做贡献。

许多企事业单位在招聘人员时往往把是否通过大学英语四、六级考试，是否拥有四、六级证书作为考核学生英语水平好坏的标准和录用与否的重要条件之一。这就使得影响日益扩大的四、六级考试成绩似乎成了衡量学生英语水平的唯一标准。

## （五）跨文化教育的方法相对简单

教师不善于灵活运用跨文化教育的教学方法。从目前情况来看，多数英语教师还不能掌握各种现代教学法，特别是还不太善于根据具体教学目的需要选择各种教学法中最适用的部分。教学偏重语法和句法，偏重语言交际，忽视文化因素以及非语言交际。教学往往注重书本知识，而对如何引导学生大量阅读西方文化和获取跨文化交际知识，对拓宽学生知识面重视不够，方法不得当。以教师为中心的教学原则和方法，既忽视了学生的主体作用，也不利于培养学生的跨文化交际能力。适合跨文化教育的英语教学方法很多，听说法、交际法、认知法都对外语教学理论和实践的发展做出了巨大贡献，但也都是不同时期不同教学理论的产物。近年来，国外一些新的教学方法不断被介绍引进，拓宽了英语教师的视野，也给英语教学注入了活力。教师必须深入研究和采用不同的教学法，才有可能实现跨文化教育的目标。

## （六）学生对外来文化的心态不够合理

我国的外语教学远离目的语文化的环境，并受整个教育体制和考试体制运作方式的制约。我国学生的母语属汉藏语系，与印欧语系极为疏远，文化传统、语言特征、语音、语法和文字系统迥然相异。学习英语的起点低，说明教学环境从根本上制约着教学客体。作为正规教育机构中受教育的学生，他们学习英语的直接目的可能是通过考试，拿到文凭。所以，考试往往起着指挥棒的作用。语言教学要服从整个课程设置的要求与安排，而除了考试，语言能力和交际能力难以用外部的条件和标准来检验。此外，我国的国情环境和社会伦理结构作为文化传统的一部分，对英语的教与学，尤其是学习动力也产生相当大的影响，可以说学生学习英语的工具性动机不十分明确，主要是外部动机在起作用，即为升学而学。长期以来，国民教育的主要活动是向受教育者一味地灌输知识，不注重对学生能力的培养。受现行教育的影响，学生的英语学习风格也多是以背诵为主。从教学条件看，教育经费的逐年增加与国家的人口、幅员、和教育发展的需要还不相称。教师数量不足，质量有待提高，学习外语的学生量大班大，且程度参差，教师难以做到因材施教。至于课外语言学习环境，无论是社会、学校还是家庭，都难以提供英语学习和交流的真实环境。所以，综合起来看，学习外语的环境不是那么令人满意，我们需要从各个方面加强跨文化教育的支撑条件。

目前的外语教学明显地落后于经济的发展和社会的需求。首先，学生只重视知识的接受，忽视已有知识的运用。虽然有些学生语言能力较强，但跨文化理解能力普遍较弱，如对交际方法、交际规则、礼貌规则等方面的知识知之甚少。不熟悉目的语国家的思维模式和社会文化背景，对隐含文化内涵的语言现象和行为不理解，在跨文化交际中经常误解对方以致交际失败。其次，当代学生普遍对中国传统文化知之较少。面对网络时代的文化渗透，面对文化霸权依仗的信息与技术的强大和领先，很自然就形成一种无端轻视本民族文化，盲目崇拜外来文化的风气。最后，尽管学生已经掌握了很多外来文化的知识，但对外来文化的心态却不尽合理。所以形势迫切需要通过跨文化教育来使我们的大学生养成尊重、开放、宽容与平等的跨文化心态，引导他们形成比较合理的跨文化意识和心态。

### （七）跨文化教学与实践联系不紧密

在大学英语跨文化教学中，教师对中西文化存在的差异没有给予高度重视，误导大学生的英语学习方向，使跨文化教学不能与实践紧密联系在一起，导致跨文化教学的效果一直处于不理想状态。教师在英语课堂上进行文章结构的剖析时，没有按层次进行逐步讲解，使大学生学习英语的兴趣得不到有效增强。大学生在学习英语文化时，不能对语句顺序和句意进行深入的理解，导致其在实践过程中经常出现语句错误的情况，从而严重降低大学生学习英语文化的积极性和主动性。我们在与外国友人进行英语交流时，要注重外国的沟通方式，正确运用外国人的逻辑思维思路，调整语序，以提高跨文化交流的有效性。

### （八）教师跨文化教育的意识和能力不够强

教师是学生获取文化信息的最重要的源泉，教师的知识结构、教师对文化和文化教学的态度都关系到文化教学的成功。教师对外语文化教学的不同理解，都与其具体的文化教学行为（如教学内容、教学方法的选择）有直接的关系。在具体的教学实践中，教师应有意把文化信息的渗透与语言技能的教学紧密地结合在一起，在帮助学生学习和掌握语言技能的同时，积极地引导学生自觉了解和适应目的语文化，培养学生对目的语文化的敏感性和洞察力。

外语师资质量无疑是外语教学质量的保障。在目前我国英语教学的社会环境下，学生通过英语教师获得英语能力是其英语学习的主要的途径，有时甚至是唯一的途径。所以，外语教学不同于其他学科的教学，外语师资的质量在很大限度上决定了外语教学的质量。我国英语学习者人数众多，但优秀英语教师一直处于短缺状态，教师整体质量不容乐观。就大学英语教师而言，教师学历结构严重偏低。就教师目前的状况而论，无论是专业水平，包括语言知识、语言应用技能、跨文化交际理论和教学法知识等，还是教学理念和教育观念，都不能适应现代外语教学的要求。因此，提高英语教师整体素质刻不容缓。

教师自身运用英语进行跨文化交际的机会不多，其文化敏感性不强，跨文交际能力较弱。出国进修对于大多数中国英语教师而言只是一个不可能实现的梦想，虽然近年来有机会出国进修的英语教师人数有所增加，但还是杯水车薪。由于缺乏系统的文化培训和学习研究，外语教师往往不能够正确地定义文化。关于文化的内涵，他们或者认为文化包容一切，或者列举一些易于观察、易于捕捉的文化现象，至于深层次的文化信息如思维模式、价值观念等，常常被教师们忽略不计。这种片面、肤浅的文化理解大大妨碍了文化教学的深入开展。教师基本上是根据个人兴趣与时间各自查找、补充相关文化信息。教师对相关跨文化知识的教学材料的分类和理解各有不同，对教学内容缺乏统一认识，缺乏统一的或集中的讨论和总结。多数的文化教学是以背景知识介绍的形式进行的，文化被当作是静止不动的知识和信息传授给学生，文化教学处于可有可无的状态，教师完全随心所欲地对待文化内容。这就使得文化教学依附于语言教学。有些教师进行文化教学完全是为了引起学生注意，而不是为了文化教学本身，因而他们的文化教学也不是课前周密安排、精心策划的教学内容，而只能是语言教学的调味剂，常与语言教学脱节。

虽然教育部明确要求大学英语教学要注重培养学生的综合文化素养，但文化教学方面并没有可与语言技能教学相比的具有可操作性的完整体系作为指导，而是仍处于盲从状态，严重影响了跨文化外语教学的实施。

很多大学英语教师没有充分认识到跨文化教学的重要性，还是把教学的重点停留在词汇、语法和句型等语言知识层面。由于教师本身的跨文化交际知识储备不足，也由于大学英语教师的跨文化教学意识太过于淡薄，外语教学中的跨文化教学，在我国的实际状况无法令人满意。

外语教学很难改变学习者对于目的语文化的了解和认识的固有模式。大学生们的社会文化能力与交际能力远远落后于他们的语言能力。现有的教师、使用的教材和采用的教学方法都根本满足不了跨文化学习的需求。教学中所进行的缺乏代表性的对目的语国家的文化导入，也根本做不到去矫正学习者原有的对这些国家的认识和了解方面已经形成的成见。内容狭窄的文化导入与文化背景知识介绍难以提高学生的文化敏感度及帮助学生客观公正地认识和了解目的语国家的各种文化现象。

综上所述，虽然大部分教师对文化知识的学习、对文化教学的重要性、对学生跨文化交际能力的培养有所认识，但教师教学理念陈旧，自身文化贮备不足，对文化内涵、语言与文化的关系以及语言教学与文化教学关系的理解还不够深入，教师文化培训欠缺。文化教学尚处可有可无、文化教学内容不够明确的盲目状态，教学方式方法又落后、单一，大学英语文化教学状态堪忧！

### （九）"文化中心论"的心理干扰因素

在跨文化交际中，人们对其他文化的态度直接影响到其跨文化交际行为。由于难以摆脱母语文化的约束，文化态度中一个极为突出的问题是，人们深受母语文化观念的羁绊，在处理问题时习惯于不自觉地从母语文化的角度去观察和对待其他文化，最突出的心理干扰因素是文化偏见、文化优越感（文化中心论）、文化模式化。

#### 1. 文化偏见

文化偏见论者采取的是一种处于固有的成见所持有的不公平、带偏见的，甚至是顽固不化的歧视态度对待与己不同的文化，喜欢专门搜集可以证实自己偏见的"证据"，对与之矛盾的其他事物和现象则置若罔闻。持有文化偏见的人总是以所谓的"自我参照标准"，简称 SRC，即以自己的文化价值观为标准，来评价或衡量处于不同文化中的人的行为或事物。在国际商务活动中，经营管理者的文化偏见必然导致企业的经营管理尤其是人力资源管理和市场营销等方面发生偏差，进而影响企业的经营绩效。

#### 2. 文化优越感

文化优越感，或称文化中心论，是阻碍跨文化意识形成的最重要的原因。受文化优越感毒害的人会自觉或不自觉地将母语文化的风俗习惯、交际规则、思维方式和价值观念作为唯一的标准，衡量和判断世界一切文化的行为，与之一致者才是正确的，其他则都是错误的和不好的，都必须加以反对。文化优越感患者处处以自己的文化为中心，认为自己文化的行为标准必须是所有文化的标准。

文化优越感造成的恶果必然是对其他文化和其他社会的严重偏见，无法客观地认识和对待与自己不同的文化。文化优越感会使人们失去获取跨文化意识的意愿与要求，一切以我为中心。持这种态度的人认为只有自己的国家、自己的城市、自己的州或省和自己的民族才最为道德，自己国家的政治体制是唯一合理的，其他人只能了解"我"、认同"我"和适应"我"。

#### 3. 文化模式化

受文化模式化毒害的人本着固有的成见和先入为主的态度，事先设计好一种模式，将其硬套在其他文化头上，采用过于简化、过于概括，甚至加以夸大的手法将其他文化进行硬性分类，将别的文化的一切现象都强行塞进自己设计的模式之中。例如，文化模式化论者认为美国人都很富有、无拘无束、过于友善、讲究物质利益；意大利人感情丰富，情感外露；英国人保守、礼貌，勤奋而且爱喝茶；德国人固执、勤劳、循规蹈矩，而且爱喝啤酒；远东人则含蓄、机敏、狡猾，而且难以捉摸。

### 三、大学英语跨文化教学中的对策

现阶段大学英语教学的现状与跨文化教育的效果，远远不能满足改革开放的需要。自从我国加入世贸组织后，国外文化大量涌入，面对传统与现代文化的继承与发扬、外来文化与本土文化的冲突与融合，有人提出了重视本土化文化、英语教学本土化的要求。所谓英语教学本土化，就是强调使用带有中国本土特色的英语表达，即将非母语文化的"中国"现象和内容置于英语的"形态"之中，从而将"中国因素"较为顺利地引入英语话语及国际文化对话中，使中国文化更好地走向世界。当代国际交往中，国际合作和交流已经深入到政治、经济和文化的各个领域，任何国家既有吸入，也有输出。所以我们学习外语并不只是单纯地吸入外国文化，也要向国外输出我们的文化。英语教学既要培养学生的国际意识和对异域文化的理解，也要注重培养其本土意识，使学生既成为外来文化的吸收者，又是本土文化价值的继承和传播者。英语教育中要强化汉语文化的教育，努力培养学生本土文化的意识，只有对本国优秀的传统文化有了充分的认识并不断深化优秀传统文化的修养，学生才能更好地理解他国文化，从而进一步拓展自己的跨文化心理空间，对文化等多元性展现出一种大度、相容并蓄的跨文化人格。要改进大学英语跨文化教育，具体可以从以下几方面入手。

#### （一）明确教学目标

2007 年教育部颁布的《大学英语课程教学要求》提出："大学英语的教学目标是培养学生的英语综合应用能力，特别是听说能力，使他们在今后的学习、工作和社会交往中能用英语有效地进行交际，同时增强其自主学习能力，提高综合文化素养，以适应我国社会发展和国际交流的需要。"新的教学目标变传授知识为发展能力，体现了当代教育变革的发展趋势，更有利于英语学习者的知识、素质、能力三者的结合。新教学目标的定位既要考虑国家对外改革开放的需要，也要满足跨文化教育的目标，即培养学生对外国文化习俗的兴趣，对文化差异的意识，增强学生对文化差异的理解和认识，使其初步形成跨文化交际意识，用尊重与包容的态度对待异文化。增强跨文化意识将有利于促进学生对英语学习主动性和积极性，有利于激发学生了解世界、融入世界的冲动和欲望，这种热情必然增强学生对英语学习的兴趣、提高他们的学习效率。也正因为这样，教师要率先有增强世界文化意识的强烈愿望，主动了解中外文化的差异，拓宽视野，使自己的英语教学充满文化韵味。

英语教学跨文化教育的目标除了体现在跨文化意识的培养方面，还涉及跨文化知识的获得和能力的提高。所谓跨文化能力——也就是与异民族交往的行为能力，尤其是在跨文化交往中，避免和消除跨文化冲突的能力。跨文化教育对教师业务水平和综合素质的要求较高，教师要与时俱进，更新教育观念，提高自身的文化素质，使自己既成为教学者又成为研究者，教学与研究并重。

1. 树立正确的教学理念

外语教学中跨文化教育的开展首先应注重观念更新，认识提升。目前，跨文化教育的相关思想在我国外语界仍是比较前沿的理念，国家教育行政部门作为教育相关政策的制定机构对跨文化教育的理解和解读将直接影响到我国跨文化教育开展的效果。

由此，教育行政部门的专家和领导应该借鉴、比较欧美国家的跨文化经验，从战略高度审视跨文化教育所具有的时代意义，明确其目标和内涵，确定符合我国国情的跨文化教育目标、原则和方法，为外语教学提供依据，明确方向。

在跨文化教学中，教师首先要更新自身的教育理念，要始终坚持"语言教学与文化教学有机结合"，从语言学习、语言意识、文化意识和文化经历这四个相互联系的方面同时入手，充分发挥母语文化在文化学习中的作用。其次，外语教师不能仅满足于做一个传授语言知识的"教书匠"，还应该努力成为一名"会通中西"的学者型教师。我国著名学者钱锺书、叶公超等人之所以声名显赫、受人敬仰，不仅仅是因为他们的外语水平高超，更重要的是，他们学贯中西，人格俊逸，文、史、哲无一不通，可谓传统意义上的大师级通才。除教师教学理念的更新，自身素质的提高外，外语教学中文化教学的理论框架作为重要的课题必须进一步明确，深入研究和探讨。

近年来，体验式英语教学作为一种全新的教学理念和教学模式越来越受到英语教学研究者的关注。基于体验式学习理论的体验式教学模式要求教师根据教学内容有目的地创设生动逼真的教学情境，使学生在较为真实的环境里有效获得所学内容，使其理论知识、应用知识得以扩展，技能、技巧得以提高。通过直接接触学习内容，学生能够亲自实践和体验，在自由独立、情知合一的情境下，培养实践创新的能力。体验式教学模式的核心就是体验直接经验。

建构主义理论是体验式英语教学理论的发展基础。建构主义把学习看作一个建构的过程，该理论要求学习者在学习中要积极主动，发挥主体作用。建构主义强调学习者的中心地位，教师在整个学习过程中应该是学生意义建构的协助者、促进者，而不是知识的提供者和灌输者。建构主义从教学方法来看是多种多样的，它们各有不同，但教学环节中含有情境创设和协作学习却是其共性所在，学习者不是简单被动地接收信息，而是基于情境创设和协作，最终主动地实现自身对所学知识的意义建构。与以往以教师为主导的知识传授式教学模式相对比，体验式教学模式更加突出强调以学习者为中心，认为自主学习十分重要，它更贴近学习者"内化"的学习认知规律。真实语境的创设和模拟能够激发学生的学习积极性和参与体验的热情，使学生在真实语言的感受和体验中，发现语言的应用技巧和使用规则并应用于语言实践。这一理念反映了当代外语教学理论的新进展，它既符合以往交际教学法的原则，又体现了"任务教学法"的特点。除此之外，体验式教学不受时空限制，多媒体、网络教学资源为体验式学习创造了更丰富的体验。利用多媒体和网络，体验式教学增加了学习过程中的趣味性，使学生的感官和思维受到刺激和激发，也使其积极、主动、快乐地学习和记忆语言文化知识。

文化不是一成不变的，也不是一个静止的概念。文化是动态的，是随社会的变迁而变迁的。以往发生的事情会影响语言表达的含义，语言的意义也会对未来事件产生影响，未来的经历又会影响到具体的语言意义，这是一个周而复始的过程。在社会进步、发展的同时，世界各民族的思维方式、价值观念、生活方式、社会规范等各个方面也都在发生着重大变化。因此，在外语教学过程中，教学的中心不应再是以教师为中心的知识的灌输，而应以学生为主体，加强学生的文化学习体验，培养学生自主学习、积累文化知识的能力，注重培养学生文化敏感性，提高学生应对文化差异的主动性和自觉性。

因此，要确保跨文化教学的理论研究形成体系，我们就应以全新的教学理念、清楚的教学思路促进课堂内外的跨文化教学，在各个方面采取措施，加深教师对外语教学中跨文化教学的认知，使其更好地投入到跨文化教学。

2. 提高教师自身的素养

教师要想在英语教学中实施跨文化教育，发挥主导作用，使学生的能力得以发展和提高，其本身必须具备较高的专业知识和专业技能。英语教师必须具备英语语音、词汇、语义、语用方面的知识，同时必须具备较高的外语听说读写的技能。要做到这一点，一要有强烈的学习意识，二要坚持不懈。另外大学英语教师应该充分利用身处高校这一有利学习条件，选择适当的专业，采取跟班旁听或攻读第二学位的方法来充实和完善自己的知识结构，把自己培养成一专多能的复合型人才，以适应社会需要。按照加强跨文化教育的要求，英语教师要有较强的文化意识，还要加强对源语言文化背景知识和相关知识的学习，使文化教学贯穿于长期的教学活动中，以培养学生了解世界和中西文化的差异，拓宽视野。

教师作为跨文化教育的沟通构造者，首先要更新自己的教育理念。外语教学要培养的不仅仅是具有特定文化能力的学习者，而更应当是具有跨文化能力的外语人才。外语教学传授给学习者的不仅仅是语言，还有世界观。正像拜拉姆

（Byram）所说的，由于语言必然要涉及语言使用者关于世界的感知与认识，只要是教语言，就不可避免地是在教该种语言本族语使用者的文化。归根结底，外语教学的重要目的不仅仅是习得外族文化，而是发展学生表达自己的观点及文化的交际能力。英语教师应该认识到跨文化教育是一种理念，不同文化各有其特点，无所谓优劣；不同文化可以互补，贵在善于吸收和扬弃。英语教师要积累深厚的跨文化知识，形成较强的跨文化意识，提高跨文化理解的技巧，使跨文化教育的理念得到内化和深化。跨文化意识的培养要求教师提高自身的英文和中文文化修养，并且拥有对文化差异的正确理解以及尊重不同文化的态度，同时能对本国文化和其他国家的文化进行比较鉴别。

教师要具备批判性、创造性思维。就我国的外语教学现状而言，现有的跨文化教育和跨文化交际能力模式都有一定的局限。高一虹认为要在"素质教育"的框架内进行文化教学，揭示了交际能力的培养在本质上就是人格的培养和人性的实现，即把语言教学和对人的全面教育直接联系起来。学习外语不仅仅是掌握一种工具，更不仅仅是学习一种技巧，而是转换一种思维方式和习惯。所以，英语教师首先要明确英语教学教授的不仅仅是英语的躯壳，而应该是有灵魂的英语。从语言技能教学转向内容教学才是中国英语教学和跨文化教育的根本出路。思维才是语言学习的真正动力和自然机制。要培养学生英语创造性思维，教师首先就要改变格式化的思维定式，要有一定的批判意识和观点，能识别各种文化观，并在跨文化教育实践中不断对自己进行批判性反思，从而形成自己的客观的文化意识，使自己能够在保持自身文化价值的基础上实现不同文化间的对话与合作。

教师还要不断加强自身的母语文化修养，改进跨文化教育策略。教师应对自己民族文化有深刻的了解，具有对民族本土文化深刻的历史意识，夯实民族本土文化的功底，要学习、研究母语的文化，具备双重文化的理解能力。在外语教学中，我们切不可一味地关注目的语文化的学习，忽视母语文化的教学，忽略了它，就等于丧失了理解目的语文化的基础。事实上，目的语及其文化传递的信息必须首先经由母语文化的"过滤"。只有通过与母语文化的比较，我们才能发现两种文化的共性与差异。同时，我们还应该以海纳百川的博大心胸认真学习和及时吸收来自其他国家和民族的文化营养，加深对其他国家和民族文化的理解，从而以多元文化的身份观察和研究多样性的文化，能够在不同文化的比较中发现各自的个性特征和优势，提高自己的跨文化能力。

3. 注重教师继续教育

跨文化教育的主角是教师，要培养和提高学生的跨文化交际能力，我们必须重视教师的作用。只有教师具备了较强的跨文化交际能力，他们才能在课堂上通过各种方法和途径实现跨文化教育的目的。

以往教师教育中跨文化观念的缺乏，致使培育出的学生对跨文化教育意识淡薄。因此，首先我们要明确继续教育的目标：即"以新的理论、新的知识、新的技术武装教师，使他们在继续教育中不断树立现代教育思想和观念，熟悉现代教育理论，拓展专业知识，了解学科前沿发展动态，掌握现代教学方法和技术，使教师实施素质教育的能力和水平得到明显的提高"。我们还要更新观念，设置跨文化视野的课程，将培养具有跨文化教育观的教师纳入培训目标。教师除具备扎实的教育专业素养与学科专门知识外，还应具备基本的文化人类学素养与跨文化教育的智能。不妨学学许多大学教育学院的做法，教师教育只有通过跨文化教育课程才算达到合格的标准。

**（二）加强教育引导**

对学生的跨文化教育应贯穿在英语教学的过程中，体现在文化内涵的传承上。我们要自觉地开发多种渠道、多种方式，将跨文化教育渗透到阅读、口语、语法、词汇的教学中，拓展文化教学的内涵和外延，将整个英语教学视为一种文化过程教学，将文化教育融入英语教学的各个环节和教学活动，学会以目的语文化的相关理念、思维方式等为参照，反思我国的传统观念和思维方式，改变一些落后的教育理念和方法，转变师生角色和课堂教学模式，从而使师生双方都能在学习英语的同时，拓展思维方式，对中西文化进行扬弃、整合，将静态的语言文化知识的学习转化为动态的文化素质建构。唯有如此，培养学生的跨文化意识才不会是一句空话。

英语教学中的文化教学内容也不能局限于英语国家的文化。所谓"跨文化意识"，是对特定文化的超越，其内涵非常丰富。它要求我们从整个世界的角度去认识问题和考虑问题，既包括对英语国家文化的敏感性，也包括对非英语国家文化的敏感性；既通过学习英语认识英语国家的文化，也是在以英语为媒介了解世界文化。因而，我们的教师不但要帮助学生以开放的心态学习认识英语国家的文化，更要鼓励学生通过英语了解世界万象，培养其国际意识和合理的跨文化心态。为此，教师在教学中应该给学生较多面对问题和独立解决问题的机会，更要重视对学生文化教育策略能力的培养。

1. 语言与文化有机融合于课堂教学

课堂是跨文化教学的重要阵地，课堂实施是完成教学内容、实现教学目标的决定性环节，文化内涵发掘主要针对语法、词汇、篇章等多个语言层面的文化进行探索。

（1）增加语篇与语法的文化教学

语篇一般用来指文章、会话、面谈等比句子更大的语言单位，是使用中的语言。

它是特定语境和社会文化中语言运用的产物，语篇的形成和样式反映了意义交流时的社会文化语境。口头篇章所涉及的交际风格和交际策略与文化密不可分，息息相关；而书的篇章则是通过篇章结构以及修辞风格来体现其文化内涵。语篇与文化有着密切的联系，不同文化的人所使用的、制造的语篇是不同的，不同的语篇也会建构不同的个人经验和社会现实。

Scollon 等人认为，英汉语篇之间的差异主要源于两种语言分别倾向于采用演绎式和归纳式的话语模式。东西方人在修辞策略方面的差异与各自的文化价值取向有着密切的关系。只有从文化的角度来分析不同语言的语篇修辞模式，我们才能真正理清语篇与思维模式的关系。

在进行语篇教学实践时，教师要尽力将文化教学融入其中，即把文化教学作为教学目的和教学内容中不可分割的一部分，突出其重要性；而在教学实践中可通过设计读前和读后任务以及相关文化的讨论和学习将学习者的注意力吸引到具体的篇章内容上，这样既达到了语篇分析的目的也能帮助学生深入挖掘东西方在思维模式、价值取向等方面的文化异同及其对于篇章结构产生的影响，使学生利用教材中的丰富资源，不断完善跨文化知识体系。

除语篇之外，语法结构也与思维模式等文化内容有着不可分割的关系。语法同人们的思维模式息息相关，包含着丰富的文化内容，也是人们表达内心感情世界的一种手段。

不同民族的哲学思想塑造了各自不同的思维模式，不同的思维模式又造就了各具特色的语法形态，不同的语法形态特征又呈现出其特有的语言表达方式。各民族思维的方式、特征及风格一般都蕴含有丰富的民族文化底蕴。换句话说，一个民族的语法系统和语法使用规则常会受到其所属的语言群体的思维和文化特点的影响，带有一定的文化成分，因此不同语言组词造句的规则不尽相同。西方人的思维方式趋向于呈现由外向内的演绎思维，其特点是逻辑性实证能力较强。这种思维方式在句法方面表现为具有明显的词汇形态特征，便于保持句子成分之间的逻辑关系。与西方人不同，中国人趋向于呈现由内向外的归纳法思维，对整体把握和意念体悟十分关注，其特点是逻辑实证性较差，这种思维方式在句法上表现为没有明显的词汇形态特征，其逻辑关系的保持是靠意义的理解而非靠形态句子成分之间的标记，因此，汉语句子常使用流水句，且句子短小精悍。

英语语法教学也不同于汉语语法教学，其重点主要为时态、语序、句子结构。在教学中，教师可以通过区分不同语言中的时态，对比语序方面的异同以及句子结构的差异来寻找不同语言的文化根源，如思维差异，实现语法教学与文化教学的结合。

（2）加强词汇的文化教学

词汇是文化的重要载体，也是外语教学的主要内容之一。因此跨文化外语教学要充分利用学生对词汇学习的关注与兴趣，使词汇及其蕴含的文化意义的教学成为外语教学中跨文化教学的一个重要组成部分。

词汇主要包括单词、词组、习语（成语）、谚语以及警句，它们标志着一个民族的语言、文化、习俗乃至整个社会的发展，并充分体现了其语言群体的思维模式、价值观念、文化环境、文明程度以及生活习惯。

由于词汇在不同时代、不同社会和地理环境中会产生不同的差异，因此词汇必须呈现在文化语境中，这样才能确保学生所学到的不是词汇孤立的字面意义，而是活的词汇意义系统，使学生在不同的语言环境中，都能够恰当准确地使用他们所学过的词汇。

每个语言体系中的词汇都承载着大量的文化信息，丰富而多元化，又蕴含着深厚的文化内涵，富于变化，是任何词典与书籍都无法穷尽的，不仅如此，不同语言中的词汇还体现了说话者不同的价值观念。正因为每个语言系统的词汇以及词汇的运用都与其民族文化紧密相关，带有浓厚的文化背景，所以，教师在进行词汇教学中除了注重词汇的意义和用法外，还应该拓展该词汇的文化意义，如词语来源、使用语境以及使用该词汇的注意事项。把词汇的文化渊源、历史因素、社会内涵融入词汇教学中是实现词汇与文化教学相结合的重要途径。

（3）加强听说教学过程的文化教学

听说教学是语言教学的一个重要部分，也是学生最为感兴趣的一部分，因为，听说活动可以让学生产生参与感，并有机会切实感受跨文化交际过程，使学生感知不同的文化差异并提高交际能力。但是，需要注意的是，听与说都要建立在实际内容的基础之上，也就是说，认真选择、合理安排听说内容至关重要。在文化教学中，教师必须确保听说内容的真实性以及实用性，即听说的主题是来自真实的生活，听说的材料要具有一定的意义，并能够反映出本族文化和目的文化的不同侧面。因此，编写听说教材时不仅要考虑学习者的语言水平和学习需求，我们还要密切注意相关文化内容编排的一致性和系统性。在安排教学材料和教学内容时，教师要注意使文化教学的需要与语言教学的需要有机结合，使学习者在系统地学习语言知识的同时，扩展其他文化知识，增强文化交际能力。即使教材的编者有时会受到时间和篇幅的限制，很难做到将目的文化的某一侧面细致全面地展现给学习者，也要注意提醒教师和学习者在教学和学习过程中对文化变体以及个体差异给予足够的注意，避免由于以偏概全或者过度概括而引起的偏见。

教师要注意利用课堂内外的听说活动，将非语言交际技巧、交际策略融入学生语言交际能力培养的过程中，利用文字、图片、音频相结合的方式来刺激学习者的感官和感受能力，使他们有一种身临其境的感受。此外，多媒体教学也是进行跨文化听说教学的一个重要手段，通过将各种跨文化交际情境真实地展现给学习者，促进学习者跨文化交际能力的培养，为在外语教学中进行文化教学开辟了新的途径，并特别有利于从情感和行为层面上培养学生的跨文化交际能力。

（4）加强写作教学中的文化教学

外语学习中，写作教学与阅读教学和听说教学齐头并进，贯穿于教学的始终。写的体裁的不尽相同，决定了写作内容和写作要求各有不同，但文化教学仍然可以与写作教学机地结合在外语学习的各个阶段。

写作不仅体现了作者的个人经历、生活经验，更能呈现作者的思想价值观念，也就是说能够反映作者所身处的文化环境，因此常被看作是讨论和学习日常生活、风俗习惯和价值观念等文化内容的理想的基石。

教师可对比同一主题下学生的作文与西方人的文章，引导学生思考，发现思维方式的异同，也可以指引学生寻找修辞风格的差异，如修辞格、引用方式、论证方式及谚语、但语的使用，并进一步探索不同语言的深层文化根源。与背景知识导入相似，这部分教学也是以教师的讲授为主来增加学生的知识积累和提高学生的跨文化意识。在阅读与写作教学过程中，跨文化思维能力的训练，让学生通过了解东西方思维方式的异同，体会跨文化交际实践中形成跨文化思维的重要意义。

2. 创设课外文化学习环境，培养学生自主学习的能力

自主学习要求学习者根据自己的实际情况确定自己的学习目标，制订学习计划，科学地评估自己的学习结果，是体现学习者对自己的学习主动负责的过程。自主学习强调的是学习者的学习能力而不是学习过程。大学里学生要明确自己的主体地位，教师起的只是指导的作用。在课堂上教师只是进行指导式的讲解，学生只有通过大量实践才能掌握技能。所以，自主学习在学好大学英语中扮演着一个很重要的角色。学生要以语言规则的认知、操作和掌握为基础，努力培养自我创新的意识和能力，通过发掘和运用自身原有的语言认知能力，提高对自身知识水平和学习风格的认识水平，逐步学会掌控个人的学习过程，学会选择学习方式和评估学习结果，最终克服英语学习中的畏难情绪，帮助自己建构个性化的、卓有成效的英语语言学习体系。

教师在课堂上所讲述的内容肯定不可能满足各类学生的要求，那么"第二课堂"的开辟就是很有必要的。它要求学生根据自身的特点利用时间来安排个性化的学习计划及学习进度。教师要以学生为中心，根据学生的个性进行培养，在传授语言知识与技能的基础上，重点培养学生的语言交际能力和自主学习能力。

总之，"第二课堂"作为课外学习的主体，是对第一课堂的完善和补充，有利于拓宽学生的知识面，调动学生的学习积极性和创造性，实现学生综合素质的全面提高，有助于学生跨文化交际意识与跨文化交际能力的培养。

### （三）科学选择教材

选择教材时，我们既要考虑提高跨文化交际能力所能涉及的各个方面，又要注意设计形式多样的练习对学生在纷繁复杂的跨文化语境中进行交际所需要的各种技能加以训练。提高学生实际能力的关键要素与途径有很多，如从跨文化知识的导入入手，解释语言表达中的文化内涵，扩大与文化有关的知识面；通过案例分析与点评，提高学生的全球意识与跨文化敏感度；通过情景模拟、角色扮演等让学生接触各种跨文化语境中的跨文化冲突，以培养学生观察与分析跨文化问题的能力；最后进入培养学生观察跨文化生活或工作环境中的文化问题，如各媒体所报道的新闻，或通过各种调查，或在实习中观察跨文化语境等。如果教师在课堂中忽视这一教学环节，那就不可能真正提高学生的跨文化交际能力，或只能提高学生的跨文化意识或跨文化敏感度。外语教学只有进入到在现实语境中培养学生跨文化交际能力阶段，学生的知识积累和跨文化意识才能得以应用与体现，学生也才能将知识转换成跨文化交际能力。要使英语教材内容更适应跨文化教育的需要，我们可以从以下几个方面考虑：

1. 追求语言材料的真实性

现代外语教材的一个重要特征就是"求真"。它反映在目标选材和练习的各个方面，把学生和教师作为真实的交际对象，运用多种真实的任务来进行外语教学才能使教学交际化。真实的交际要求教材以人为本，把学生当作有思想、有情感、有社会性、有文化性和有创造性的人。语言学习可以增加学生对社会的了解和认识的渠道。语言材料的真实性指从实际交际活动（口头和书面）中选取的材料，而并非编教材的人自己撰写的。其中许多部分涉及场合、身份、相互关系等社会因素，因而它还包括跨文化的真实性，即真实反映社会环境、人文思想、地理历史、思维方式等多层面，这能促进不同文化相互理解和交流。教材要重实践练习，不以语法为中心，而是围绕题材、目的或语言概念以及语言信息和语用功能来编著，要将时代特点和真实性、语言知识学习与信息的传授结合起来，可适量增加关于国际政论和时评性的文章，帮助学生在获得当代经济和文化知识的同时，进一步了解当代政治，为将来融入国际社会奠定基础。跨文化的教材编写队伍应包括社会学家、人类学家、语言学家等，经仔细选材，按主题分类的跨文化教材既具综合性，又具科学性。教师要鼓励学生以一种开放的胸襟积极体验外国文化，通过分析比较，在两种文化间建立联系，以批判的态度审视外国文化，又要深入思考本国文化如何被目的语文化所理解。

语言教学的目的是实现跨文化中的思想交流与情感传递，因此保留语言的真实性能够确保在真正意义上实现大学英语课堂教学成为连接学校教育和社会的桥梁目标。

2. 体现文化内容与语言内容的自然融合

大学英语跨文化教学教材内容的编排应以文化主题为单位，在每一个部分中都重点突出文化，突出语言，在文化的潜移默化中，让学生灵活、牢固地掌握语言的使用。正如张红玲所说："语言内容和文化内容有机地结合，是跨文化交际外语教学的核心思想。语言和文化同为教学的目的和手段，两者不可分割。在教材中，系统的文化主题构成教材的主线，而语言教学的内容实际上与这些文化内容融合一体。"教材要充分考虑学生学习外语的需求、语言环境、知识结构和层次等多方面因素，蕴含社会习俗、历史、宗教、特别是价值观等方面内容，介绍西方不同国家的文化元素和中国传统文化，融入中西文化对比研究，让学生学会如何对待差异。教材要有助于培养学生批判性思维技能，要求学生以一种审视的眼光与批判的思维方式，看待目标语国家事务，让学生体验西方文化与本国文化的不同之处，以培养学生进行有效文化沟通的能力。教材包含和传授的内容要充满积极的、使人奋发向上的精神，要将人类优秀的文化、高尚的思想道德通过语言潜移默化地传授给学生，要对学生世界观和价值观的形成产生深远的影响。

3. 深化对母语文化的理解

在全球语境下，广泛的社会交流使文化教学成了外语教学的重要目标。然而，外语教学的任务很难单靠外语课完成。我们不能因强调尊重目的语国家的文化传统，就忽视了本民族具有特色的文化传统。实际上，英语在不断扩大影响的同时，其他民族文化也是在不断与之抗衡，进而造成两者的相互影响和交融。可以说任何国家的外语教学中文化教学的内容都是两国文化的交汇及矛盾之处。跨文化教育给我们审视本国文化提供了良好的机会，所以在选择教材内容时我们要充分利用跨文化教育这一优势，加强文化输出，在英语教育中强化汉语文化教育的层面，将英汉语比较的研究成果还用到教材中。教材还应包含汉语文化的教学，如表达中国特色的词汇、短语、句子以及成语和典故。总之，目的就是努力培养英语学习者母语文化的自我意识，以促进学生对本国文化的反省。

### 4. 内容安排应循序渐进且多面化

文化的复杂性、动态性和多层次性决定了文化教学内容的安排不能只是古板的说教或是传授过知识后，就一劳永逸。以文化为主题编写的教材须是有渐进性的，可操作性的，能弹性循环进行教学的。唯有这样，学生对文化的体验与认识才能不断地理解和深化。

教材内容的呈现要按照由浅入深，由表及里，从已知到未知，从具体到抽象的序列进行安排，课程内容在不同阶段上重复出现，范围逐渐扩大，程度不断加深。跨文化学科的教材要具备系统性、一致性、层次性、前沿性以及时效性的特点，注重与时俱进，编排体系既体现西方国家的人文精神，又映衬出国内对人才需求理念所发生的重大转变，既注重人文关怀，又要满足人文素质培养的现实需求。

### （四）改进教学方法

教学方法的改革是跨文化教育实践所要涉及的另一个重要问题，跨文化的研究结果表明：不同文化背景下学生的认知能力、理解能力、逻辑判断与逻辑思维能力等方面均有明显差异，因此，教学方式和策略也应该因学生的不同而不同。以跨文化教育为目的的教师应拓宽思路和视野，把不同的外语教学方法应用到英语课堂教学中去，以学生为中心，从学生的智力发展特点出发，使教学方式与学生的认知结构及生活经验相结合，更好地实施有效的跨文化教育。

### 1. 传统认知派教学法

中国学生一般习惯于外语认知派教学法，无论是语法翻译法、自觉对比法或认知法都对其有较好的效果。这些方法的共同特点是重视语言知识的传授，利用学生的本族语，重视发展学生内在的智能，激励学生积极思维。

在教学过程中，教师一般采用认知法传授知识，并结合具体情况以语法翻译法和自觉对比法为辅助。认知法重在理解和领悟，可以发展学生的智力，有利于激发学生的积极思维，掌握科学的学习方法。语法翻译法和自觉对比法则能加强学生的逻辑思维能力，并使学生借助母语加深理解。

### 2. 引入联结派教学法

联结派教学法是以经验主义的哲学观点为基础，重视外语话语与实物、观念、概念等外部世界和思维的直接联系，侧重口头操练，强调反复模仿，大胆尝试，使学生从习惯到自然地掌握外语。联结派教学法又可分交际法、直接法、听说法、视听法等学派。

外语教学法中不存在适用于各种情况的固定教学法，教师应合理地综合运用认知派和联结派的各种方法，总体来说，随着学生水平的提高，语法翻译法应逐步减少，交际法应逐步增多。教师要了解学生的兴趣和目的，深入研究各种教学法，适当地择优选用，要沿着继承、引进、创造的路子，博采众长，灵活运用。

3. 采用整体语言教学法

虽然整体语言教学法最早出现在美国，但实际上我国外语教师在教学实践中逐渐形成的一些教学法在许多方面与整体语言教学法理论的观点不谋而合。整体语言教学法是"自上而下"的语言教学法，提出应将语言作为一个整体，而不是孤立、零散的部分学习。它试图在真实的上下文情境中教授或学习语言，提出语言的功能是建构意义，语言学习的目的是满足学习者在现实生活中的真实需要，进行有意义的人际交流，而不是为学习语言而学习语言。小组练习是整体语言教学的一个重要手段。课堂上学生参加小组讨论，并相互交流阅读体会。整体语言教学以内容为中心，主题单元是教学安排上的一个显著特点。这种教学方法有利于学生围绕某一个跨文化的主题进行阅读、写作、讨论。教师应采用讲座、调查、参观访问等多种方式激发学生的求知欲，使学生从多层次、多角度认识某一跨文化问题。整体教学以学生为中心，通过建立图书角、墙报、学习小组等形式，营造轻松、愉快的学习环境和积极的学习气氛，启发学生将所读的内容同自己的经历和现实生活相联系。学生讨论文章中涉及的伦理道德、价值观念，可以扩大视野，了解与自己的生活习惯、思维定式全然不同的他种文化。我国外语教学以往一般以语法、语言点为重点，很少强调在语篇层次上的建构意义，阅读往往停留在句子甚至是短语层次上，学生不知道作者的思路、观点是什么，赞成什么或反对什么。而整体语言教学法在阅读教学方面，则是综合读者已有的知识，建构语篇的意义。笔者认为，我国大学英语跨文化教育应借鉴整体语言教学的理念，重视语言的整体性，体会作者的写作思路、文化观，加强语篇水平的训练，提高学生理解文章文化意义的能力。

4. 引导学生采用研究性学习方式

20 世纪 90 年代起，我国英语教学界在学生学习风格、策略和个人因素方面展开了一系列的研究，有关研究性学习的实践随着整个教育体制改革的进程，得到了切实的贯彻。研究性学习改变了学生以往单纯地接受教师传授知识为主的学习方式，为学生构建开放的学习环境，提供多渠道获取知识并将其运用于实践的机会。在英语教学中，教师通过提供信息，启发思路，补充知识，介绍方法和线索，引导学生质疑、探索和创新。学生通过自身的相互合作和研究，通过发现本民族文化中的优秀成分，欣赏目的语文化的过程，形成理解不同民族文化的能力，从而对不同文化进行比较、批判，进而形成批判性思维。

当前世界范围内较为流行的研究性学习模式共有九种，即开放课堂学习模式、框架下的发现学习模式、以兴趣为导向的探究性学习模式、以问题解决为导向的学习模式、项目研究模式、角色扮演模式、小组合作学习模式、习明纳课程模式和服务学习模式。英语课堂上教师要结合具体情况使用不同的研究性学习模式来实施跨文化教育。目前国际上有人把研究性学习看作是一门课程，作为课程的研究性学习强调通过研究性课程使学生掌握研究方法。

研究性学习又被看作为一种学习和教学方法。研究性学习强调学生通过自我探索和自我发现、自我研究的过程，培养学生的自主性、独立性和学习积极性。在研究性学习过程中，学生始终处于主体地位，既学到了知识，又锻炼了直觉思维能力和创造思维能力，学会了分享与合作，塑造了自信与自尊。但无论是将其视为方法还是课程，其实质都是强调学生的独立性和主动性，强调通过个人探索和个人研究的过程发现问题和解决问题，并由此培养一种问题意识。

研究性学习开放性、研究性和实践性的特点，要求大学英语课堂的教师改变教育观念、教学内容，变革以往的教学模式和教学行为。在师生探索新知的过程中，师生围绕要解决的问题共同完成内容的确定、方法的选择。学生在教师的指导下，确定研究的课题，改被动地记忆为主动地获取知识。英语教师在教学中应充分利用研究性学习对学生进行跨文化教育，有意识地开展一些英美文化背景知识方面的讨论活动，指导学生收集资料，然后就材料的内容进行扩展性介绍和讨论，再与汉语相应的文化内容做对比分析。通过对每个与英语文化有关的主题进行发现、调查、探索和研究分析，学生可以体验和感受英语国家的文化，排除民族文化差异的偏见，培养尊重他人的民族习惯，从而透视各种文化的异同点、独特性及其价值观，培养自身的探究精神和文化理解力，增强文化敏感性，培养跨文化意识。

总之，任何教学方法的形成都有其社会文化根源，各有所长，可以说每一种教学方法都认为在外语教学的某些方面，教师应该考虑所处的文化环境，为适应社会需要取其精华，为我所用，不应把自己局限于某一固定的模式内，要根据各自的教学目的，考虑现有的条件和可以创造的条件，取长补短，走折中之路。在课程组织中，教师应注意作为教学活动组织和参与者的责任，又要充分调动学生的积极性，根据学生的特点，了解其学习目的和兴趣，采用与之相适应的教学法，只要围绕着跨文化教育这一目标，广泛深入地研究各种教学法，博采众长，得到学生的充分理解和积极配合，就能产生良好的效果。

### （五）加强文化测试

大学英语的各项测试，应加强西方文化测试，以提高大学生的英语文化成绩，正确评估教学效果，不断提高大学英语跨文化教学的教学质量，推动我国大学英语教学改革不断创新。大学要建立完善的英语教学评估体系，将文化评估作为重要组成部分，以提高大学生对中西文化的熟知度，从而在文化知识、交际能力和情感交流等方面，增强大学生的英语学习兴趣，这有利于随时检测大学生的英语学习情况，对于促进大学生综合素质能力全面发展具有重要作用。例如，将跨文化教学测试和语言测试结合在一起，根据不同阶段的英语学习特点，制定合理的评估标准，使跨文化教学测试向着正规化发展，以促进大学英语跨文化教学有效性不断提高。大学英语跨文化教学在当今全球政治经济一体化的大背景下，显得越来越重要。

一方面，它将为我国与世界其他国家的政治、经济等方面的往来提供复合型人才，培养适合当下激烈竞争的外语人才；另一方面，它也将为中国的文化走向世界提供桥梁。通过跨文化教学，学生的跨文化意识一定会有所提高，中国文化的英语表达能力以及文化创造能力都将有所提高，这种能力的提升，必将促进中国文化在全世界范围内的进一步传播与发展。

## 第四节　大学英语教学中文化意识的培养

"大学英语的教学目标是培养学生的英语综合应用能力，同时增强其自主学习能力，提高综合文化素养，以适应我国社会发展和国际交流的需要。"由此可见，大学英语教学的目的就是通过语言的学习，使学生培养并具备一种新的文化意识，能够在了解别的文化的基础上，比较鉴赏不同的文化，进而培养全面的文化观，提升全面综合素质。通过语言学习掌握学习策略，进而培养良好的学习习惯、方法和技能，提高整体的学习效率，这也正是通识教育的主要目的。

文化意识培养是语言教学中不可分割的重要部分，英语教师在语言教学中要适时适度地将文化意识的培养与语言教学结合起来。我们的外语教学，要从纯语言技能教学转向内容教学，在课堂教学实践中，要从文化理解和语言感知能力方面着手，创设以学生为主体的激发学生创造性思维的融洽氛围，运用多种教学手段，通过科学性的开放型的教学大纲设计和教学实践来培养和提高学生的思维能力，最后使其获得一定的语言交流能力，从真正意义上把学生培养成为有思想的、有一定鉴赏能力的文化传承者和宣传者。

然而，大学英语教学中文化意识怎样培养呢？那就是要在教学实践过程中，得到相关部门的支持，从主客观上去培养大学英语教学中的文化意识。

## 一、对教育主管部门的建议

### （一）加大教师培训的力度

有关资料显示，很多教师承认自身的跨文化知识储备不足、不系统，并且得不到及时的更新，并在进行文化教学时难以对其准确把握，因此在教师职后教育中加大文化培训的力度是十分必要的。教师进修学校是我国教师教育体系中的重要环节，是我国师范教育的重要组成部分和教师职后教育的重要阵地，在教师的培养和培训中发挥着重要作用，但目前在各类培训活动中，学习教育理论往往被放在第一位，文化知识等专业知识的培训相对缺乏。

每个地区的教育管理部门是教师进修学校的直接领导，应从以下几个方面发挥好教师进修学校的教育培训作用，加大培训的力度。首先，应定期在各个中学选拔擅长文化教学的优秀英语教师，为他们提供机会，以进修学校为平台，在开展先进教育教学理论学习的同时，开展如"如何更好地进行英语文化教学"的专题讲座，起到以点带面的作用。其次，应该针对城乡差距，面向相对落后的乡镇中学教师提供专门的语音、语调和口语表达能力和现代教育技术等培训内容，让乡镇教师更多地接触文化教学的新信息，同时提升他们的语言和文化的专业素质，以缩小与城市教师的差距。最后，由教师进修学校牵头，在城乡中学间通过示范课、研讨课、讲座等形式，开展短期或长期的互助互动型定期交流活动，也可以由教育主管部门提供机会让城乡英语教师出去学习或者引进英语国家的教师和专家资源，开展国际交流与合作，让教师更深入地了解英语国家的文化背景知识，开阔视野，也可以提高英语教师的语言水平和教学水平。

### （二）加大物质资源的投入

物质资源的配备在一定程度上制约着学校教育水平的发展，其中自然包括对英语教学中跨文化意识培养的制约。我们常常从硬件和软件两方面来衡量一所学校的资源配备。

硬件资源主要指教学设施与设备，软件资源主要指教育信息与资料等。

因此，建议教育主管部门首先要在学校基础设施建设方面加大投入力度，完善教育信息网、校园网等不同层次的数字化信息平台的建设，促进各中学实现校际间的教育资源共享。其次，在进行资源配置时尽量向乡镇中学等相对落后的地区倾斜，除必备的课本外，尽量为各中学配足配齐练习册、挂图、书籍、光盘等跨文化意识培养所需的课程资源，同时积极开发和利用报纸和杂志等其他资源媒介，为形式多样的、内容丰富的文化教学活动奠定物质基础。

## 二、对学校的要求

学习任何一种语言，语境都是十分重要的。语言习得理论和教学实践证明："置身于语言环境是学习语言的最佳途径。"非英语语言国家的学生学习英语，尤其是中国学生缺乏英语语言环境，接触地道英语的机会很少，除了在英语课堂上使用和接触英语，几乎就没有时间和英语打交道，对英语文化知识知道得少，更加没有机会亲自到英美国家去感受他们的文化氛围。英语学习需要真实自然的语言环境。因此，学校和教师要努力创造英语文化氛围与环境，营造英语文化气氛，让学生能置身于真实的语言环境中使用英语，学习英语，不仅学习英语文化知识，更要培养跨文化意识。初中生学习英语的过程不可避免地要受到教室学习环境、学校教育环境乃至社会文化环境的影响，这三层环境的关系由小到大，由具体到抽象又层层包围的。

### （一）搞好校园英语文化氛围的建设

每个学校都有面向全校师生的公共宣传栏。这种宣传栏通常版面较大，位置醒目，学生每天都有机会到宣传栏阅读，在学校的宣传活动中起着不可替代的作用。因此，学校可以充分利用宣传栏开辟专门的英语学习园地或者专门建设英语文化长廊，如介绍一些需要时间进行记忆的习惯用语和名言名句或英语美文，或利用这些展板定期进行英语文化宣传，鼓励学生主动关心国内外大事。这对于强化学生对知识的记忆和巩固，培养他们的世界意识都是非常有利的。

利用校园广播指导学生进行英语晨读也是创设英语文化氛围的有效方法。每天滚动播出的英语节目相对于橱窗、宣传栏等静态媒体而言具有立体动态的优势，对学生的语音、语调、语感的培养能起到润物细无声的作用。

另外，从社会语言学的角度来看，语言是受社会的影响和制约的，是社会的产物。语言的形成和变化过程与客观世界、社会实践有密切的联系，而且随着社会以及人们认识的发展而发展。因此，学校自然也应当结合社会文化环境的理论来丰富培养学生跨文化意识的内容与渠道，如给学生创造机会，带领他们走出校园，让其积极参加口语大赛等英语文化活动等，这不仅能增加学生的锻炼的机会，又能使学生在活动中提高水平，丰富知识，对学习英语保持长久的兴趣。

### （二）引进外籍教师

在参试的三所学校中，老师和学生的跨文化意识测试结果最高的一所学校与其他两所学校的一个显著不同之处是该校长期聘请有正规资质的外籍教师参与日常的外语教学，而其他两所学校一直没有外籍教师。可见，引进外籍教师对培养学生的跨文化意识有非常积极的重要作用。外籍教师自身无可比拟的文化优势决定了他们可以从不同角度与不同侧面对学生的跨文化意识进行潜移默化的渗透与培养。来自英美等国的外籍教师每个人都是母语使用者（native speaker），在语言教学和跨文化知识的传授方面具有不可替代的优势。

外籍教师本是异国文化的承载者和传播者，他们的参与可以将活生生的语言与文化带给学生，让他们直观地感受真正的英语，与此同时学生在与外教交往中，可以深切感受中西文化的差异，能身临其境地体会外来文化的细微之处，这使学生的书本知识与真实生活语言之间的距离缩小。

大多数外籍教师幽默风趣、善于表演、个性张扬，与中国教师含蓄持重的传统形象有很大差异。他们的教学方法新颖活泼，课堂气氛融洽和谐，并且非常注重学生自己的独到见解与个人潜力的发挥，尤其是在激发学生学习兴趣方面，外籍教师的很多做法值得我们好好学习。但外籍教师在中国的英语教学也存在着一些问题，有些外教上课非常随意，如没有固定的教材和教学计划，教学目标不明确，授课缺乏系统性，而且外籍教师普遍认为目前我国所使用的教材内容滞后，形式单一，他们往往会随意选编教学内容。有些外教对我国的常规教学管理细则考试须知、课堂管理须知、课外辅导、相互交流活动不知或知之甚少，这经常会造成不必要的麻烦。另外，对于外教口语课的考试成绩缺乏统一的检测标准。鉴于切实存在的种种不足之处，笔者认为应从以下几个方面对外籍教师严格管理。

1. 严格审核外籍教师的专业教师资格

教师资格认证制度是国外通行的师资检测手段。和中国一样，在国外从事教师职业的前提也是拿到教师资格证书。在美国，"教师以专业人员的身份出现，教师资格证书得到州教育部门承认，获得教师资格证书，是申请公立学校教师职位的必要前提，美国各州政府根据需要，在各州相关法律中自行规定教师资格证书的认证要求"。

不仅美国各州政府建立了完备的教师资格认证法律，英国、澳大利亚等世界上教育非常先进的国家，也对教师的学历要求很高，并且对教师的资格认证更加严格，这些国家均已建立了一套相对完善和有效的教师资格认证制度。严把外籍教师的资格审核关是保证外籍教师教学质量的必要一步。

2. 充分发挥外籍教师的文化传播作用

学校除了鼓励学生在课堂上大胆与外教交流，直接地感受文化的差异，增强跨文化意识外，还应鼓励学生积极参与由外籍教师组织的英语角、文化讲座、英语短剧、小品编演等第二课堂活动，以此实现课内课外一体化教学。这类课外活动的主题要涉及文化、教育、时事、旅游等各类学生感兴趣的话题，必要时可安排一个中国英语教师协助进行组织工作。

3. 将外籍教师纳入中国学校的管理体制并界定其工作职责与范围

为了避免外籍教师在教学中的随意性问题，确保教学活动有良好的效果，学校应要求每位外籍教师在开学前准备一份教学目的明确、内容清晰的课程教学纲要。外籍教师如不适用原教材，应向学校教学管理部门提交一份自选材料的复印件。同时外籍教师还应在开学之初的集体备课会上陈述本学期的教学目标、方式、材料以及课程作业形式和期末的考核标准。学校应要求外籍教师准时参加本校的教研活动并积极参与讨论。每位外籍教师都应严格遵守学校的上课时间，做到不迟到，不早退。同时本校英语教师还应欢迎外籍教师不定期参加自己的英语课堂听课活动，并随后提出他们的宝贵意见。外籍教师担任的课程至少在期末需要有规范的检测以及客观成绩上交学校教学管理部门存档。

只有在井然有序的教学环境中，外籍教师与中国教师尽最大努力发挥多元化的团队协作精神，共同去克服文化差异带来的摩擦，加强彼此之间的交流互动，为培养学生的国际化视野，学会与不同国度、不同文化的人士交流与合作，搭建相互交流和理解的平台，才能提高学生的跨文化意识。

### 三、对英语教师的要求

#### （一）挖掘教材的文化内涵

在学校里、课堂上，学生的学习始终在教师的引领下围绕着课本展开，课本中蕴含着丰富的英语文化知识，因此挖掘并善用教材中丰富的文化内涵是十分必要的。在教学过程中，教师如果只是照本宣科的仅仅关注对语言知识的传授与训练，而忽视跨文化意识的培养，势必会造成英语"学"与"用"的脱节。相反，如果教师合理地挖掘利用教材，将文化知识与语言知识有机融合为一个整体，这无疑将大大提升学生的跨文化意识。

因此，教师应根据教学的实际和教学的目标要求，通过开设相关的文化专题和各种符合学生兴趣的活动，利用丰富的教学手段对文化教学的内容进行必要的补充。

#### （二）组织不同形式的文化活动

《课标》中明确要求学校和教师要"组织生动活泼的课外活动，促进学生的英语学习。应根据学生的年龄特点和兴趣爱好，积极开展各种课外活动有助于学生增长知识、开阔视野、发展智力和个性、展现才能。教师应有计划地组织内容丰富、形式多样的英语课外活动，如朗诵、唱歌、讲故事、演讲、表演、英语角、英语墙报、主题班会和展览等。教师要善于诱导，保护学生的好奇心，培养他们的自主性和创新意识"。英语文化活动的举办从时间上看可以按照日历的先后顺序介绍西方的节日，辅以东方节日的对比；从空间上可以分为课内活动和课外活动；从形式上分则有英语角、辩论赛、演讲和朗诵等。

英语课堂中有限的时间对于语言的学习和文化知识的渗透是远远不够的。因此，教师还应利用课后时间，组织丰富多彩的课外活动，如英语辩论、演讲或朗诵，同时鼓励学生有意识地主动收集有关英语文化知识的资料，学会自主积累文化知识。这些不仅可以使学生在丰富的英语学习环境中积累知识，较直观地了解不同的文化、风俗习惯、审美标准以及外国艺术、雕刻、建筑风格和风土人情，还能使学生体验自主学习的快乐，获得成就感，进一步增强对英语的兴趣。

### （三）创设具有文化气息的学习氛围

教室是学生学习的主要阵地，虽然空间有限，却是学生在校生活时间最久的地方。具有浓郁文化气息的教室学习环境无疑能潜移默化的地浸润学生的意识，熏陶他们的心灵。因此，教师可以充分合理地利用教室的墙壁和黑板报等位置，通过张贴美国或者英国地图，开辟英语角等不同方式，让学生对这些国家有一个形象的认识，使其感受外国人的思维方式，在潜移默化中，受到西方文化熏陶。同时，布置教室的活动也是充分发挥学生主动性和创造性的过程。教师可以鼓励学生自己动手来创设教室环境，如根据圣诞节、感恩节、万圣节等不同的活动主题让学生自行设计，编辑制作英语手抄报并进行展览。他们还可以自己寻找、选择并制作感兴趣的英语作品。

毫无疑问，对丰富多彩的英语文化知识的深入了解能够增强学生对英语的学习。另外，目前小组式的合作学习很受教师和学生的欢迎。合作学习是"一种以学生为中心，以小组为形式，为了共同的学习目标而共同学习、相互促进、共同提高的学习方式。"合作交流的过程是学生运用语言知识和文化知识传递信息的过程。我们还可以借鉴英美国家人性化的课桌摆放方式，以促进学生在共同合作交流中提高跨文化意识。

### 四、大学英语教学中文化意识培养的方法

在世界经济日益全球化的背景下，在新的教学手段和教学方法不断涌现的今天，英语教师应尽快适应新形势发展的需要，积极调整教学思路，拓宽视野，提高自身文化修养，以学生为中心和主体，把教学方式与学生的认知结构及生活经验相结合，实施有效的跨文化教育。当然，文化教学的方法多种多样，教师可以根据自身的教学情况，采用灵活多变的方法来提高学生的对文化的敏感性，培养他们的跨文化交际能力。

## （一）结合教材导入文化背景知识

教师在平时的英语课堂中应该结合教学内容介绍相关的文化背景知识，把语言教学和文化教学有机地糅合在一起。学生学习英语的时间主要在课堂上，平时很少接触该语言环境，遇到与课文相关的文化背景知识时，往往会感到费解，有时甚至会错误地认为外国人的思维方式和行为方式完全与我们相同。在这种情况下，教师要发挥其主导作用，直接给学生介绍文化背景知识，教师须在备课时精选一些典型内容与教学相关的文化信息材料，将它们恰到好处地运用到课堂上。教师在授课过程中，应就教材所涉及的文化背景知识，具有文化内涵的词汇、该语、成语等进行解说和介绍。这样不仅可以活跃课堂气氛，调动学生的学习积极性，激发学生的求知欲和学习兴趣，同时可以帮助学生更加深入地掌握文章主题，加深学习内容的深度和广度。教师要结合课堂教学展开的文化教育，使学生不仅仅获得语言知识和言语能力，而且还使他们由文化表层深入了解深层结构，形成跨文化交际的敏感性。

## （二）加强文化知识在课堂教学中的渗透

改变传统的课堂教学模式，将文化知识融入课堂。传统的教学模式是以单元教学为主题，强调语音语调准确，词汇量大，侧重词汇的搭配和使用，应试能力强，侧重词汇的搭配和使用，往往忽略了文化因素。在课堂上，老师是教学的主体，学生除了在课上听课，就是课下做大量的练习题。以这样的方式培养出来的学生一般基础扎实，能熟练掌握单词的用法，可以用英语写作，但由于不了解异国的文化，这样的学生无法正确理解和运用外语，无法进行得体的交流。所以教师应改变课堂教学模式，在课堂教学中应加强文化知识的渗透，培养学生的文化意识。

## （三）充分利用现代化教学手段

21 世纪，社会对英语人才在知识结构、创新意识和综合能力等方面提出了更高层次的要求，要更好地适应社会对大学生知识和能力的要求，现代化的教学手段和方法是必不可少的，它是使受教育者在短期内获得知识和能力的有效途径。

### 1. 电脑网络教学模式

随着电脑网络的发展，电脑辅助语言教学得到了进一步的应用。在因特网上，可以通过下面这些方法辅助我们教学英语，如查看英语教学网页，有些网页提供了各方面大量的英语教学信息和资料；在网上交笔友，通过电子邮件进行交流沟通。

在网络上学生还可以直接点播外国电影、卫视英语节目和英语教学参考片等，可以在网络资源中接触大量真实的材料，这就为学生提供了获取英语信息和练习实践的机会。英语教师应对国际互联网的英文资料有较深的了解，因此可以根据自己的经验和教学需要向学生推荐适合学生水平的英语网站，同时要指导学生如何认知和理解外域文化，建立起开放合理的认知、理解外域文化的跨文化心态。

2. 多媒体自主学习教学模式

随着计算机和信息技术的迅猛发展，网络远程教学、多媒体课件将成为英语教学的崭新手段。多媒体技术为语言教学提供了丰富的学习环境，其逻辑性与直观性创造出与讲授内容相关的丰富的语言环境，有助于学生对语言的接受和对文化背景知识的理解。教师可根据教学需要收集一些英语国家的物品和图片，通过一些形象真实的录像资料，加强学生对国外某些传统文化和习俗的感受，使学生了解外国的艺术、历史和风土人情，从而完成从具体形象思维到抽象思维的过渡，提高课堂教学效果。多媒体的运用，不但将声像结合起来，更重要的是提供了人机交流的便利。多媒体具有反复使用、资源优化、资源共享的特点，从而保证学生自始至终得到最好的外语资源，使学生听到本族人纯正的语音语调，对强化学生听力，适应外国人的语速语调，具有重要意义。由于多媒体网络技术环境下提供了大量形象生动的语言素材，大量的语言输入学习就交给了学生自己。课堂上，学生可以通过讨论发现并思考问题，创造性地发表自己的看法；课下，教师可以在校园网上建立有关英语学习的网页，为学生提供英语新闻、英语论坛等栏目，学生可以根据自己的语言水平、兴趣和学习风格选择学习内容，决定学习进度。这种自主的学习方式不仅体现了个性化的教学原则，且充分发挥了学生的主观能动性，是符合外语习得的基本规律的。

大学英语教学应用多媒体课件的物质条件已经基本具备。全国大多数学院已将大部分课堂教室进行了装修，有计划地充实电教设备，建立多媒体教学平台，建立校园网，上互联网，同时加强培训，使教师不断提高运用电教技术的能力。

3. 多媒体协作学习教学模式

多媒体协作学习指的是一种通过小组或团队的形式组织学生进行学习的方式和模式。这种教学模式的核心是任务教学法。任务教学法是继交际教学法之后，近十几年在外语教学方面出现的一种崭新的教学法。其理论根据实际上是建构主义。它强调学习的积极主动性、目标指引性、任务真实性、不断反思性和互动合作性。它具有以下的特点：（1）强调通过交流来学会用目的语交际；（2）将真实的材料引入学习环境；（3）学习者不仅注重语言的学习，而且关注学习过程本身；（4）把学习者个人的生活经历作为课堂学习的重要资源；（5）试图将课堂内的语言学习和课堂外的语言活动结合起来。中国式的任务教学法必须以多媒体网络技术为依托，以教材课文的语言和内容为蓝本来实施。这种主题任务教学法，就是围绕教材单元中的一个主题——如某一跨文化教育的课题设计任务，在教师指导下，让学生走出教室，利用网络查资料、读文献、做调查、写报告，再回到教室陈述、讨论。这种活动把听、说、读、写有机地结合起来，使学生学到的语言知识得到了应用，并在应用中盘活了正在学习的语言知识，真正做到了交际活动和语言学习相结合。这种教学模式特别有助于学生跨文化研究和交际能力的提高。

总之，教师要了解教学法和教学手段的选择就是为了建立轻松和谐的课堂气氛，帮助学生提高英语学习的效果，在充分利用现代信息技术的同时，要合理继承传统教学模式中的优秀部分，发挥传统课堂教学的优势，最终达到跨文化交际的目的。

综上所述，一个优秀的外语学习者，不仅是一个语言工具的使用者，还应该是另一种文化的接受者。大学英语教学中培养学生的文化意识也是一个很复杂的问题，其培养方法也应该是多角度、多层次的。教师只有根据教材、学生、环境等多方面因素，加强大学英语教学中的跨文化意识的培养，才能促进学生更好的学习目的语，培养出具有创新理念和全面发展能力的 21 世纪新型人才，真正实现大学英语教学的目标。

# 第五章 英语教学的理论基础、方法和发展方向

## 第一节 英语教学的理论基础

英语教学是一种科学性的教学，是建立在一定的理论之上的。但是，由于理论研究者的侧重点不同，所形成的理论对英语教学也有着不同的影响作用。对英语教学理论基础的了解能够提高英语教学的有效性和科学性。下面对几种常见的理论基础进行总结。

### 一、结构主义理论

结构主义理论对于英语教学有着重要的影响作用。这一理论是在 19 世纪到 20 世纪中期兴起的，下面以美国和英国的研究为例进行阐述。

#### （一）美国的结构主义理论

美国的结构主义理论研究首先是从研究印第安人的口头语言开始的。语言学家通过符号语言将印第安人口头的话如实记录，进而对这些口语样本进行不同层面的分析，找出语言之间的结构与特征。最后，美国的语言学家认为语言可视为一个把意义编成了语码的系统。

在这个语言系统中主要包含着和结构相关的成分，如音位、词素、单词、结构和句型。一个语言系统包括它的音位系统、词素系统和句法系统。在音位系统里，应该对音位、音位变体、音位组合的规则进行描述。在词素系统里，应该描述词素、词素变体、自由词素和粘着词素等成分和结构。在句法系统里，词的分类、短语分析、直接成分分析和句型的类型也应描述清楚。

在随后的研究中，美国结构主义语言学家使用对印第安口语的研究方法对其他有文字的语言的结构进行分析与描述，并发现口语与传统语法带有不一致性。

美国结构主义语言学家认为：有些口头常讲的话语受到传统语法的谴责并被视为错误的表达方式是不对的。他们认为，口语是活的语言，学习语言先要学习口语。而学习口语就是要学习使用该种语言的"当地人"所说的话，不是按某些语法书所说的那样，哪些不该说，哪些该说。美国结构主义语言学家在研究和分析其他一些语言的过程中，还发现很多语言有它们自己独特的语言结构，不同的语言有其不同的词素系统、音位系统和句法系统。不同的语言在上述三个系统中的成分、结构都可能是不同的。因此，在语言的学习过程中要注意语言的差异性。美国结构主义的语言研究成果对于外语教学改革的发展有着重要的影响作用，并为其提供了理论基础。

1961 年，美国语言学家威廉·莫尔登（William Moulton）在为第九届国际语言学家会议准备的报告上总结出了教学法应该遵循的主要原则："语言是口语，不是书面语（Language is speech，not writing）。语言是一套习惯（A language is a set of habits）。语言教学是教授语言，而不是教授有关语言的知识（Teach the language，not about the language）。语言是讲那种语言本族语的人所说的话，而不是某人认为他们应该怎样说就怎样说（A language is what its native speakers say，not what someone thinks they ought to say）。各种语言不尽相同，存在着差异（Languages are different）。"（何广铿，2008）

上述话语是对结构主义语言观的具体描述，同时可以说是学者对当前结构主义语言学观的总结与具体描述。这些原则的叙述直接影响着听说法的建立与发展，并逐渐成为听说法的语言观。

**（二）英国的结构主义理论**

对于语言结构的研究，英国语言学家也做出了重大的贡献，并取得了重要的成果。英国语言学家对语言结构的研究主要关注的是句型结构。

英国语言学家帕尔默（Palmer）、荷恩毕（Hornby）和其他的语言学家从 20 世纪 20 年代开始，便共同致力于对英语句型特点的研究。在研究过程中，这些学者将英语的语法结构以句型的形式进行总结与归纳，这些研究成果最后体现了荷恩毕著的《英语句型和惯用法》（*Guide to Patterns and Usage in English*）一书中。

荷恩毕在《英语句型和惯用法》一书中，将英语动词句型进行了总结，并最终确定为 25 种，其中包括 6 种名词句型和 3 种形容词句型。这本书在论述过程中使用了大量的语言实例来说明句型的意义和解释句型与句型之间的可转换性，从而增加了该书的实用性与应用性。

现在新出版的《牛津现代高级英汉双解辞典》（*Oxford Advanced Learner's*

*Dictionary of Current English with Chinese Translation*）就沿袭了荷恩毕等人对英语句型的分类和描述。这也反映出英国语言学家对语言结构的研究对外语学习所产生的影响。英国语言学家对语言结构、句型结构的研究成果最后也成为口语法（情景教学法）的理论基础。

## 二、二语习得理论

二语习得理论也是英语教学的重要理论基础，下面分别从国外和国内的研究角度对其进行分析。

### （一）国外二语习得的研究

根据相关研究资料，可按照时间发展顺序将国外二语习得的研究分为以下五个阶段。

#### 1. 20 世纪 50 年代以前

20 世纪 50 年代以前，人们对母语与第二外语的认识仅仅源于行为主义理论。在这个阶段，语言学家发表了大量与行为主义相关的作品。但是，诺姆·乔姆斯基（Noam Chomsky）却在行为主义的大背景下发表了与这种观点相悖的理论，并且对行为主义进行了猛烈的抨击。

不过，乔姆斯基的理论并未真正引起广泛重视。在这一阶段最盛行的还是行为主义论和对比分析论等，第二语言习得研究此时尚未形成一门独立学科。

#### 2. 20 世纪 60 年代

20 世纪 60 年代早期，在第一语言习得理论的研究实验中，儿童的内在语法受到了关注，这些研究对于第二语言习得的发展有着积极的促进作用。

在这个时间段，乔姆斯基的理论主导了语言习得领域，创造出了著名的"独立语法设想——语言习得机制"模式：初期输入（语言信息）→LAD→生成语法（语言能力）。从 20 世纪 60 年代晚期开始，第二语言习得的研究取得了飞速的发展。因此可以说，第二语言习得的研究是从这个阶段真正开始的。在这个阶段，研究者对第二语言关注的重点是语言教学法，并热衷于提高第二语言的教学质量，以及对人类如何学习语言展开研究。

#### 3. 20 世纪 70 年代

从 20 世纪 70 年代起，第二语言研究的重点从教师转向了学生。在这个阶段中，二语习得认知理论的出现在全世界范围引起了轰动。

#### 4. 20 世纪 80 年代

从 20 世纪 80 年代开始，第二语言习得研究的重心又发生了很大的变化。人们把目光由描述第二语言习得理论的确立转向解释第二语言习得理论的测试，且与此有关的出版物也相继问世。

在这一阶段，两种理论得到了充分的发展，即普遍语法和第二语言习得理论。越来越多的人开始对第二语言习得研究感兴趣，其中包括对第二语言习得理论的研究，很多语言学家和应用语言学家在第二语言习得研究方面花费了大量心血。为了找出第二语言习得和语言教学之间的关系，许多研究者做了大量的实证研究。

5. 20世纪90年代以后

20世纪90年代以后，许多研究者继续研究并试图解释人们获得第二语言的过程。同时，研究者也提出了很多不同的第二语言习得理论。有的研究者对语言理论和第二语言习得的关系感兴趣，有的研究者则热衷于研究第二语言习得理论、语言教学法和语料库语言学三者之间的关系。

进入21世纪后，有一批研究者把研究的重点又从强调学习者的内在因素转向了研究学习的社会文化因素，并发表了很多相关的作品。这一阶段的二语习得理论主要是认知理论和社会文化理论。

### （二）国内二语习得的研究

中国的二语习得研究由于起步晚，其成果也远远落后于国外的研究，这是历史原因造成的。根据相关研究，国内二语习得研究可分为三个阶段。

1. 1984年到1993年期间

此期间是二语习得理论的介绍、探讨和初步应用的阶段。

中国真正开始进行二语习得理论的研究是在20世纪80年代。

北京外国语大学胡文仲教授在《外国语》1984年第一期发表了"语言习得与外语教学——评价Stephen D. Krashen关于外语教学的原则和设想"，这是国内学者发表的介绍二语习得理论的第一篇文章，标志着二语习得研究在我国的正式起步。

随后，我国的各类期刊上陆续发表了关于二语习得理论的文章，主要涉及理论和研究综述、中介语研究、二语学习者认知机制研究、二语学习者个体差异研究、二语习得的外部因素研究、课堂教学与二语习得研究等。

2. 1994年到2004年期间

在这个阶段中，我国的二语习得研究已经全面覆盖了理论基本框架中的主要方面。这一时期的研究主要包含以下几个方面。

（1）从研究类别看，涉及理论研究和应用研究。

（2）从研究方法看，有逻辑式、思辨式和经验型的文献性研究和基于第一手资料来源、手段趋向科学化的实证性研究。

（3）从研究层面看，已从语素、语音、语法层面发展到话语和语用层面。

（4）从研究面向的对象来看，分为以英语为第二语言/外语和以汉语为第二语言的习得研究。很多学术研讨会还专门设立了第二语言习得研究专题以进行专门讨论（贾冠杰，2006）。在这个时期，大批关于二语习得的著作与论文得以发表，同时高等院校中专门设立了第二语言习得研究方向专业。

3. 2004 年至今

从 2004 年至今，二语习得研究从过去的单纯认知方面的研究转向了认知与社会文化相结合的研究阶段。

社会文化理论的重要性近年来得到了很多学者的关注和研究，因此其对于二语习得理论的发展也有着重要的影响作用。不可否认，中国学者的相关研究和探索也有力地推动了世界范围内二语习得研究的发展。但是，相关领域还有很多问题没有解决，二语习得的研究任重道远，需要研究者继续努力和探索。

## 三、行为主义理论

行为主义诞生于 20 世纪初期，其早期的代表人物是华生（J. B. Watson）。华生对行为主义的研究主要集中在动物和人的心理。他主张用客观的方法研究可以直接观察到的行为。华生认为人和动物的行为有一个共同的因素，即刺激和反应。心理学只应该关心外部刺激怎样决定某种反应，而不应去管行为的内部过程。在华生看来，动物和人的一切复杂行为都是在环境的影响下由学习而获得的。他提出行为主义心理学的公式：刺激—反应（S—R）。

早期的行为主义没有用实验的方法系统地研究过语言和言语行为，但他们的S—R 模式对结构主义语言学产生了很大的影响。结构主义大师布龙菲尔德（L. Bloomfield）的代表作《语言论》（*Language*）就是以行为主义的"刺激—反应"模式为其理论依据的。他在《语言论》一书里，用杰克（Jack）让吉尔（Jill）摘苹果的例子，说明了 S—R 的语言行为模式。美国学者斯金纳（B. F. Skinner）对华生的行为主义进行了继承和发展。他在 1957 年发表了《言语行为》（*Verbal Behavior*）一书，提出了行为主义关于言语行为系统的看法。斯金纳认为人们的言语、言语的每一部分都是由于某种刺激的存在而产生的。这里讲的"某种刺激"既可以是言语的刺激，也可以是外部的刺激或是内部的刺激。在他看来，人的言语行为像大多数其他行为一样，是一种操作性的行为，它通过各种强化手段而获得。在某一语言环境中，别人的声音、手势、表情和动作等都可以成为强化的手段。例如，教师可以通过语言表达赞扬、肯定、满意，从而使学生的某种言语行为得到强化。言语行为不断得到强化的同时，孩子们就能逐渐地学会使用与其语言社区相适应的语言形式。如果没有强化，语言是不能学习到的。在学习时，只有反应的"重复"出现，学习才能发生。因此，"重复"的出现在学习中是相当重要的。行为主义的学习模式如图5-1所示。

行为主义和听说法有着密切的联系。行为主义中的语言学习理论为听说法的建立奠定了理论依据。行为主义研究者认为，语言技能的掌握必须通过一定的"刺激—反应—强化"的过程。因此，在具体的学习过程中，学生会对教师讲授的语言知识进行反应。教师应该强化学生的反应，并使正确的反应重复出现。同时，教师在教学中要注意学生学习习惯的养成，并对学习中的错误进行科学的处理。

图5-1　行为主义的学习模式

（资料来源：何广铿，2008）

## 四、对比和错误分析理论

对比和错误分析理论对于英语教学的发展也有着重要的引导作用。下面对其进行分析介绍。

### （一）对比分析与迁移

对比分析（contrastive analysis）的心理学理论基础是行为主义心理学中的刺激—反应理论和联想理论。

对比分析是一种应用性对比分析研究的理论，其通过运用对比分析的方法，能够对外语教学过程中的难点进行分析，从而找出难点的原因，最终提高语言学习的质量。

20世纪60年代以前，对比分析在欧美行为主义心理学和结构主义语言学的基础上产生。该理论认为外语学习是一种从母语习惯向外语习惯转移的过程。如果教师已经把外语与学生的母语进行了比较，那么就能更清楚地知道真正的问题所在，也能为教授这些难点做好准备。当时人们认为，只要知道了母语和目的语的异同，就可以预测出在目的语的学习中会出现什么错误，而一旦产生错误，也可以用对比分析的方法做出分析和解释。

美国语言学家拉多（R. Lado）的著作《跨文化语言学》（*Linguistics Across Cultures*）是关于对比分析的专著。拉多认为，母语的干扰是困难出现和错误发生的根源。进一步讲，母语与所学外语的结构上的不同是症结所在。所以，在外语教学中，应该集中精力解决语言结构上的差异问题。一般来说，语言之间的差异与学习中的困难是成正比的，也就是说，两种语言的差异越大，对学习造成的困难就越大。拉多建议，教学大纲的设计、教材内容的选择以及考试内容的确定都要以对比分析为理论依据。不同母语的学生使用的教材也应该有所区别。在《跨文化语言学》中，拉多还举出不少的例子来解释对比分析的做法和阐述他的观点。例如，怎样去比较两种语言的语音体系，为什么学生在学习英语时总是带有某种特殊口音等。

对比分析的研究曾风行一时。事实上，结构主义的语言观、行为主义的语言学习模式和对比分析的分析方法结合在一起便构成了听说法创立的理论基础。

**（二）错误分析**

对比分析论主要分析两种语言结构上的不同导致的学习困难。他们认为，二语与母语差别越大，讲这种母语的人学习这种第二语言就越困难，母语对学习第二语言的干扰也就越大。如果外语教师了解了这些，那么就可以清楚地知道，这种语言的哪些方面可能对讲某种母语的人造成特殊困难。这样，教师在讲授语言时，就能集中教授对学生最有益的语言结构。

但人们后来发现，母语不是造成学习外语困难和错误的唯一因素，甚至对比分析没有预测到的错误发生了，但预测到的学习错误却没有发生。因此，有的语言学家就开始研究外语学习者的错误，总结、归纳他们错误的类型，在此基础上分析和总结出现错误的原因。

学习者的错误可以分为"行为错误"（behavioral mistakes）与"系统错误"（systematic mistakes）。例如：

The thought of those poor children were really...was really bothering me.
想到那些穷孩子就使我烦恼。
She taught me English.
她教我英语。

第一句话中的错误被称为"行为错误"，指的是语言使用层面上的失误。即英语使用者不但觉察到了其言语行为中不符合英语语法之处，而且及时纠正了它，在语言能力层面上使用者是知道关于某一特定语言项目的正确用法的。

第二句话中的语言使用不当在心理语言学研究中被称为"系统错误"或"能力错误"。即学习者并没有意识到自己错在哪里，所以它与学习者的语言能力（linguistic competence）有关，而非语言运用（linguistic performance）层面上的问题，因此被称为"系统错误"。

不同的学习理论对错误有不同的看法，行为主义心理学将人类对语言知识与技能的掌握看成刺激与反应的产物，将语言学习看作一套习惯的形成。他们认为学生在使用外语的过程中产生的错误是学习者尚未形成正确的习惯造成的，外语学习的目标之一就是使学生克服和纠正语言错误。

### （三）对英语教学实践的启示

"语言迁移"指一个人在母语习得环境中获得的知识趋于向外语学习的迁移。由于外语学习者开始学外语时大都已是青少年或成年人，他们已基本掌握了第一语言。于是，这已掌握的语言就一直在起作用，影响其外语学习，这种影响就是"语言迁移"的作用。按照产生的结果，迁移可分为正迁移和负迁移。当外语接近于母语时往往发生的是正迁移。当外语和母语在某些地方相似而在其他地方又不同时，就很容易产生母语的负迁移。正迁移是指对学习有利的语言习惯转移，在母语与外语有相同形式时会出现这种情况，语言的正迁移可帮助学习者习得新语言。例如：

汉语：他们是教师。英语：They are teachers.

汉语：我们喜欢他。英语：We like him.

负迁移也叫"干扰"（interference），它是套用母语模式或规则而产生的不符合外语规则的用法带来的副作用，会干扰新语言的学习。母语负迁移的情况很普遍。其中，成人学习者的母语对其外语发音的影响尤为突出，他们经常会把母语的语言规则运用到外语学习中去，而语用错误的出现说明学习者的母语交际能力也会发生负迁移。初学者在开始接触英语时，会完全根据汉语结构翻译英语，也就是我们常说的"中式英语"。例如：

有个学生站起来。

There is a student stand up. （错误）

A student is standing up. （正确）

三长两短

three long and two short （错误）

unexpected misfortune; something unfortunate, especially death （正确）

两面三刀

two faces and three knives （错误）

play a double game; be a double-dealer; be double-faced; be two-faced; carry fire in one hand and water in the other; double cross; double dealing;

have two faces；say one thing and do another（正确）

行为主义心理学认为，学生在外语学习过程中产生的错误是由于正确的习惯还未形成，因此他们主张学生必须克服和纠正语言错误，教师最好把学生的错误消灭在萌芽状态，无论错误大小，有错必纠，因为错误作为正确言语行为的偏差是不可接受的，更不会有什么积极意义。而事实上，这种做法并不是明智之举，因为根据错误分析的观点，不是一切错误对交际的影响都是一样的，有的根本不影响交际，因此教师应当允许学生出现错误。根据教学目的的不同，对不同的重点进行强调。例如，在训练句型时，教师应该集中精力识别整体错误，而不是关注局部错误，然后针对整体错误做针对性的练习。

## 五、输出理论

在语言学习过程中，输出理论也有着重要的影响作用。下面对其进行分析。

### （一）斯温纳的输出假设

斯温纳（M. Swain）认为，在第二语言习得过程中，输出有着重要的影响作用。斯温纳是在其进行的"浸泡式"教学实验基础上提出她的假设的。浸泡式教学的主要原则是将第二语言作为其他学科的工具，而语言获得则是理解这些学科信息及内容的"伴随产品"。斯温纳在加拿大进行的浸泡实验表明：尽管她的学生通过几年的浸泡，获得的语言输入不是有限的，但他们并没获得如本族语者那样的语言产生能力。她认为，造成这种情况的原因不是学生获得的语言输入有限，而是他们的语言输出活动不足。她认为她的学生没有被给予足够的机会在课堂环境中使用语言。再者，他们没有在语言输出活动中受到"推动"。斯温纳（1995）认为语言输出有三个作用。

（1）促进学习者对语言形式注意的功能；

（2）提供学习者进行检验自己提出假设机会的功能；

（3）提供学习者有意识反思机会的功能。

斯温纳主要是对上述三个功能进行论证。斯温纳认为，当学习者产生语言活动时，他们可能会碰到一些语言方面的问题，这些问题会使他们注意到某一个他们不懂或只懂得部分的语言项目。这样学习者会注意到他们所需表达的意思和他们能用语言形式来表达该意思的差距。这种对语言形式的注意能帮助他们习得某一语言形式，因为这种对语言形式的注意会激活他们的认知过程（cognitive processes），而这种认知过程有助于学习者巩固旧知识，学习新知识。

语言输出活动指的是学习者以交际为目的进行的新的语言形式与结构的尝试活动。他们可以通过语言输出看看他们提出的结构和形式是否行得通。从这个意义上来说，语言输出活动为学习者尝试提出自己的假设，检验自己的假设提供了机会。如果没有语言输出，学习者就不知道自己提出的假设正确与否。斯温纳指出，语言输出能够促使学习者进行有意识的反思活动。当我们说输出有检验假设作用时，我们认为输出本身就是假设。因此，语言输出就是学习者对如何使用语言形式去表达某一意义的猜测。这里我们没有提问过教学者他们的假设是什么，但我们从他们的语言输出去推测他们的假设。在某种情况下，学习者不但揭示了自己的假设，而且用语言对假设进行反思。这种使用语言对语言进行反思的活动，能促进学习者对语言进行控制和内化。

### （二）输出假设对外语教学的启示

语言的输出活动能够帮助学习者提高语言使用的熟练程度，使学习者了解自己在学习过程中存在的问题。同时，这种学习活动能够激发学习者对自己假设的验证。具体来说，输出假设对外语教学的启示主要表现在以下几个方面。

首先，从认知的角度进行分析，语言输出对二语习得是十分必要的。在外语教学的过程中，对语言输出活动的恰当安排能够提高语言学习的效率，因此有利于学习者掌握正确的语言形式。同时需要注意的是，这种多层次的交际性语言输出活动无论是在教学过程中还是教材编写上都有着重要的影响作用，因此能够提高学生的语言能力。

其次，在教材编写过程中设计和安排语言输出活动，如 *Senior English for China* 中就编写出各种各样实际性的语言输出活动，如角色扮演、小组讨论、就某一话题发表意见等。

第三，语言输出活动对语言学习的重要性被认识以后，不少优质课的教师都设计了较多的交际性的口头或笔头的语言实践活动来进行教学，如让学生复述、开展辩论、小组讨论等。

### （三）克拉申的输入假设

输入假设是克拉申（Stephen D. Krashen）语言习得理论的核心部分之一。克拉申认为，只有当习得者接触到"可理解的语言输入"，即略高于他现有语言技能水平的第二语言输入，而他又能把注意力集中于对意义或对信息的理解而不是对形式的理解时，才能产生习得。这就是他著名的 i＋1 公式。i 代表学习者现有的语言知识水平，1 代表学习者现有语言知识水平与下一阶段的差距。理想的输入应该具有以下四个特点，即可理解性；既有趣又有关联；非语法程序安排；要有足够的输入（i＋1）。其中，可理解性是语言习得的必要条件，不可理解的输入对学生来说是没有用的；非语法程序安排指的是语言习得关键在于要有足够的可理解的输入，按语法程序安排的教学存在一定的不足之处。

按照输入假设，人们可以流畅地说话的能力是靠大量的听和读的练习，通过接触大量的语言输入后自然习得的，而不是直接通过学习获得的。因此，说的练习不能帮助习得。

### （四）输入假设对英语教学实践的启示

输入假设对于英语教学实践也有着重要的影响作用，主要表现在以下几个方面。

#### 1. 强调学生的主体地位

普遍语法的目的只是描述和解释语言，即研究语言。它和外语学习及外语教学没有直接联系，即使它在外语学习领域里很有影响，也只是和外语学习及外语教学间接相连。毫无疑问，普遍语法在外语学习研究中很有影响并富有成效。正是乔姆斯基挑战了当前的传统教育观念，他提出，学习是一个习惯形成的过程，是由句型练习和结构训练共同造就的，在此过程中使学习者对语言学习产生一个全面的理解，知道了它是一种有效的认识和创造过程。

普遍语法理论直接启发了以普遍语法为基础的外语学习理论。普遍语法原始的研究与语言教学实践之间没有直接关系，然而，长期以来这一领域的研究者及其所从事的国际语言理论研究却对语言教学有着一定的影响。此时，乔姆斯基在语言学领域的 TG 语法间接地对外语教学产生了巨大的影响，主要是因为他主张有必要划分表层结构和深层结构。在外语教学过程中，强调学生的作用，学生第一，教师第二；在强调输入的同时，重视学习者的输出；关注学习者的学习动机和学习效果；鼓励学生自主学习和创造性地学习；关注学习者是如何学习的；支持合作学习；重视激发学生内在的学习动机。

#### 2. 先听后说，先读后写

克拉申的输入假设重视输入活动，从微观层面对这个理论进行分析，可以看出其强调先听后说，先读后写，这与我国中学阶段外语学习的状况（小学强调先听说，后读写）不谋而合。原因包括以下几个方面。

（1）大多数中国人学外语的目的不是为了口语交际，而是为了提高阅读和视听能力。还有相当一部分人是为了考试过关、得高分（包括出国学习），并且目前大部分重要的考试只考阅读和听力，不考口语。这就要求在听说读写顺序上，听读领先，说写跟上。说只是学外语的一项附属能力，而不是主要的考查点。

（2）在实际的教学中，重视听读有利于教学活动的开展，有利于对学生进行大量输入。

（3）语言的输入主要是听和读，在外语学习中，听和读既是手段（即通过听和读掌握外语），又是目的，因为听和读本身就是能力。

（4）阅读在操作上方便、简单、易行，有时间、有书就行，听也相对容易。

综上所述，在外语学习中，听、说、读、写四种能力相比，按由易到难的顺序排列，依次是读、听、写、说，换句话说，说最难。

在现阶段，我们还是要大力提倡重视阅读，因为对中国学生来说，现在不是书读得多，而是读得太少。常言道："读书破万卷，下笔如有神。"在我国，阅读的重要性无论如何强调都不过分。对学生的阅读要求若只拘泥于课本是不够的，必须加大学生的课外阅读量。在重视阅读的同时，还要重视听，因为听不懂就无法和别人交谈，实际上也就影响了输入，大量的听读有利于学习者说写能力的提高。传统的"语法翻译法"尽管可以给予学生大量的输入，但情感过滤严重，监察过多，不利于语言习得；而"听说法"则输入量小，机械的句型操练占去了大量时间，情感过滤也比较严重，不利于语言习得。基于此，教师在教学过程中，为了给学生大量的输入，除了规定一定量的课外听、读任务外，在课堂上也要将"沉浸法""沉默法""自然法"等引入课堂教学。克拉申的"输入假设"理论对我国外语教学的消极影响也不容忽视，如有些教师在外语教学中过分强调输入（听读），而忽略了输出（说写），从而影响了学习者外语能力的全面提高。在克拉申看来，语言输出不是语言习得的必要条件，只有关注语言输入的理解，语言输出才会水到渠成。而实际上，语言习得是一种输出和输入相互影响的过程，输出的过程，也是学习者验证对输入理解的过程。虽然习得语言主要是通过输入（听读），而不是通过输出（说写），但输出对语言习得确实起到间接作用。

3. 重视课堂教学的质量

克拉申（1985）认为，对初学者来说，即使有了合适的环境，但接收的若是大量的不理解输入，听不懂，就等于浪费时间，还容易失去信心。根据这一观点，我们应重视课堂教学，因为理想输入应该具备两个很重要的条件。

（1）可理解性。为了增加语言输入的可理解性，在课堂教学过程中，教师应该注意发音的准确性、清楚性，同时应该注意语言的语速，从而增加学生的理解；多用规范语言，少用俚语；多用常用词，少用生僻词；多用简单句，少用复合句；给学生提供难易适中的阅读材料。

（2）输入应引起学生的兴趣。教师在讲解时，输入要由浅入深，由易到难，其中包括讲话和阅读材料的提供。难度太大，学生会被迫用汉语理解其内容或经常分析语法形式以便弄懂词义、句义，而不是用外语思考，从而影响学生的学习兴趣。如果生词过多，学生靠频繁查词典理解语义，那就会影响他们的学习兴趣。这与克拉申提出的i＋1理论相一致。他认为，只有难度适中时，学习者才有可能直接理解外语。

### 4. 合理使用母语

根据克拉申的"自然习得语法顺序的假设"可以知道，学习者学习外语时，母语和外语几乎有完全相同的习得语法顺序。他重新评价了第一语言在第二语言教学中的作用，对以前夸大第一语言在二语学习中起干扰作用的理论进行了纠正。我国外语学习者大都是在汉语环境中习得外语的。若把汉语视为学外语的障碍而在教学活动中不许使用汉语，那在有些情况下势必影响大量的输入和输出。

需要指出的是，外语学习的过程并不是要求学习者彻底放弃母语，而是希望他们借助母语来更好地学习外语。在英语教学过程中，教师通过汉语的使用能够使学生增加语言的理解程度。例如，在解释难理解的定语从句时，与其用学生听不懂的外语讲解多遍，不如用学生能听懂的汉语讲解一遍。

### 5. 重视习得和学习相结合

克拉申认为，运用第二语言的流利程度不是通过学习语言规则达到的，而是在合适的输入环境中慢慢形成的。学习第二语言时，习得是首位的，学习是第二位的。根据中国外语教学的现实，学生不可能在外语环境中习得外语，最终获得的外语能力主要来自课堂上有限时间内的学习，对他们来说，学习和习得同等重要。当然，外语教师要尽量创造和利用外语学习环境，使习得与学习更好地结合起来。例如，老师可以鼓励学生们参加英语角活动，或者与外国友人交朋友。

## 六、中介语理论

中介语（interlanguage）又称"过渡语""语际语"或"第二语言学习者的语言"。interlanguage 的出发点就是学习者的母语，目的地是地道的目的语，中间部分是中介语。interlanguage 是美国语言学家塞林格（Larry Selinker）于 1969 年在其论文《语言迁移》（*Language Transfer*）中首先使用的。1972 年，他又在论文《中介语》（*Interlanguage*）中，对其进行了比较全面的阐述，确立了它在第二语言习得研究中的地位。在这之前，有些学者曾用过类似的术语，如"近似语言系统""过渡能力"和"特殊的语言"等。然而，影响最大且使用最普遍的还是 interlanguage 这一说法。

中介语理论是在外语学习过程中形成的一种理论系统。其不同于学习者的母语，同时和外语有所差异，是随着学习的发展向目的语的正确形式逐渐靠拢的一种动态的语言系统。它是介于第一语言和目的语之间的一种过渡的语言系统，因此也被称为"过渡语"。对中介语的研究是为了探索第二语言学习的本质，从而揭示其规律性，为英语教学的安排提供科学的理论依据。

中介语研究一般集中在两方面：一是母语和目的语的对比分析；二是学习者

的错误分析。在外语学习过程中使用中介语能够使学习者不断接近目的语，直至对目的语进行熟练掌握。从某种意义上说，应该将中介语视为学习者外语水平发展的一个必经阶段，它是一个动态的连续体，如图5-2所示。

（1）重新构建连续体（Restructuring Continuum）

$$NL \xrightarrow{\text{中介语}} TL$$

（2）再创造连续体（Recreation Continuum）

$$UG \xrightarrow{\text{中介语}} TL$$

（3）混合连续体（Compound Continuum）

$$NL/UG \xrightarrow{\text{中介语}} TL$$

图5-2

上图中，3种不同的连续体显示了三种不同的观点。

（1）说明连续体的开端是外语学习者的母语。

（2）说明连续体的开端是普遍语法。

（3）说明连续体的开端是学习者的母语和普遍语法。

按照重建连续体的观点，中介语既受到母语的影响又受到外语的影响，在这个连续体里，由母语到中介语，再到目的语。它们之间的关系如图5-3所示。

图5-3

母语、中介语和目的语之间的关系示意图

（资料来源：贾冠杰，2010）

通过对中介语理论的分析我们可以认为，学生在外语学习中的错误能够反映出中介语的发展情况。在教学过程中，教师不应过分苛责学生语言学习中的错误，应该从宏观上进行指导，而不必逢错必究。学习者在学习过程中能够通过自己的认知纠正一些语言错误，如果教师过分纠正会在一定程度上影响学生语言学习的积极性。

研究表明，在错误产生的背后，过渡语在持续地发生、活动、变化和发展着，由此构成了中介语连续体。这种过渡语连续体贯穿第二语言习得的始终。在第二外语学习过程中，应该允许错误的存在，并科学地分析错误不断演进的过程，从而使学习者的中介语不断向地道的第二语言过渡。

# 第二节　英语教学的方法

## 一、语法翻译法（Grammar-translation Approach）

语法翻译法起源于拉丁语教学法。在交际法引进之前，一直在我国外语教学中占主导地位。其主要特点为：侧重阅读能力的培养；重视语法教学；充分利用和依靠母语，反复进行母语和外语互译。

## 二、听说法（Audio-lingual Approach）

听说法又称句型教学法。听说法是以美国语言学上的结构主义为其语言学基础，以行为主义为其教育心理学基础，形成的外语学习中的 S—R（Stimulus—Response）即刺激—反应理论。听说法认为在教学中应该听说领先；反复操练，形成习惯；教学以句型为中心；尽量避免母语；重视培养学生外语思维习惯；尽量避免和消除学生的错误。

## 三、情境教学法（Situational Approach）

### （一）定义

情境教学法是教师根据课程内容，利用实物、图片、电教设备、动作表演及学生的真实心理，要求学生根据实际情景进行交际学习，面对复杂多变的因素做出独立的判断和灵活的应对。它的核心在于激发学生的情感，方法是在教学过程中，教师有目的地引入或创设以形象为主体的，并具有一定情绪色彩的、生动具体的场景，以引起学生一定的态度体验，进而帮助学生理解教材，使学生的心理机能得到发展的教学方法。它的基本步骤是：提出情境，学习语言；听说领先，反复操练；书面练习，巩固结构。在整个教学过程中，教师不但是语言楷模，还是教学活动的设计者和指挥官。作为语言楷模，教师要以正确的、地道的英语设计学习的情境，教师的语言是学生模仿的标准。作为课堂活动的设计者和指挥官，教师要组织和控制所有的课堂活动，同时要在教学中观察学生的错误，然后考虑下一课应如何设计教学以便帮助学生改正错误。

在情境法的课堂上，英语是教学语言，教师应用英语组织教学、解释语言项目和布置课下作业。但在解释语言词汇或结构时，如碰到一些难以解释的项目，教师也可使用母语讲解，但教师不鼓励学生使用母语。

## （二）教学实例

教学目标：To increase the awareness of preserving environment. To understand and evaluate ideas，information，facts，opinions，intentions and arguments on the present topic. To learn to provide reasons to support certain idea.

教学内容：Economy Improvement vs. Environment Protection.

教学对象：University Students.

教学设备：Computer，PPT.

教学材料：Newspaper，Magazine，Audio&video clip related to the topic.

教学时间：90 mins.

教学过程：

1. 输入过程（45 mins）

（1）热身：让学生"头脑风暴"环境保护问题（5 mins）

（比如 overpopulation，overfishing，destruction of the rainforests/deforestation，waste disposal，air，river and sea pollution，the destruction of the ozone layer，the greenhouse effect，etc.）

（2）Facts speak louder（40 mins）

①让学生观看视频"Deforestation Fear Indonesia"并完成与之相关的听写填空练习。（5 mins）

②让学生听短文"Japanese Whaling"并回答短文后的问题。（5 mins）

③给学生分组（每四人一组），讨论某一种环境污染，并再选一名成员做总结发言。（10 mins）

④让学生阅读准备好的相关文章回答问题：Is there a balanced trade-off between economic development and environmental protection?（20 mins）

（教师的指导：In principle，there's supposed to be a trade-off between economic development and environmental protection. Both economic development and environmental protection can be accomplished without coming into conflict. However，in most cases，it is impossible for developing countries to start at a high level，achieving coordinated development ideally，high technology and less environmental pollution. The fact is that usually the first pot of gold are gained at the cost of environment. So we should increase the awareness of environmental protection to balance the two so that we human beings can survive and enjoy life as desired.）

2. 输出过程（45 mins）

（1）口头讨论问题（20 mins）

What policies that the central government should take to develop economy：treatment after pollution or restrictions on development for save of environment?

（2）笔头回答问题（25 mins）

让学生回答上述问题，并列出所选内容的优缺点。如支持"Treatment after pollution"的学生会写到"increased income and improvement in living conditions"。他们还会列出这一政策的"七宗罪"：

①over-exploitation of natural resources；

②over-harvest；

③destruction of natural habitat；

④pursuit of personal，local or immediate interests；lack of consistency in policy-making；

⑤lack of prompt and effective treatment；

⑥reckless consumption of energy.

他们承认这个事实，"serious pollution will cause great damage to natural resources，animals and human beings as well，for example，global warming，shortage of clean water，energy contention，and even wars"。所以他们陷入两难局面"seeking food and clothing or protecting natural environment"。

支持后者的学生会写到"converting the land for forestry and pasture" and "preserving the natural resources"，同时他们也不会忽视这个事实，"poverty-stricken people，namely ecological refugees，are suffering from untreated diseases，dropouts，lack of educational resources，etc."，所以他们同样陷入两难局面"suffering poverty while siting on a gold hill"。

# 第三节　英语教学的发展方向

## 一、大学英语教学改革

在早中期，大量经过正规语言技能训练的英语专业本科毕业生和研究生加入到大学英语教师队伍，大学英语教学出现了空前的喜人局面。也正是这个时候，形势的发展开始对高校毕业生有了更高的要求，高低院校发展的差异也日趋明显。外语教学理念从以教师为主转向以学生为主，"一刀切"的教学管理转向个性化教学，多媒体教学和网络教学技术也提到日程上来。

但是，我们的英语教学没有跟上这个形势，没有强调各院校的差别，没有强调听、说、读、写、译综合运用能力的培养，仍然以阅读为主，用一把尺衡量全国的大学英语教学。不少院校把考试通过率当成教师教学业绩的重要组成部分，造成了空前的大面积应试教学现象，培养出大批高分低能的只会"聋子英语"和"哑巴英语"的学生。

教育不是为某些人的利益服务的，而是为社会服务的。国内外的形势在变化，社会发展对英语学习者的要求越来越高，世界经济一体化的进程在加快，国际交流活动越来越频繁，使得会英语变得像会驾驶汽车一样平常。但根据调查发现，用人单位对大学毕业生的英语综合运用能力普遍感到不满意，对口语及写作能力更为不满。所以为了适应我国高等教育发展的新形势，深化教学改革，提高教学质量，满足新时期国家和社会对人才培养的需要，教育部高等教育司在2007年制定了《大学英语课程教学要求》（以下简称《课程要求》），作为各高等学校组织非英语专业本科生英语学习的主要依据。鉴于全国高等学校的教学资源、学生入学水平以及所面临的社会需求不尽相同，各高等学校应参照《课程要求》，根据本校的实际情况，制定科学、系统、个性化的大学英语教学大纲，指导本校的大学英语教学。

### （一）教学性质和目标

大学英语教学是高等教育的一个有机组成部分，大学英语课程是大学生的一门必修基础课程。大学英语是以外语教学理论为指导，以英语语言知识和应用技能、跨文化交际和学习策略为主要内容，并集多种教学模式和教学手段为一体的教学体系。

大学英语的教学目标是培养学生的英语综合应用能力，特别是听说能力，使他们在今后的学习、工作和社会交往中能用英语有效地进行交际，同时增强其自主学习能力，提高其综合文化素养，以适应我国社会发展和国际交流的需要。

### （二）教学要求

我国幅员辽阔，各地区、各高校之间情况差异较大，大学英语教学应贯彻分类指导、因材施教的原则，以适应个性化教学的实际需要。

大学阶段的英语教学要求分为三个层次，即一般要求、较高要求和更高要求。这是我国高等学校非英语专业本科生经过大学阶段的英语学习与实践应当选择达到的标准。一般要求是高等学校非英语专业本科毕业生应达到的基本要求。较高要求或更高要求是为有条件的学校根据自己的办学定位、类型和人才培养目标所选择的标准而推荐的。各高等学校应根据本校实际情况确定教学目标，并创造条件，使那些英语起点水平较高、学有余力的学生能够达到较高要求或更高要求。

## 二、大学英语四、六级改革

大学英语四、六级考试是在当时的国家教委的领导下开始实施的。在多年的发展过程中，大学英语四、六级考试对贯彻执行教学大纲、提高我国大学英语教学质量和推动我国大学生的实际应用水平起了重要的作用。

第一次大学英语四、六级考试有力地推动了大学英语教学的发展。大学英语教学得到全国各级高校领导的重视，大学英语课程成为高等教育重要内容之一，大学英语教师的地位得到提高。而且，大学英语四、六级考试证书成为学生获得毕业或学位证书、被用人单位录用的重要条件，这说明了大学英语四、六级考试得到了学校和社会用人单位的认可。但在大学英语四、六级考试取得成绩的同时暴露出一些问题，比如学生在考试时往往时间分配不合理，作文写作时间不足，甚至来不及写，大多数学生把精力放在前面的语言和语法知识上，只求及格，甚至干脆放弃写作，使学生的写作能力难以提高。

为了真实地反映学生的实际作文写作水平，考试委员会改变了试卷发放形式。试卷分成两个部分，客观题部分为试卷一，作文部分为试卷二。到达规定时间后收掉试卷一以确保作文的 30 分钟写作时间。但作文占总分的 15%，1/4 不到的分值很容易误导教师和学生对写作的轻视，使得师生往往将更多精力投入词汇、语法和阅读题型，在课堂教学中很难看见写作教学。为了引导教师更加重视对学生写作能力的培养，之后，大学英语考试设立作文最低分，即"作文分低于某一数值者，总分达到 60 分也不给予及格"，并公布了成绩计算公式。作文分大于 0 分小于 6 分，计算公式如下：最后分数＝原总分－6 分＋实得作文分。这一改革之后，全国高校普遍重视了作文教学。全国作文平均分从 4 分提高到了 8 分。

为了节省大量人力、物力和时间，大学英语四、六级考试多采用多项选择题形式，但是在语言测试中，大量的选择题无法测试出考生的语言综合运用能力，所以大学英语四、六级考试委员会在题型上调整了客观题和主观题的比例。增加了英译汉翻译题、简答题；听力理解项目中增加了复合式听写题，大学英语四、六级考试的题型包括听力、词汇、阅读理解、翻译等题型。

为了进一步推动我国大学英语教学，实现教学大纲对"说"的要求，使大学生更加重视英语口语学习，获得更强的英语口语交际能力，经教育部高教司批准，大学英语四、六级考试委员会开始实施大学英语四、六级口语考试。这标志着大学英语四、六级考试进入了一个相对完善的阶段。但是口语考试有一定的报考条件，四级成绩在 80 分以上，六级成绩在 75 分以上的在校大学生可以报考，考试结果以 A、B、C、D 四个等级公布，证书成绩分为 A、B、C 三个等级，成绩低于 C 等的不发给证书。

大学英语四、六级口语考试的实施在广大师生中引起了强烈的反响，考试结果得到了师生的充分肯定，有力推动了大学英语课程课堂教学的改革，使师生更加重视英语口语，进而提高了学生的语言实际运用能力。

随着大学英语四、六级考试举办次数的增多，大学英语四、六级考试的弊端也逐渐暴露出来。为适应我国高等教育新的发展形势，深化教学改革，提高教学质量，满足新时期国家对人才培养的需要，2005 年 2 月 25 日教育部召开新闻发布会，宣布了大学英语四、六级考试改革试行方案。

自 2005 年 6 月起，四、六级考试成绩将采用满分为 710 分的计分体制，不设及格线；成绩报道方式由考试合格证书改为成绩报告单，即考后向每位考生发放成绩报告单，报道内容包括：总分、单项分等。为使学校理解考试分数的含义并根据各校的实际情况合理使用考试测量的结果，四、六级考试委员会将向学校提供四、六级考试分数的解释。

在考试内容和形式上，四、六级考试将加大听力理解部分的题量和比例，增加快速阅读理解测试，增加非选择性试题的比例。写作能力测试部分比例为 15%，体裁包括议论文、说明文、应用文等。长篇阅读部分测试快速阅读技能，占 10%。听力理解部分的分值比例提高到 35%，其中听力对话占 15%，听力短文占 20%。听力对话部分包括短对话和长对话的听力理解；听力短文部分包括短文听写和选择题型的短文理解；听力题材选用对话、讲座、广播电视节目等更具真实性的材料。仔细阅读部分占 20%，除了测试篇章阅读理解外，还包括对篇章语境中的词汇理解的测试。另外，选词填空占 5%，段落翻译占 15%。根据目前的改革进程，近期内大学英语四、六级口语考试仍将与笔试分开实施，继续采用面试型的四、六级口语考试（CET-SET）。同时，考委会将积极研究开发计算机化口语测试，以进一步扩大口语考试规模，推动大学英语口语教学。

# 第六章　英语翻译的基本知识

"一书到手，经营反复，确知其意旨之所在，而又摹写其神情，仿佛其语气，然后心悟神解，振笔而书，译成之文，适如其所译而止，而曾无毫发出入于其间，夫而后能使阅者所得之益，与观原文无异，是则为善译也已。"

## 第一节　英语翻译的概念与性质

许多不懂翻译的人都有一种错误的观点——翻译无难事，只要懂外语。事实真是如此吗？早在东晋时期，佛经翻译大师道安（312—385）就提出了翻译"五失本""三不易"，到了晚清，有严复著名的"译事三难信达雅"，现代则有傅雷的"神似"、林语堂的"传神"、钱锺书的"化境"等翻译标准的提出，这说明自古以来的翻译大家都深刻体会到了翻译不是一件轻松的事。"夫译之为事难矣，译之将奈何？"那么，到底什么是翻译？

### 一、翻译的概念

"翻译"一词在古代汉语中为"译"，本意是"翻译北方民族语言的官"。《礼记·王制》中提到："五方之民，言语不通，嗜欲不同。达其志，通其欲，东方曰寄，南方曰象，西方曰狄鞮，北方曰译。""译"的另外一个意思是解释经义，《潜夫论·考绩》中提到："夫圣人为天口，贤者为圣译。是故圣人之言，天之心也；贤者之所说，圣人之意也。"随着现代汉语的发展，单音的"译"逐渐被双音词"翻译"取代，意为"把一种语言文字所表达的意义转换成另一种语言文字表达出来"。而《韦氏英语词典》（*Merriam-Webster English Dictionary*）中是这样定义 translation 的：

"Words that have been changed from one language into a different language",

或 "The act or process of changing something from one form to another."

从中英权威字典上的释义可见，"翻译"指的是不同语言之间的转换，这不仅包括翻译的行为和活动，还应指翻译的过程和结果。

## 二、翻译的基础

为什么不同语言之间可以沟通？为什么世界范围内的翻译活动会日益蓬勃向上，随着全球经济一体化的发展而越来越频繁？这涉及翻译活动存在的根本基础。贺麟在《论翻译》一文中提到，翻译的哲学基础在于"言所以宣意，文所以载道……今翻译之职务，即在于由明道知意而用相应之语言文字以传达此意表示此道"。人类共同的思维，也就是表"意"的一致性使得翻译成为可能，这也是不同语言之间转换的根本依据所在。虽然不同国家的人民生活环境差别很大，但不同文化和语言形成的基础——地球大生态圈是一致的，因此不同语言仍能体现出人类思维的同一性。举例来说，英语和汉语的文化渊源、历史背景和地域条件差别很大：中国大部分领土处于北温带，所在的陆地——亚欧大陆是全球最大的陆地，东临全球最大的海洋太平洋，终年季风气候发达，为农业的发展提供了天然的有利条件。因此，中国的传统主导文化，"无论是物质的，还是精神的，都是建立在农业基础上的"。中华民族对农业的重视和对土地的依赖，使汉文化发展出"重农和安土重迁的观念"，人们的语言、思维、风俗乃至俗话俚语，都与陆地上的自然环境有着密切的关系，如《礼记·祭法》中记载的"山林川谷丘陵，能出云，为风雨，见怪物，皆曰神"。相反，英国地处欧洲西北部，海岸线很长，因此海洋被人们视为生命的起源、生活的依靠和财富的来源，海洋对英国人民的生活影响深远。因此，英语当中有不少的词汇是与海洋、渔业有关的。随着后来的工业革命大潮，英国殖民地遍布全球，这些俚语等也随之深入了英语国家人们的日常表达当中。

例如：

a big fish——重要角色

a cold fish——冷漠的人

drink like a fish——狂饮

dumb as a fish——很少讲话，沉默不语

There's something fishy about this.——很可疑，有猫腻。

a fish out of water——不得其所，浑身不自在

a big fish in a small pond——小地方的大人物

living in a fishbowl——毫无隐私可言

尽管地理条件和环境不同，我们仍可以认为，人类所生存的地球生态环境系

统是一个和谐统一的整体，在这个物质基础之上的人类思维和意识具有大体一致的结构及框架。这包括以下两个方面：第一，语言是把人们思维和意识表述出来的一种象征符号，其所指代的物质实体应该是大致相同的，如同样指代一本书，中文中是"书"这个汉字，而英文则是"book"这个单词。

第二，人们认识事物、思考问题的方式和程序也是大体相同的，因为人们的知识、经验都是基于对大自然的认识。语言符号与意义的结合具有任意性，不同语言虽然符号、发音不同，但其代表的"概念或事物或物质实体从基本上说是对等的"。这种对等性使生活在不同区域的英汉两个民族在各自头脑中形成了一个"基本相同的概念系统"。随着两国国际交流的增多和商贸往来日渐频繁，也就出现了英汉之间的翻译，又逐渐形成一个专门的行业和学科。

### 三、翻译的性质

结合中西翻译历史上对翻译的定义，杨自俭在《中国译学大辞典》中对"翻译"做了如下定义："翻译是有文本参照的跨文化、跨语言的人类有目的的社会交际行为与活动，其对象选择、翻译过程因译者意愿与社会需求的不同而不同，同理，其翻译结果产生出无数种跟原文距离（包括内容和形式）远近不等的译文变体（translation variants），其变体在原文和译语作品之间构成了一个集合（set）。"他还用如下图示来说明原文与译文变体之间的集合。

$$T = \{T_1, T_2, T_3, T_4, \cdots\cdots, T_n\}$$

图 6-1

其中 T 为 translation，从 1 到 n 之间有无数的译文变体，指所有根据原文翻译的作品。越靠左端的，越接近原文，如日常生活中常见的法律翻译、合同翻译等；而越往右端，译文离原文越远，也就越"不像"原文，如诗歌的翻译、文学作品的翻译等。某一个译文在这个集合中的位置，取决于"译者的水平、经验、追求及社会的规约和要求（包括译文使用的要求、社会意识形态与伦理的制约等）"。根据这个定义，我们可以归纳出翻译具有如下性质：翻译的个体性、翻译的社会性、翻译的艺术性、翻译的创造性、翻译的从属性、翻译的多样性、翻译的科学性和翻译的部分性。

#### （一）翻译的个体性

翻译都有人的活动参与，尤其是由译者而不是机器进行的翻译，都不可避免地带有译者的个人色彩。这与每位译者自己的教育背景、价值观、世界观、家庭、社会影响息息相关。每个人对英语原文的理解、汉语的表达能力和文化修养也都不尽相同，译文也就体现着译者的不同素质和特点。

### （二）翻译的社会性

从杨自俭的定义我们可以看出，翻译是"跨文化、跨语言的""人类有目的的社会交际行为与活动"，由于不同的社会因素、社会需求和社会作用，产生了不同类型的翻译。翻译的社会性是指"不同历史时期对翻译的民族文化心理、社会的精神需求、社会接受程度"。换句话说，翻译绝不可能孤立于社会存在，"翻译作为一种社会现象而产生，又推动着社会文化的发展，贯穿于社会发展的全过程"。

### （三）翻译的艺术性

刘宓庆在《翻译美学导论》中列出了翻译艺术性的三大特征，"普遍性、依附性和变通性"。翻译的普遍性在于，不管是什么样的文体，诗歌戏剧、散文经书、法律文件等，翻译都离不开斟词酌句、调整句式和润泽译文等文学加工。翻译艺术的依附性则在于翻译不能脱离原文存在。翻译不是创作，不能译者想怎么写就怎么写，翻译会受到原文的文体风格、文化差异、语言差异等各方面的限制，可谓"方寸之地见功夫"。变通性则是指译文要符合本国读者的审美情趣、文化传统和语言习惯，就需要对原文的艺术美加以改造，在不失原文精髓的情况下，让本国读者欣然接受。

### （四）翻译的创造性

翻译的创造性主要指译者的主观能动性。译者在翻译的时候会受到诸多的限制，不能脱离原文任凭自己的喜好发挥；但从遣词造句的角度上说，译者又是具有一定自由度的。这个度里面，译者的创造性可以体现在"文化的移植、形象的再现、语言形式的传达、新译名的设立"等多方面。

### （五）翻译的从属性

翻译的从属性与翻译的创造性相对，指译文的内容、主旨观点、感情思想、文体风格应当尽量与原文一致。译者不是作者，不能自己创作，只能根据翻译的要求尽可能忠于原文的艺术风格和韵味。

### （六）翻译的多样性

翻译的多样性体现在译文的各个层面，从字词的选择到句式的调整、段落篇章的润色，无不见译者的功底。翻译的多样性指同一种意思可以有多种表达方法，也就是翻译中常提到的"意一言多"。在不违背原文意思的情况下，同一个英语单词可以用多个汉语词汇来翻译，这可以使译文更加生动活泼，但也需要译者对原文有确切的把握，且中文涵养也需要达到一定的境界。

翻译科学性的基础是"人同此心，心同此理"，即在地球生态环境大统一的基础上，人类的思维框架和意识形态是基本一致的。人类语言具有"同质性"，即语言之间存在对应关系，如"door"对应"门"，"school"对应"学校"，"cloud"对应"云"，英语主动语态"I finished the work."对应"我完成了工作"，被动语态"The child was taken home."对应"那个孩子被领回家了"，等等。当然英汉两种语言存在许多无法一一对应的情况，但从广义上说，语言之间的同质性与对应关系仍是翻译的科学性所在。

（八）翻译的部分性

翻译不可能面面俱到地把原文的意思、情感、思想、韵味移植到译入语中，大多数情况是，译出了一方面，就很难再兼顾其他方面。因此，很多时候译者必须做出取舍，根据当时的社会情况、翻译要求、译者的个人经历等翻译出原文的某些方面，对另一些方面则简单翻译甚至完全略译。例如，在翻译诗歌的时候，英语诗歌的意境、音律、节奏往往很难在汉语中做出一一对应的翻译，为了让读者明白这首诗的意思，译者往往不得不牺牲诗歌音律方面的因素，而用无法形成韵脚或节奏的中文字词来翻译。

# 第二节　英语翻译的标准与方法

翻译标准指衡量译文质量的尺度，国内外对译文好坏有不同的观点。西方主要讨论的是可译性、不可译性、可译性限度和等效翻译等，而国内的标准则有严复的"信达雅"、傅雷的"神似"、钱锺书的"化境"等。但翻译的标准没有绝对的统一性，在不同的国家、时代，翻译的目的不同，其评判标准也呈多元化趋势。

## 一、西方的翻译标准

西方的翻译理论虽然众说纷纭，种类繁多，不同学说讨论的重点各不相同，但就翻译标准而言，大体上主要在讨论翻译的可译性（translatability）、不可译性（untranslatability）与可译性限度（limit of translatability）。

（一）可译性

在西方翻译界，语言之间的可译性是翻译理论和翻译研究讨论的一个基本问题。本雅明（Walter Benjamin）认为，语言是互补的，也具有互释性（mutual explanatory），这就是不同语言之间相互沟通的根本基础。人们都生活在地球上，虽然各个地域的生态环境、自然条件或者物质资源千差万别，各不相同，但我们仍可以认为人类所居住的地球生态系统是一个统一的大环境。这种物质的统一性使得人类在大脑中形成一个宏观上基本相同的意识形态框架。这也是语际交流的一个重要依据和基础。尽管各种语言的体系差别甚大，但语言之间的翻译主要目的是沟通和交流。在这个目标下，如果某个源语言的具体语言要素在目的语中找不到等值对应，在整体的翻译中仍可采取替代、解释等手段来保持信息的完整。

### （二）不可译性

不可译性指"译文不可能准确、完整地再现原文"。语言间的不可翻译一般是由两方面的原因造成的：第一，各种语言有其特定的文学形式，如英语中的十四行诗，汉语的唐诗宋词等，其形式对于传情达意有重要作用，但在目的语中并不存在对等的文字形式；第二，语言之间的文化差异导致不同的语言中有各自独特的、体现民族审美观、价值观和思维方式的表达，这样的表达在其他语言中并不存在。不过，随着时代的发展和交流的增加，这样的文化差异也会逐步缩小。

### （三）可译性限度

由于语言形式和文化的差异，语言之间的翻译不可能完全对等。可译性和不可译性并不是截然对立的两面，也没有特别明显的划分。随着社会文化的发展，国际交流的增多，越来越多的不可译变成了可译。译者所能做的，就是最大限度地发挥主观能动性，不断努力突破可译限度。

## 二、中国的翻译标准

提到中国的翻译标准，最常被人们提起的就是严复的"信达雅"。古言的"传神""达旨"被后人借用描述好的翻译，针对严复的"信达雅"，后来的翻译理论家们提出了更多的标准来补充说明"信达雅"的内涵。20世纪以来，傅雷提出了"神似"的标准，钱锺书提出了"化境"的标准，直至辜正坤提出"翻译标准多元互补论"，国内对英汉翻译的评判标准的争议至此告一段落。下面笔者简单回顾一下以上标准。

### （一）案本而传

早在东晋时期，佛经翻译大师道安就提出了"五失本，三不易"之说，开创了中国翻译理论之先河，现在已经成为举世公认的佛经翻译原则。他也曾就翻译标准提出了"案本而传"的理论："案本而传，不令有损言游字；时改倒句，余尽实录。"即按照原文的本意翻译，这样可以不失原义；除了偶尔改变原文的词序，应尽量将原文忠实翻译。

## （二）信达雅

严复在《天演论·译例言》中谈道："译事三难：信、达、雅。求其信已大难矣！顾信矣不达，虽译犹不译也，则达尚焉。"中国翻译研究者对于严复提出的这"译事三难"通常解读如下："信"指忠实于原文内容，为读者准确传达原文中的信息；"达"指用目的语言地道表达，刘德重、思果认为严复的"达"为"达如其分"之意；"雅"指译文的艺术表现力和风格特色应当与原文相当，而刘、思则把这一条标准解读为"切合原文风格"，也就是形式上与原文保持一致。

## （三）神似

傅雷在评论何为好的翻译时说道："以效果而论，翻译应当像临画一样，所求的不在形似而在神似。""神似"古语出自东晋顾恺之（384-409）的《画论》，传说他画人物几年不画眼睛，原因就是他认为"传神写照，正在阿堵中"。即人物的神采精妙之处，都在眼睛上，不可轻易画就。后来这个"传神写照"便被沿用于翻译理论中，指对原文内容的准确传达和形式的灵活模仿。后被翻译大家林语堂引用作为翻译的标准，再经由朱光潜的"近似"、傅雷的"神似"，最后发展为钱锺书的"化境"。

## （四）化境

"化境"作为术语，最早出现于金圣叹的《水浒传序一》，但用其来点评翻译作品则是出自钱锺书的一段话："文学翻译的最高理想可以说是'化'。把作品从一国文字转变成另一国文字，既能不因语文习惯的差异而露出生硬牵强的痕迹，又能完全保存原作的风味，那就算得入于'化境'。"这一标准的提出，要求译者能够想原文作者所想，与其达到心灵上的契合，也就是林以亮所描述的"这种契合超越了空间和时间上的限制，打破了种族上和文化上的樊笼"。《中国译学大辞典》中说，"化境是包含或超越两种语言范型、两种文学传统、两种文化特性的翻译境界"。这应当是翻译的一种至高境界，虽然不易达到，但译者应当不断提高自身素质修养，为达到"化境"目标而努力。

## （五）翻译标准多元互补论

辜正坤认为，应当以一种宽容的态度承认多个翻译标准同时存在，这些标准具有不同的侧重点和功能，可以相互补充。由于翻译的目的、社会作用、读者群体特点具有多样性，翻译策略、手法和翻译途径又各有差异，翻译不可能单纯地以某一个或几个标准来衡量，所以好坏应当是一个相对的概念。他提出了一个"标准系统"，即"绝对标准——最高标准——具体标准"，其中"绝对标准"指原作，虽然是永远不可能达到的标准，却可以尽量地接近；"最高标准"指"最佳近似度"，也即译文与原文之间所能达到的最大相似程度；"具体标准"指在读者的有限认识能力内所默认的具体判定某篇译文的标准。而这些多元标准的互补性则体现在"一个翻译标准所具有的优点，正是别的翻译标准所具有的缺点"，不同的标准能够衡量译作的不同方面，除了起到各自的作用，还能相辅相成。

### 三、翻译的方法

每一个翻译任务，翻译的类别不同，翻译的目的、要求、要收到的效果也各有差异，因此有必要因地制宜，采取具体的翻译方法、策略来解决不同情况下遇到的翻译问题。翻译方法指对翻译过程、翻译技巧和翻译效果的系统性理论描写和总结，是翻译理论研究的一个重要方向。它的作用在于：

第一，帮助译者制订翻译策略。这个策略指译者在传达原文意境、情感、思想、文体时所采用的总体设想。

第二，指导译者，尤其是帮助初学翻译的学员在遇到翻译困难的时候找到解决的思路。翻译理论是在前人大量的翻译实践基础上总结提炼、后人不断补充说明而形成的；反过来翻译理论又具有指导作用，为翻译过程中解决具体问题指明方向。不同的时代和国家，对于翻译方法的分类不同，如诺德（Christiane Nord）以翻译目的为原则提出的"工具翻译"（instrumental translation）和"纪实翻译"（documentary translation），纽马克以语言学理论为基础提出的"语义翻译"（semantic translation）和"交际翻译"（communicative translation）。

中国国内的翻译方法主要有异化（foreignization）和归化（domestication）、直译（literal translation）和意译（free translation）。

### （一）异化与归化

"异化"和"归化"作为一对翻译理论术语，是韦努蒂（Lawrence Venuti）1995年首先使用的。在《中国译学大辞典》中，"异化"被定义为："在生成目标文本时通过保留原文中某些异国情调的东西来故意打破目的语惯例的翻译类型。""异化"的英文还可以写作"alienation"或者"source-language-orientedness"，主要表现在译文中保留了外来文化的语言特点，吸纳外语表达方式，使读者仿佛置身国外。例如，在英语当中，"long time no see""good good study，day day up""people mountain people sea"等本来都是语病深重、语法支离破碎的洋泾浜英语，但随着汉语在国际社会越来越多的使用和中国文化与世界文化越来越频繁的交流，尤其是英语国家的年轻人，愿意"让洋泾浜英语再飞一会儿"，这样的话语越来越多地出现在英语母语者的日常用语之中。而类似"沙发"（sofa）、

"歇斯底里"（hysteria）、"幽默"（humor）等词则是由英语直接音译为汉语，到今日已与原有的汉语词汇一样使用广泛。年轻人也常常说着要顺应潮流，不可让自己"凹凸"（out）了。

"归化"原指一个国家的人加入另一个国家的国籍，而翻译上则指"恪守本族文化的语言传统"，用地道的译入语表达方式来翻译其他语言作品。主要指大量采用译入语的词汇表达和句式结构，尽可能地淡化本国读者对源语作品的陌生感。它的英文也可写作"target-language-orientedness"，特点是将原文按照译入语的思维模式及表达习惯，也就是将英文按照汉语的句式译出。适当的归化，可以"使译文读来比较地道和生动"。比如在翻译英语俚语的时候，采用归化的方法，同样用中文的成语或俗语翻译，可以保证译文的简洁及表达效果。

### （二）直译与意译

对于直译的定义，一直是翻译界争论的一个论题。直译的英文为"literal translation"，也就是字面翻译，通常理解为逐字对应翻译。例如"get down on your knees"，若按照字面翻译，应译作"跪在你的膝盖上"，但无论哪一位汉语母语者读着都会觉得别扭，其实只要译为"跪下"就可以了。但国内翻译界一直有另一个观点，认为逐字翻译只能算作"死译"。大文学家周作人、鲁迅及茅盾等人都认为，直译不一定是照搬原文的内容、句式，而是"以原文形式为标准，依样画葫芦"。《中国译学大辞典》中比较赞同的是许崇信的定义：①不打破原文句与句的划分，即原文有一句，就译为一句，不会合并短句或把一个长句分割为数个短句；②不采用转译法译词，但可以改变原句的词序和句子内部各成分的次序。这样的翻译也可叫作顺译，即在表达方式上无须另辟蹊径就能准确传达原文内容。直译的优点是可以更好地反映原文的异国情调，在翻译原文的思想情感时，可以更好地避免译者的主观感情因素。在没有必要另起炉灶、大刀阔斧改动原文形式的情况下，直译当然是最佳方法。

同理，对意译的定义也是众说纷纭。《中国译学大辞典》中对于"意译"的定义为："译文内容一致而形式不同。"以内容忠实原文为原则，译文在需要改变形式时，才使用意译，例如，文学作品的翻译中经常采用意译。

### 四、翻译的一般步骤

翻译至少涉及两种不同的语言，而英汉翻译就是指从英语到汉语的转化。翻译的关键归根到底是译者的思维活动，这样的思维活动就是对语言的分析理解、综合表达。英语、汉语和其他语言一样，都是音义结合的符号系统。人们接触一种语言，首先感受到的就是词汇。词汇是"语言中能够独立运用的最小符号"，词语之间相互组合，形成词组、短语、成语和俚语等表达，这些表达相互联系，又形成分句，而数个分句又可以组成句子，句子再进一步又构成语段乃至篇章。因此，要做好翻译，首先应当做好对原文的分析理解。

## （一）对原文的分析理解

1. 对原文"词语——短语层次的分析理解"（lexical analyzing）

英语词汇形态特征比汉语明显，如现在分词一般加-ing、一般过去式和过去分词一般加-ed、副词一般加-ly 等。虽然英文词不能单凭形态来判断词义，但大多数情况下可以凭形态辨别出词的词性。这些词语在句中所充当的成分相对比较固定，如名词、名词性词组一般做主语、宾语、补语，而动词、动词性词组主要做谓语等。初学翻译，很多人容易忽略语法的重要作用。只有正确辨别了句子当中词语的词性、所充当的成分，才能为下一步正确地理解句子，尤其是理解含有错综复杂的从句的英语长句打下坚实的基础。

2. 对原文"分句——句子层次的分析理解"（syntactic analyzing）

英语的句子是"在分句基础上通过句法手段衔接在一起的语义连贯的语言片段"，连接机制非常明显，例如原因从句一般由"that"引导，修饰前行定语；时间状语从句一般由"when"引导，修饰表示时间的名词或词组；地点状语从句由"where"引导等。这一步分析的主要任务是要弄清楚哪个分句修饰哪个成分，否则很容易张冠李戴，误解原文的意思。英语句子属于扩展型，通过加入修饰成分和分句，一个简单的句子可以扩展为结构复杂的长句。在做句子层面的分析时，有必要首先紧缩成分，找出句子主句的主干，也就是主句的 SV（主谓）、SVO（主谓宾）等结构，再逐层分析从句的主谓。

例如：

Human history began when the inheritance of genetics and behavior which had until then provided the only way of dominating the environment was first broken through by conscious choice.

这个句子的主句很简单，就是"Human history began"，SV 结构一目了然；主句之下，是一个"when"引导的时间状语从句，从句主干是"the inheritance of genetics and behavior was broken through"，其中又套有一个"which"引导的定语从句，其主干为"which had provided the way"。如此一来，原句的大意就是："人类历史的开始，是当遗传和行为的继承被打破时，这个继承之前一直是统治自然的唯一方式。"再把各个层次的修饰成分加进去，稍加修改后的译文为：

遗传和行为的继承一直是支配环境的唯一方式，当这种继承第一次被有意识的选择打破时，人类历史便开始了。

3. 对原文"语段——篇章层次的理解分析"（text analyzing）

以上两个步骤——词汇和句子的理解都可以借助语法。这一步，单纯的语法分析就远远不能胜任了。词汇和句子层次都可以看作微观的分析，一种从下至上的分析方法（down-top analysis）；而语段和篇章的分析则是一种从上至下的分析法（top-down analysis），需要译者有一个宏观的视角，从整体把握篇章的逻辑脉络、思维发展和文体风格。在词汇、句子层次无法绕过的许多难题，如果能从篇章层次分析，常常能够迎刃而解。例如，根据文章的文体、感情基调，可以确定词汇的具体色彩和释义。

三个层次的分析理解都非常重要，这是译者能够正确理解原文、确定译文用语的关键所在。这之后，就是译文的表达阶段。

（二）翻译的表达

翻译的表达指在正确理解原文之后，以获得的内容和句子结构为标准，初步生成译文，再通过适当的选择、调整和优化，力求让译文读来生动流畅而不损失原文信息，一般涉及选择用词、调整句型、终端检查三个步骤。

1. 选择用词

翻译表达的第一步是选择用词。译者首先要进行词义辨析，之后才能确定用哪一个具体的中文词来表达原文的意思。词义辨析是译者最重要的基本功，是译文成功与否的基础，也是译者永远都会面对的难题，因为英文是一种适应性极强的语言，在词汇上突出地表现为一词多义（polysemy）。英语词的含义丰富，范围广泛，独立性小，需要依靠上下文和语境（context）来判断。

词义辨析最常用的三种方法是词语语义关系辨析法、语法层次关系辨析法和搭配关系辨析法。

第一种方法，词语语义关系辨析法。即根据词语的形态结构和组成成分进行分析，将单词分解到最基本的词素，通过推演融合各个词素的基本意义，归纳得出词汇的基本含义。李武平认为，"词缀对词基起限定、修饰或补充的作用，综合词基与词缀的全部含义，就可以分析出派生词的基本词义"。英语的构词法包括合成法（compounding）、词缀法（affixation）、混成法（blending）、剪截法（clipping）、首字母缩略法（acronymy）等。如：

合成法：airbus 空中巴士　pullover 套头衫　overload 超负荷

词缀法：bypass 旁道　dilemma 窘境　empower 授权

混成法：smog 烟雾　medicare 医疗保健　telecast 电视广播

剪截法：flu 流感　lab 实验室　Tel 电话

首字母缩略法：NASA 美国国家航空航天局　UNESCO 联合国教科文组织 IMF 国际货币基金组织

第二种方法，语法层次关系辨析法。即对某一疑难词进行语法关系（层次和范畴）上的分析，也就是在某一语法层次中分析单词语法上的语义变化。这是分析英语这样的形态语言最常用的词义辨析方式。如：

We found a charming little hotel with tastefully furnished bedrooms and facilities. 我们发现了一家漂亮的小旅店，里面的卧室和设施都装饰得非常有情调。

在这句话中，"tastefully"的原形是"taste"，有"味道、品位"之意，加上后缀"-ful"后变成形容词，表示"有品位的"，再加上副词后缀"-ly"，修饰"furnished"，表示"装饰得很有情调"。

第三种方法，搭配关系辨析法。也就是通过词在句中的搭配关系来判断词的含义。第一种和第二种方法只能得到单词最基本的意思，不能直接放到句子的语境中使用。由于英语词一词多义的特征和独立性小的特点，词语往往需要搭配关系（collocation）来确立具体的词义，进而建构句子、语段乃至篇章。如单词"heavy"的本意是"沉重的"，但在不同的搭配中，意义又各不一样，甚至常常与字面意思完全不同，例如：

heavy date 浪漫约会

heavy heart 满心伤悲

heavy cream 很多奶油

又如"horse"本意为"马"，放入搭配当中意义变化也很大：

a hose of a different color 另外一回事

from the horse's mouth 当事人亲口所说

单词"nose"本意为"鼻子"，英语日常用语中有关它的短语和习语有许多，例如：

under one's nose 在某人的眼皮底下

with one's nose in the air 目中无人

as plain as the nose on your face 一目了然

nose ahead 险胜

keep one's nose clean 洁身自好

bloody sb's nose 伤害某人的自尊心

get one's nose down to 专注于

see no further than one's nose 鼠目寸光

此外，在辨析词义的时候，还需要考虑两种语言的文化关系、专业领域等其他因素。英汉两种文化之间巨大的差异赋予了各自词汇许多特定的意思，因此翻译时切忌望文生义。例如，英语与汉语中表示颜色的词差别就很大：

红茶 black tea

红糖 brown sugar

红晕 blush

红榜 honour roll

红利 bonus

红杉 Chinese larch

blue book 蓝皮书

bluecoat 警察

blue collar 体力劳动者

blue jacket 水手

对于不同的专业，英语倾向于寓新意于旧词，喜欢用已存在的单词表达新出现的事物、现象或事情，相反，汉语则倾向于用新词表新意，这也就是英语的一词多义对译者造成困难的原因之一了。如：

The two companies have teamed up to develop a new racing car.

那两家公司已合作研制新型赛车。

You have to black out all the windows to develop films.

要使底片显影，你得用黑布遮住窗户以免透光。

These cells can develop into all tissues of the body.

这种细胞可以生长为身体内所有类型的组织。

同样，不同英语国家使用的英语，表达的具体含义有时也会相差甚远。例如单词"college"，英式英语中的"college"意为"a school that offers advanced training in a specific subject"，即"学生学习某个领域专业技术的地方"，类似我们的"职业技术学校"；而在美式英语当中，这个单词通常意为"a school that you go to after high school"，即"高中毕业后读的学校"，也就是汉语中的"大学"。这样的单词还有很多，如"gas""school""football"等。大家在翻译的时候，一定要明白原文到底是哪个国家的作者所写，这样才能正确理解其中词的意思。

2. 调整句型

句子是最基本的逻辑意义单位，对句子的理解和表达正确与否会影响整个语段和篇章的连贯性和整体性。理清句子逻辑、精确理解句子含义和正确表达句子是整个翻译过程中至关重要的步骤。英语句子一般包括以下七个基本句型：

(1)　　　　S　V

The sun rises.

太阳升起来了。

(2) S　V　　　P

I　am　a visiting professor.

我是一名访问学者。

(3) S　　　V　　　　O

He　delivered　a great speech.

他做了一次非常成功的演讲。

(4) S　　　V　O　　O

She　gave me　all the books.

她把所有的书都给我了。

(5)　　　S　　　V　　　　O　　　　　C

The old man　saw　a beautiful bird　flying out his garden.

那位老人看见自己的花园里飞出一只美丽的鸟。

(6)　　　　　S　　　　V　　　　　A

The detective　has now arrived in London.

那位侦探现在到伦敦来了。

(7)　　　　S　　　V　　O　　　　　　A

The woman　put　the potatoes in the basket.

那个妇人把土豆放进篮子里。

但除了这些基本句型外，英语句子当中还经常出现许多插入成分，让句子结构复杂化，打破汉语母语者的思维习惯；还有错综复杂的从句干扰汉语读者的理解；另外，英语句子中的修饰成分位置灵活，可以位于句首、句中、句尾，这些都给英汉翻译增加了一定的难度。例如：

More families consist of one-parent households or two working parents; consequently, children are likely to have less supervision at home than was common in the traditional family structure.

在按照前面的步骤分析完词义、主干后，根据原文顺译出来的中文意思如下：

更多的家庭由一个家长组成或者父母双方都工作，结果地，孩子在家更容易缺乏父母的管教相比常见的传统家庭结构中。

但是，这样的翻译并不符合汉语读者的语言习惯和思维模式，译者必须对译文进行加工，调整其句式、语序以符合译文读者的阅读习惯。尤其是副词"consequently"的翻译给译者造成了相当的困难，这时不妨将它拿出来，单独翻译，使译文的逻辑更易被读者所理解。调整后的译文如下：

更多的家庭是单亲家庭，或者父母都有工作；因此，青少年在家里受到的监督可能比传统家庭中的孩子要少。

3. 终端检查

英译汉的最后一个程序是终端检查，也就是逐字、逐句地校对检查，看看是否有漏译、错译，是否将英文原意都如实地翻译到译文中了。这一步可以采取的一个有效办法是回译法（back translation），检查翻译出来的汉语是不是可以回译到原来的英文，或者至少回译的英文内容与原文无二。如果回译的英文与原文差别太大，译者便需要再次从头推敲，看看是在哪一个翻译环节造成了这样的差异。其次便是要再次推敲译文的词语搭配、句式结构，使得译文的行文更加流畅通顺、更加符合原文的风格和精神。

# 第三节　英语翻译的准备与过程

翻译是运用两种语言的复杂过程，它包括正确理解原文和准确运用另一种语言再现原文的思想内容、感情、风格等。由于翻译工作的复杂性，适当的准备工作是不可缺少的。通过准备，可以使翻译得以顺利进行。

## 一、翻译的准备

翻译应该进行必要的准备，以利于翻译能一路顺风，善始善终。

正式开始翻译之前可以做的工作很多，主要精力应放在查询相关资料上，以便能对原作及其作者有一个大概的了解，同时为了保证质量和节省时间，还应熟悉整个翻译过程可能使用的工具书和参考书。

### （一）了解作者

对于作者，需要弄清楚他的简略生平、生活时代、政治态度、社会背景、创作意图、个人风格等。比如，若要翻译一名作家的一篇小说，为了获得有关作者的一些基本信息，可以阅读作者自己的传记、回忆录，或者别人写的评传，或者研读文学史、百科全书、知识词典等。还可阅读用汉语解说的相同辞书，如：《中国大百科全书》《辞海》《简明不列颠百科全书》《外国名作家传》《外国人辞典》《外国历史名人》等。

### （二）了解相关背景

背景知识是指与作品的创作、传播及与作品内容有关的知识；超语言知识按语言学的定义是指交际行为的环境、文章描述的环境及交际的参加者等。

两个概念的外延合起来大约涵盖了前辈翻译家说的"杂学"。

## 二、翻译的过程

翻译的过程是一个十分繁杂的心理过程，其工作重点是如何准确地理解原文思想，同时恰当地表达原文意义。换言之，翻译的过程就是译者理解原文，并把这种理解恰当地传递给读者的过程。它由三个相互关联的环节组成，即理解、表达和校改。这三个环节是相互联系、往返反复的统一流程，彼此既不能分开隔断，又不能均衡齐观。

为了讲解方便，我们把翻译过程中的理解、表达、校改三个环节分别进行简略论述。

### （一）理解

1. 翻译中理解的特点

首先，翻译中的理解有着鲜明的目的性，即以忠实表达原作的意义并尽可能再现原作的形式之美为目的，因此，它要求对作品的理解比一般的阅读中的理解更透彻、更细致。翻译的理解系统从宏观上看，要包括原作产生的社会、历史和文化背景；从微观上看，则要细致到词语的色彩、语音、甚至词形。从某种意义上来说，以翻译为目的的理解比以其他为目的的理解所面临的困难要多。以消遣为目的的理解显然无须去分析作品的风格，更无须每个词都认识。即使以研究为目的的理解也无须面面俱到，而只是对所关注的内容（如美学价值、史学价值、科学价值、实用价值等）的理解精度要求高一些。

第二，以翻译为目的的理解采用的思维方式不同于一般的理解。一般的理解，其思维方式大都是单语思维，读汉语作品用汉语进行思维，读英语作品就用英语进行思维。以翻译为目的的理解采用的是双语思维方式，既用原语进行思维，又用译入语进行思维。原语与译入语在译者的大脑里交替出现，正确的理解也逐步向忠实的表达推进。

第三，以翻译为目的的理解，其表达过程的思维方向遵从的是逆向——顺向模式。一般的抽象思维的方向是从概念系统到语言系统，而阅读理解中的思维则是从语言系统到概念系统，是逆向的。一般的阅读理解捕捉到语言的概念系统后任务便完成了，而翻译则要从这个概念系统出发，建构出另一种语言系统。

2. 顺向思维过程

理解是翻译过程中的第一步，是表达的前提。这是最关键，也是最容易出问题的一个环节。不能准确、透彻地理解原文就无法谈及表达问题。理解首先要从原文的语言现象入手，其次还要涉及文化背景、逻辑关系和具体语境以及专业知识等。

理解中应注意的方面：

①理解语言现象：语言现象的理解主要涉及词汇意义、句法结构、修辞手法和习惯用法等。

②弄清文化背景：英美的文化背景和中国不同，由此产生了与其民族文化有关的习惯表达法。翻译时我们必须弄清历史文化背景，包括有关的典故等。

③理解原文所涉及的专业知识。

④透过字面的意思，理解原文内在的深层含义：翻译时需弄清具体含义，切忌望文生义。特别是对文学作品，还要抓住其艺术特色，并深入领会其寓意。

⑤联系上下文语言环境：认真阅读上下文，了解语言环境，也就是要在一定的语言环境中才能理解得深刻透彻，只有联系上下文，才能理解原文的逻辑关系，才能确定词语的特定含义。透过表层理解深层意义，同样是靠上下文语言环境。

从语言学的观点看，孤立的一个单词、短语、句子，就很难看出它是什么意思，必须在特定的语言环境中，有一定的上下文才能确定它的意义，才能得以正确的理解。

（二）表达

表达是翻译过程中的第二步，是实现由原语至译语信息转换的关键。理解是表达的基础，表达是理解的目的和结果。表达的效果取决于译者对原语的理解程度和其实际运用和驾驭译语的能力。

理解准确则为表达奠定了基础，为确保译文的科学性创造了条件。但理解准确并不意味着一定能翻译出高质量的译文，这是因为翻译还有其艺术性。而翻译的艺术性则依赖于译者的译语水平、翻译方法和技能技巧。就译语而言，首先要做到造词准确无误，其次还要考虑语体、修辞等因素，切忌率尔操觚、随便乱译。另外，表达还受社会方言、地域方言、作者的创作手法、写作风格以及原语的影响。

翻译时还必须根据具体的情况选择合适的语言单位。如果把句子作为翻译单位，在句子内部又要考虑词素、词、词组、成语等作为翻译单位的对应词语，同时在句子外部还需考虑句子与句子之间的衔接和风格的统一等。由于两种语言之间的差异，译者在翻译单位的对应方面仍会遇上表达的困难。因此，译者必须对两种语言不同的特点进行对比研究，从而找出克服困难的某些具体方法和技巧。

由此可见，理解原语只是翻译过程的第一步，译文准确妥帖与否还受很多因素的影响。表达恰当才是翻译的实质。

### 三、校改

校对和修改译文也是翻译过程中不可缺少的一个环节。翻译得再好，也难免会有疏忽和错漏的地方，只有认真校改才能加以补正；即使没有错译或漏译的地方，有些术语、译名、概念以及行文的语气风格也会有前后不一致的情况，必须通过校改使之一致起来；在文字上，译文还须加以润饰，比如把表达不够准确的词语改成能够完全传神达意的词语，把逻辑上不贯通或语气上不顺的句子改好、理顺等；在分段和标点符号的使用上，应按译文语言的习惯来进行处理。

具体而言：

①核对人名、地名、数字和方位等是否有错漏；

②核对译文中大的翻译单位有无错漏；

③修正译文中误译或欠妥的翻译单位；

④校正错误的标点符号；

⑤文字润色、统一文体，使译文流畅。

校改是理解的进一步深化，通过校改可以深入推敲原文。一般来讲，译文要校改二至三遍。第一遍重在核实较小的翻译单位，如词、句，看其是否准确。第二遍着重句群、段落等大的翻译单位并润色文字。第三遍则要过渡到译文的整体，看其语体是否一致，行文是否流畅协调。切忌诘屈聱牙或通篇充斥生僻罕见、陈腐过时的词句。总之，第一、二遍由微观入手，第三遍则上升到宏观校核。当然，如时间允许，多校对几遍也很有必要。

### 四、理解、表达和校改三者之间的关系

上述理解、表达与校改都是翻译过程中不可缺少的环节，而且这三个环节是相互联系的。特别是理解与表达，是很难分开的。在翻译实践中，译者理解原文时，必然同时要考虑选择什么样的表达方式；在表达时，必然又在加深对原文的理解。对原文某一词语的初步理解不够准确时，就有可能译出与上下文不相适应的表达方式。这时就会迫使译者不得不再一次深入理解原文，从而找出更恰当的表达方式。由此可见，在翻译实践中理解与表达是一个多次反复而又互相联系的过程。至于校改，一般说来是在完成理解与表达的初译过程之后进行的。但是理解与表达过程中多次反复的分析与斟酌，实质上也就包含了反复校改的过程。而且在最后校改的阶段，也必然伴随着理解与表达的活动。所谓"校"，就是指通过对译文表达形式的校阅，来查对译者对原文的理解是否准确无误；所谓"改"，就是把译文中欠妥的表达形式进一步用更好的语言形式表达出来。

# 第七章　大学英语翻译教学法中几种关系的处理

## 第一节　逻辑与翻译

### 一、概述

逻辑（logic）指的是思维规律和规则。思维是人类所特有的。简单地说，动脑筋、想问题就是思维。逻辑思维是人类意识活动的高级形式，是客观事物和现象在人们头脑里间接的、概括的反映；它借助于语言，运用概念、判断、推理等手段来反映事物内部的本质联系及其规律。

人们说话、写文章，无非要说明某个问题或者论述某一个观点。说明问题，要说得清楚、准确，首先要思维严密，思想明确。所以我们常会听到这样一些说法：

"某人的文章逻辑性很强。""某某的讲话不符合逻辑。"

这就清楚说明了逻辑在语言运用中起着重要的作用。在语言的运用当中，语法、修辞和逻辑的关系极为密切，它们往往水乳交融。形式逻辑是研究思维在语言中的表现形式，如果语言形式用错了，就不能如实反映说话人的思想。

### 二、逻辑与语言的关系

从历史上看，人类正是在语言的帮助下才逐步地在实践的基础上发展了自己的逻辑思维。不论人的头脑中会产生什么样的思想，也不论在什么时候产生，它只有在语言材料的基础上，在语言的术语与词句的基础上才能产生和存在。人的思维与语言有着直接的联系，语言的好坏，也就同"合不合逻辑"分不开了。实践证明：语法、修辞、逻辑是决定语言运用好坏的三个密不可分的主要因素。而逻辑又可以反过来检验语言运用的质量，发现问题。

逻辑是研究思维活动的。思维存在于人们认识过程的理性阶段。思维的具体内容是概念、判断和推理。判断和推理都离不开概念。概念同语言的词语之间有着密切的联系，词语是概念的语言形式，概念是词语的思想内容。这就说明，翻译要做到正确与生动，必须借助于思维的逻辑和语言的逻辑。也就是说，不但思维必须符合逻辑，语言也同样要符合逻辑。

人们运用语言就有一个合不合逻辑的问题。人们思考问题、认识事物，总是要运用概念加以判断、进行推理。在思维过程中，如果概念不清，判断失误，推理有错，就会影响思维的效果，就不能正确认识事物，话就说不好，文章就欠通顺。逻辑可以帮助人们正确地运用语言进行表达，获得预期的效果。

### 三、逻辑与翻译的关系

翻译是运用语言的活动。翻译要达到准确、通顺与形象再现，就离不开逻辑性。翻译的逻辑性也就是合理性，翻译必须合理地运用逻辑思维的形式和方法，使译文达到概念明确，文理通顺，结构严谨，能够收到与原文同样的效果。

翻译过程是一个复杂的心理过程。翻译是一种包括思维过程和表达过程的高度的脑力劳动，它经过对原文的文字理解以及对原文思想内容的理解，用原文语言进行思维将所理解的内容形成一个概念或意象，并用译文语言进行思维而形成概念或意象，最后用译文语言将这一概念或意象表达出来。翻译的全过程是一时一刻也离不开逻辑的。匈牙利著名翻译家拉多·久尔吉的观点更加明确：翻译是逻辑活动，翻译作品是逻辑活动的产物。

# 第二节　教师与学生

自 20 世纪 40 年代早期，很多教育学家和心理学家就在认知风格方面做了大量的研究，提出和验证不同的认知风格结构，如场依存型、场独立型、聚合型、发散型、整体型、序列型、言语型、表象型等。20 世纪 90 年代，英国伯明翰大学的拉埃丁（Richerd. Riding）及其同事在认知风格方面的研究做出了显著的成果，一方面他们对已有的研究成果进行了综合，另一方面他们提出了一套认知风格评估体系。认知风格是个体在信息加工和完成认知任务过程中其个性特征的具体表现，也是一个人在感知、记忆和思维过程中所具有的稳定风格在认知活动领域里的体现。由于认知风格已成为个体心理现象的有机组成部分，因此，一个人的学习活动必然会受到其认知风格的影响。个体学习认知风格的形成是认知活动自我意识和调控的个性体现，它直接参与并操纵学习的基本过程。它不仅影响学生的学习过程及能力素养的提高，同时制约教师的认知活动及其个性化的教学风格。

不少学者认为教学可以促进学生认知风格的形成和完善。建构主义教学观认为，在教学过程中，每个人都是独立的主体，以自己的认知方式建构主观世界。只有当教师的教学策略和方法与学生的学习风格相匹配时，学生才能提高学习效率。教师应遵循学生心理发展的客观规律，在教学过程中根据学生个体认知方式、学习策略，对教学目标、内容、手段等进行选择、组合、管理，因材施教，为每个学生显露自己的特长提供条件，发挥各层次学生的学习积极性和个体素质优势，让每个学生都能得到充分发展。

## 一、教学风格和学习风格的内涵解析

### （一）教学风格的内涵解析

教学风格是指在教师个体认知结构和一定的教学理论指导下，在长期教学实践中逐步形成适合自己个性特征、思维方式和审美趣味的教学个性化的稳定状态的外在表现。同时教学风格是教师的教学策略、教学方法的集中表现，是教师的个性综合素质的体现，是教师日益成熟的重要标志。

教师的教学风格与其本人的认知风格和知识结构直接相关，同时应受到教学对象的制约。教学风格的形成与发展，实际上是教师对其自身的认知方式、知识架构不断解析并满足教学对象需要的过程。良好的教师的教学风格能够与其既定的教学对象的学习风格相匹配，这既能促进学习风格多样的发展，又有利于塑造具有个性魅力的教学风格。

关于课堂教学风格的类型，由于使用的标准不同，类型也就不同。以课堂教学中师生交流信息的活动方式和方法为标准，把课堂教学风格分为以下几种主要类型：

1. 理智型。其特点是教学结构紧凑，教学重点和难点突出，教学内容条理清楚，重视学生逻辑思维能力的培养，用理智控制课堂教学进程。

2. 情感型。其特点是以饱满的情绪感染学生，以温暖的话语鼓励学生，在理解、沟通的前提下，师生共同营造出一种热烈的课堂气氛。

3. 自然型。其特点是教师将教学内容融于简朴、真实的教学情景之中，学生在反思过程中获得知识。

4. 幽默型。其特点是教师讲课生动形象，机智诙谐。该教学风格有助于调动学生学习的积极性和主动性。

5. 技巧型。其特点是教师讲课精于各种教学方法。整个教学设计体现出教师对学生的认知结构、心理特征和知识结构以及学习能力的了解及对教学方法的合理运用和对知识重点、难点的准确把握。

### （二）学生认知风格的内涵解析

学生认知风格，是指学生在知觉、思维、推理、理解、解决问题和记忆等认知活动中加工和组织信息时所显示出来的独特的、稳定的外在表现。

学生的智力水平和已有的知识结构在一定程度上制约其认知结构的发展程度，并且直接参与学习的全过程。学生的认知风格在认知结构基础上受家庭环境、教育层次和社会文化倾向的影响，通过个体自身长期的学习活动而形成，具有鲜明的特征：稳定性、可塑性。

学习风格具有相对性，没有优劣之分，只是不同的学习风格适于完成不同的学习任务。Andrew D. Chen 将学习风格按照感知方式分为：视觉型、听觉型、触觉型；按照认知方式分为：整体型、细节型、综合型、分析型、尖锐型、齐平型、演绎型、归纳型、场独立型、场依存型、冲动型、思考型；按照个性特点分为：外向型、内向型、随机—直觉型、具体—程序型、封闭型、开放型。从他的研究体系和方法上，我们可以看出学习者的学习策略和学习方式处于学习风格中的核心地位。

## 二、教学风格对学习风格的影响

学习风格的形成受到诸多因素的影响，既受到来自生理、心理和知识结构的内部因素又受到来自学习环境、教学模式、教学策略以及教师的教学风格等外部环境因素的影响，而教师的教学风格是这些外部环境因素的重中之重，直接影响着学生学习风格的形成和发展。教师的教学风格对学生的学习风格的影响主要体现为正负两个方面。正向影响：一是在学生学习风格初步形成阶段，教师的教学风格直接影响甚至决定学生的学习风格的形成；二是在学生学习风格丰富和发展阶段，对学生已有的学习风格起积极的引导作用。负向影响：教师的教学风格与学生的学习风格不相匹配时，对学生已有的学习风格起消极的阻碍作用。

一般而言，严谨风格的教师会培养出一丝不苟的学生；理智型、自然型和技巧型风格的教师在教学过程中强调学生的主体地位，注重发挥学生的主观能动性，因而具有这几种类型教学风格的教师深受场独立型学习风格的学生喜爱；情感型、幽默型的教学内格会培养出场依存型的学习风格。不同教学风格的教师会不同程度地调教出与之相匹配的学习风格的学生。

高效的教学过程是以教师的教学风格和学生的学习风格相匹配为前提的。外向型的学习风格在理智型的教学风格下很难发展，却有可能在幽默型、艺术型、情感型的教学风格下开花结果；情感型的教学风格能感染具有内向型学习风格的学生，而具有分析型学习风格的学生却有可能对之回避；技巧型的教学风格适合具有场依存型的学习风格的学生，却让有着思考型的学习风格的学生感到无法适应。

不同的教学目标要求师生双方都不能固守于自己现有的教和学的风格。如果学生的学习风格和教师的教学风格相配，他的学习风格必然得到发挥和发展；反之，教师的教学风格将阻碍学生学习风格的发挥。这时教师和学生总要有一方要去调整自己的风格，以使教与学归于和谐。

### 三、促使教师教学风格和学生认知风格相协调的教学措施

学生认知风格和教师教学风格的匹配以教学过程为外在环境，以认知方式为内在机制。两者相互协调共存于教学过程中，这既有利于教学风格的塑造，又有助于学习认知风格的发展。

#### （一）引导学生认识自己的学习风格，逐步形成以良好的学习策略为核心的认知风格

教师应注重培养学生发展和调整其学习认知风格的能力，使其学习风格和教师的教学风格相匹配。教师不仅要了解学生的学习风格，而且要引导学生认识自己的学习风格特点，帮助学生把学习风格转化为学习策略，不断地启发学生观察自己的学习风格和偏好。当学生学习新知识时，教师应不断提醒他们注意自己获得新信息和技能时采取的认知方式和学习策略。

教学风格和教学策略是促使学生形成个性鲜明的认知策略、学习策略和认知风格的必要条件而非充分必要条件。学生在教师教学策略的引导下，其认知策略的改变会导致其学习策略的改进，从而促使其认知风格的逐渐形成。所以，教师应采取多种教学策略、教学手段来控制学生的注意并激发学生采取适当的学习策略以形成自己的认知风格，从而促进自己的学习能力的提高。

#### （二）教师针对不同的学习认知风格应采取相应的教学策略

教师应具有较高的对教学风格的调控水平，以便塑造教师个体多样化的教学风格，来满足不同教学内容要求和学生多样化的学习风格的需要。教师也要对自己的学习风格有正确的认识并了解其对自己采取的教学方式的影响。偏向分析型学习风格的教师在讲解中也应努力让那些直觉型的学生理解所讲的内容。而有强烈的直觉性倾向的教师也应根据分析型学生对定义和结构的需求使用相应的教学策略和教学材料。教师应该帮助学生认识不同的学习风格的价值。一般情况下，学生可能愿意与学习风格相近的人一起学习、工作，但他们的学习效果并不好，

因为这种学习方式只能会强化各自在认知方式上的缺陷而不能优势互补。教师在实际教学过程中应该将各种不同风格的学生分配在一起学习，这样既能丰富学生的学习经验，使他们发现自身认知方式的优势与缺点，又能帮助他们形成更好的认知方式和学习策略。

### （三）培养学生对自身学习风格的调整与反思的能力

教师应重视学生学习风格的差异，不能轻易地仅凭考试分数的高低来判定学生认知方式和学习风格的优劣。在传统的课堂教学中，学生的学习思路完全跟随教师的教学设计走，整个课堂教学安排没有给学生留下思维空间，没有自我反思的时间。因此，要真正实现以学生为中心的课堂教学，教师必须留给学生充分的时间和空间去反思和自我表现，注重培养学生对学习任务的分析和判断能力、开发新思路以及探索新方法的能力、对学习内容的概括和总结能力。而这一切的前提条件是要培养学生的问题意识，教师必须尽可能让学生自始至终成为教学全过程的主体，即问题的发现者、解决方法的寻找者、学习成果的验证者。

### （四）注重对各方面教学反馈信息的分析和研究

教学过程实际上就是教师和学生之间进行各种信息交流的过程，其中既包括正向交流信息：知识信息和情感信息，又包括负向信息，即各种干扰信息，教学环境噪音强弱、教室光线的明暗、教学设备使用过程中的非正常事故、甚至教师和学生服饰和发型的改变都会成为引起学生注意的干扰信息。因此，教师必须对每一节课的教学进行教学反思。教学反思可以使教师不断提高自身的教学思想和智慧，提升教学水平。教学反思是解决教学问题的基本方式，是推动教学水平不断提高的强大动力。此外，教学反思是教师对教学过程监控的最为有效的方法，而书写教学日志是教学反思最普遍、最有效的方法。教学日志是对课堂教学的真实反映，是教师对自己教学思想变化、教学策略的改变的客观记录。长期撰写教学日志有利于加强教师对自身教学风格和学生学习风格的了解和认识，是对自我的改变和超越，是一种促进自己专业发展的强有力的工具，是教学智慧的源泉。

教学过程是教学风格和学习风格相互作用、相互促进的过程，也是逐渐走向成熟的过程。教学风格是学生学习风格形成、完善和走向成熟的孵化器。因此，那些重视学生的学习风格的培养的教学风格和教学策略才是有价值的，才能具有生命力，才能真正实现"因材施教"，这对促进学生学习个性全面发展具有重要的指导意义和现实意义。

# 第三节　知识与能力

## 一、语言知识和言语技能的关系

语言是交际工具，是社会化的一种规范的信息系统，言语则是使用语言工具进行交际的过程，是个人心理现象。知识是以经验或理论的形式存在于人脑中的对客观现实认识的结果，反映客观事物的属性与关系。事物的种种联系和关系，特别是事物的本质和规律，是不能单纯通过感知直接认识到的，必须通过一种思维活动——理解，才能认识。人类知识是人们经过反复实践对事物的本质和规律达到理解的产物。知识的学习都要通过理解。新知识的获得主要依赖认知结构中原有的相应观念，通过新旧知识的相互作用，把新知识同化于已有的认知结构，或改组扩大原有的认知结构容纳新知识，这便是理解。可见对知识的掌握首先要达到理解的程度。当然学生在学习的不同阶段，理解还可以有不同的水平，一般是从低水平的肤浅理解（认识事物的部分联系）进入高水平的深刻的理解。

## 二、各种言语技能之间的关系

言语技能不外乎读、听、说、写、译等几种，每种言语技能都有着不同的生理、心理特点，但各种言语技能之间存在密切的内部联系。听、说属于口语方面，默读和写属于笔语方面；听和默读属领会式掌握语言，说和写属复用式或活用式掌握语言。朗读既与笔语有关（读的是书面材料），也与口语活动有关（把看到的言语变成发声的言语）；既与领会式掌握有关（感知理解笔语），也与复用式掌握有关（发声的言语可为人感知和理解，从而通过朗读可传达别人的思想而且可以成为背诵）。读、听、说、写之间主要联系以双线表示，读、听、说、写各与一种形式密切联系，可为口译打下基础，默读可为笔译打下基础，能说才能进行口译。

### （一）掌握外语言语技能的三个层级

#### 1. 领会式掌握外语言语技能

领会式掌握，表现在对言语的感知和理解。当人能听懂（听觉领会）或读懂（视觉领会）言语时，这表明他已达到领会式掌握言语技能的程度。听懂和读懂表明已具有听的技能和读的技能。运用听或读的技能不仅包含感知的过程，同时包含记忆的过程。输入的言语材料必须与原有的认知结构相互作用，才能使视觉和听觉刺激中编码的意义变成接受者脑中的意义。

2. 复用式掌握外语言语技能

在心理学上复用指的是在记忆中再现某种材料，也就是在没有言语信息输入的情况下主动地再现材料。在复用时也会产生认识感。因而复用并不排斥领会，实际上是包含领会。恢复过去感知和掌握的言语，例如利用背熟的语言材料讲话，这便是复用式掌握语言。在复用的言语中，说话人通常不加入任何自己的创造性的东西，只是像演员一样背诵已准备好的台词。

3. 活用式掌握外语言语技能

学习外语达到能够不必依靠背熟的语言材料而比较自由地创造性地运用所认知和再现的材料进行说或写时，可以认为已经达到了活用式掌握语言的水平。活用式掌握是以创造性再现所学材料为标志的，要求编造词的表述形式表达自己的意思，因而活用式掌握外语所具有的说和写的技能，已不是背书，而是实际运用外语进行交际的技能。

（二）掌握外语言语技能的类型特点

1. 感性直觉类型

特点：

（1）主要通过实践掌握外语，不大重视语言理论知识；

（2）善于模仿，能较快掌握所学语言材料；

（3）外语常挂嘴边，抓住一切机会练习；

（4）常用外语思维；

（5）有时在梦中使用外语；

（6）对翻译不感兴趣；

（7）能感觉出别人言语中的错误，但常不能予以说明。

2. 理性逻辑类型

特点：

（1）重视获得语言的理论知识，以语法分析为主要学习手段；

（2）掌握语言缓慢，发音困难；

（3）掌握语言主要是领会式的，对实际使用语言无特别满意感觉；

（4）通常要通过翻译来理解语言材料；

（5）基本上不用外语讲话，也不在讲本族语时插入外语词；

（6）梦中从不使用外语；

（7）借助语法知识能发现别人言语中的某些错误。

### 三、外语能力分析

外语能力常与人的先天禀赋混淆起来，解释为人生来就获得的一种特殊的天赋。

实际上人不可能获得任何与生俱来的外语能力。所谓语言天资只不过是一种便利学习语言的生理上的可能性，并不存在现成的语言能力。不经学习不仅不能掌握外语，本族语也同样不能掌握（如无适当的语言环境）。

#### （一）语言能力

1. 外语语音能力：那些有助于顺利掌握外语语音的能力。其中包括能够区分外语语音（音位）的辨音能力；能准确再现外语语音的发音能力；具备听觉和动觉的控制能力及发音动作的协调能力；具备自动化言语动作熟练及感知和再现外语语调的能力等。

2. 词汇能力：顺利掌握外语词汇也要求具备相应的能力。属于词汇能力的是：有助于牢固记住词的感性基础的形象记忆（听觉的、视觉的和动觉的）；迅速而准确地区别某些近似词的能力；迅速形成新的概念并掌握有关词义区别的能力；迅速理解词的具体（上下文的）意义的能力；识记各种外语词组、短语、成语的能力；迅速认知和理解词的能力；迅速找出必要的外语词来表达自己思想的能力等。

3. 外语语法能力：包括分辨各种词类和句子成分的能力；觉察外语词结构及语法特点的能力；根据语法规则变化单词并将词连成句子的能力；迅速而准确地辨认和再现各种句法结构的能力；正确使用冠词或其他限定词的能力；正确掌握词的一致关系的能力；具备正写和正读的熟练等。

4. 外语修辞能力：首先应是概括这一种或那一种语体词汇和语法特点的能力，其次是辨认各种语体并在自己的口语和书面语中再现这些语体的能力。

语言外壳围绕一定思想内容而体现其功能，思想内容通过语言外壳而进行交际。

#### （二）语感

人能够直觉地认识各种各样的联系和关系。当人所感觉的联系或关系还未被意识到时，直觉的认识只能是感性的。人们的实际活动只有在由于相应的实践经验培养成了特殊的敏感性才可能是有效的。

语言是作为交际手段的复杂体系，使用语言的语感无疑也是一个复杂的结构，可在三大范畴中反映出来。一是反映词与所标志客体之间（词义基础）的联系与关系；二是反映语言特征的（语音、词汇、语法、修辞等语言特点）那些联系与关系；三是反映两种不同语言体系之间的联系与关系。语言联系和关系的所有这些感性反映形式构成巨大而复杂的感性复合体，这便是语感。

### （三）外语思维

对外语思维的心理特性的研究，是从语言与思维相互直接联系形成不可分割的统一这个基本原理出发的。思维只有在这种或那种语言基础上才能起作用。问题是本族语思维与外语思维是否完全相同。就思维形式而言，概念、判断、推理等思维形式和比较、分析、综合等思维过程，在使用任何语言时都是共同的，没有什么差别。尽管客观存在的一切对任何人都相同，即人们思考的客观内容是相同的，但反映这些现实的主观内容，即人们思维中形成的概念和判断却很可能是不同的，这便是思维内容上的差异。这说明外语思维与本族语思维不可能完全相同。由于不同语言的词所概括的概念内涵与外延都可能不同，按本族语的概念系统去理解和运用外语肯定会笑话百出。别里亚耶夫认为，当人在足够完善的水平上掌握外语时，本族语词和外语言语反应时间没有任何显著差异。只有在人掌握外语没有达到应有水平时才觉察出使用外语的过程有某种迟缓。由此可见，外语同思维的联系并不一定只能是间接的，同样可以是直接的。

### （四）外语的感知

感知是感觉和知觉的合称。感觉是人脑对客观事物的个别属性的主观反映，是知识的源泉，是各种心理活动的基础。感觉反映事物的个别属性；知觉是对外界事物、现象的整体进行的直接反映，是人脑形成整体性映像的认识过程，知觉反映整体，并具有选择性、理解性和恒常性等特点。至于理解，则是和语言及言语不可分割地联系着的那些联系和关系的反映，因而永远是自觉的。理解在生理上乃是第二信号系统的活动，在心理上则以领悟所感知的对象为特征，从而永远以展开逻辑推理的思维形式表现出来。

理解总是词的逻辑的或推理的思维，而直觉的感知从来不是真正的理解，而只是理解的感性基础。

### （五）语感的形成

语感的第一个范畴就是反映词与所表客体之间的联系和关系，这便是复杂的语感结构中的词义感。词义感可以而且应该划分为词的基本意义感和词的具体意义感。词的基本意义感反映词与概念的联系。而词的具体意义感则反映存在于词与该词所指称的那些事物或现象之间的关系。

语感的第二个范畴：属于复杂的语感结构的还有语言本身的关系感，首先是词汇及语法的关系感。属于这种关系感的还有许多局部的词汇和语法感。人在实际掌握语言时，不假思索地正确进行词的数、性、格、人称和时间的变化，使用必要的前置词等，所有这些都是根据自己的语感进行的。掌握语言还要求具有一系列语音感和修辞感。我们在使用语言时并不考虑所有这些方方面面。有人计算过，如果我们要把所有这些都考虑到，我们必须记忆二十四条规则，这就需要若干分钟的时间。那我们就要在自己的言语中长时间讷讷难言，也永远听不懂别人讲的话。作为语言内部体系特征的那些联系和关系的直接感性反应是这样的：在语音方面有语言的单音之间以及完整的语音复合体之间的同异感，还有言语的节奏感、动力感、旋律感等各种特点的语感。所有这些语音感的总和可称为语音鉴别力。通常只有在学习语言的过程中，特别是在学习外语的过程中，人们才会意识到语言的语音特点。语言的被意识到的语言特点形成语音知识，或构成对所学语言语音的了解。当学习者在学习外语语音时，做到使这些知识成为自己语音感的真正领悟是非常重要且必不可少的。在语音方面，除听觉外还有另一种运动因素，即作为说话之基础的发音动觉。这种发音感，也可称为发音基础感。在学习外语的过程中，要真正领悟作为外语发音基础的所有特点，只有在这种领悟是以相应的发音感为基础的条件下才是可能的。除了词的视、听、动觉结构外，人还具有存在于词的各种形象之间的那些关系感。言语表象包含两类和四种形象，那便是：感觉形象（视觉的和听觉的）与运动形象（发音的和书写的）。言语形象所有的这些感觉和运动的组成部分乃是统一的复杂的联想复合体，是人在使用词时所感性体验到的。

语感的第三个范畴是反映两种不同语言之间联系与关系的语感，这是掌握了好几种语言的人的特征。属于这种语感的基本上是一种语言的语音、语法、词汇和修辞特点与另一种语言的这些特点之间的同异感。这种同异也可理解为两种语感之间，即一种语感与另一种语感之间的同异。因此，人们只有在直觉掌握第二种语言时，才可能存在第三种范畴的语感。

就外语语感的形成而言，以下几方面的因素是有帮助的：

1. 先天的素质。这些素质本身以机体一般的特别是神经系统方面的解剖生理特点为转移。神经生理机制在大脑半球皮层上具有一定的定位。除一般的听觉区域、视觉区域和动觉区域之外，还存在着对实际掌握语言有直接关系的言语动觉区域或发声区域、言语听觉区域、书写动觉区域和言语视觉区域等，每个区域的损伤都会构成相应的失语症。例如言语视觉区域破坏就不可能阅读；言语听觉区域受损就不能理解别人的口语。但也不能认为这些区域是彼此孤立地发生作用。

2. 语言的理论知识。语言知识在很大限度上有助于语感的形成。力求掌握外语的人在获得关于语言的语音、词汇、语法和修辞特点的理论知识的情况下，语感的产生和形成较学习者企图用直觉的办法掌握语言要早得多，快得多。这是因为知识有可能成为经常的强化手段，提高感知的效果。但仅仅依靠知识本身永远不能导致语感的形成，没有语言实践，它们依然只是些纯词语的、理论的或抽象的知识。

3. 实际运用语言的言语实践。语感最初的产生和以后的发展和完善，只有在相应的实践活动条件下才有可能。言语实践是形成语感的决定因素。没有言语实践就不可能形成所学语言的语感，没有语感要掌握语言也是完全不可能的。总之，能最快形成语感的那些人，第一，他们具有一定的学习语言的先天素质；第二，他们掌握相应的理论知识；第三，他们具有足够的实际运用语言的言语实践。

### （六）外语的理解

**1. 语言处理的四个层级**

（1）在知觉层级上，我们描述用于编码词的字母组成的一系列眼运动。

（2）在词汇层级上，我们运用识别的字母从记忆中恢复词的词汇表征。这种表征包括词的意义、拼写、发音、词类及其他有关特征。简言之，表征是我们就一个词所知道的。

（3）在句子层级上，我们分析继续展开的言语信息中的句子结构。如果例句包含两个副句，而且从句在前。我们在处理第二副句时，就要运用工作记忆，储存第一副句的内容，然后形成统一的整个句子的表征。

（4）在话语层级上，我们使用层次较高的单位，如语段。

人脑中存在着类似词典的内部词汇，从记忆中寻找提取这些词汇的信息称为词汇检索。词汇检索的速度很快，每分钟可听 250 个词并对这些词有所理解，其中包括知觉处理和理解处理。据估计每个词的检索时间仅 150-200 毫秒。

①储存词汇

第一种信息是语音。

第二种信息是有关词的语法信息。首先表明其词类，在句子中的地位及与句中其他词的关系，适用于何种结构，动词后是否可有宾语，搭配关系如何等。

第三种信息是词汇意义。

②词汇的理解

影响内部词汇检索的因素是词的使用频率。一般说来，词的使用频率越高，检索越容易，检索所需时间越短。关于为什么高频词容易检索的问题，确切的答案是在于与频率有关的另一因素——新近性。

按照这项假设，新近听到的词较过去听到的词能较快地恢复。由于常听到的词一般也都是较新近的，似乎频率可以预见词汇检索速度。当然，实际上大部分是近现的效果。

③词素的结构。音位表征可切分为词素。词素是具有语法功能的最小单位。英语动词 speaking 是由两个词素组成的，词干 speak 和后缀-ing。后者由于起着语法作用而作为词素，表示动词的进行式。形容词 unlovely 由三个词素组成：un+love+ly。在词汇检索时，音位表征被切分为词素。分析话语中音位表征为词素可提供解决切分问题部分手段。

作用 1：常提供话语中语法结构的重要线索。

作用 2：能帮助切分音位表征为适于词汇检索的单位。当然，内部词汇中是否有必要将词汇分解为词素成分，在很大程度上还取决于词汇的出现频率。经常出现的词，虽然由几个词素组成，但在内部词汇中却很可能作为独立的项目储存。反之，不常用的多词素词则可能以几个词素的形式分别储存。

2. 内部词汇的语义结构

语义结构 1：层级网络模式。网络模式认为，词的概念在记忆中以网络形式储存。网络是有层级的。记忆中的每个词都表现为网络中一定层级上的一个节点，并与别的词形成各种各样的关系，构成完整的系统。柯林斯（Collins）和奎良（Quillian）的研究成果可认为是这种网络模式的典范。显然，层级网络模式中词和概念之间的关系以及与特征之间的关系，实际上都只是一种逻辑关系。人的心理活动不一定按照逻辑关系进行。各种心理因素及其他因素均有可能影响我们实际的语义储存、提取和理解。柯林斯及其他心理学家在原模式基础上进行了修正，提出了另一种模式——扩展激活模式。

语义结构 2：扩展激活模式。经柯林斯和洛夫特斯（Loftus）修正形成的这种模式，近年来在认知心理学方面很流行。他们认为内部词汇中词是以关系的网络为表征的，但其组织并不像原来的模式那样有严格的层级。反之，其组织只是接近于由节点相连的网状，节点之间的距离取决于如范畴关系之类的结构特征，这种模式似乎体现了原网络模式及另一种由史密斯等人提出的语义特征模式的某些方面。"概念是作为相连的环节储存"这个观点被保存了，但"所有这些关系是相等"的观点，已做修改，认为某些节点较其他节点更易接近，其容易接近的程度与使用频率和典型性等因素有关。语义信息得到恢复的过程也在这种模式中有所修正，不再是通过网络相交，而是在扩展激活过程中产生。激活是在一个节点上开始，然后按平行形式扩展贯穿网络。这种激活随距离变远而减弱，这就保证了关系较近的概念比距离远的概念更易被激活。此外，网络模式忽视世界知识，语义特征模式则明确区别词的知识和世界知识这两方面知识。这种模式将两种知识结合起来成为单一的语义网络。

语义结构3：语义特征模式。在网络模式中，单词表征作为完整的单位分散在词汇中。另一种方法是作为一束语义特征来表征。史密斯、肖本和里普斯据此提出了语义特征模式：定义和特性。定义特征是一种必须作为概念部分实例提出的特征。特性特征严格说来对范畴成分并非必要，但仍然典型地与词相联系。例如，鸟的两项定义特征是，它们必须有翼和有生命，特性特征是，鸟能唱歌。这种模式认为，语义验证是通过两阶段的过程决定的。

第一阶段，主谓语的所有特征均恢复，并予比较而获得两个项相似性的总的估计。如果它们高度相似，我们所做回答是真实的。如果它们高度不相似，我们回答是错的。如果相似程度是中等的，那么进入第二阶段。

第二阶段，这时只考虑定义特征。典型的效果被认为是由于第一阶段中特性特征的操作。因此，"A robin is a bird（知更鸟是鸟）."使我们恢复了 robin 和 bird 一般相似的特性特征。

# 第四节　测试与教学

## 一、外语测试

外语测试是外语教学中的一个环节、一个子系统，在外语测试与外语教学的关系上，国内一些专家学者提出，由于它们有自己的理论基础和研究方法，外语测试与外语教学应是两门各自独立的学科。杨惠中在他的《语言测试与语言教学》一文中指出：语言测试是一门跨学科的综合性科学，语言测试又是伴随着语言教学出现的，没有语言教学也就无所谓语言测试。语言教学是第一性的，语言测试为语言教学服务。并且他进一步指出：外语教学和外语测试具有各自不同的目的。对大学外语课程来说，教学的最终目的是使我国大学生掌握外语，获得以外语为语言工具参与国际交流的能力，获取本专业所需要的各种信息；而语言测试的目的则是提供一种科学的测试工具，对学生的语言能力进行客观的、准确的、公正的评价，反映教学中的长处和短处，为提高教学质量服务。

笔者认为关于外语测试与外语教学的关系可以从系统角度分析得到答案。钱学森认为把极其复杂的研究对象称为系统，即由相互作用和相互依赖的若干组成部分结合成具有特定功能的有机整体，而且这个系统本身又是它们从属的更大系统的组成部分。笔者认为，外语教学不仅使学生识记一种语言的语音、词汇、语法等表象语言符号，还要培养学生对该语言的文化、风俗习惯的了解和认同，并且在外语教学过程中使每个学生形成自己的外语学习技能和运用技能。外语测试就是对外语教学效果和学生语言习得的检验。在外语教学这个大的系统中，与语言符号的识记、语言技能的培养极其相关的外语测试要在它们相互作用中才能体现其本质和作用，将其孤立起来，也就失去了它存在的价值和意义。因此外语测试正是外语教学的一个重要组成部分，是这个大的系统中的一个子系统。这个子系统还包括如下环节：

（一）命题组的建立；

（二）试题范围、项目、难度、测试手段的确立；

（三）测试；

（四）确定阅卷原则和组织阅卷；

（五）试卷评析。

## 二、外语测试的分类及其在外语教学过程的作用

外语测试研究涉及心理语言学、语言习得理论、语言学以及系统论等多个学科和领域。外语测试研究关注语言能力的科学测量，同时关注语言测试对外语教学与学习所造成的冲击作用。自 20 世纪 70 年代以来，许多英语语言学家对语言能力的基本因素与语言使用基本能力进行了论述，提出了不同的语言能力模式。Oiler 于 20 世纪 70 年代中期提出了单一语言能力假想，它的基本原理是：语言使用者的应用语言能力是不可分解的。在语言行为过程中，所有的因素都必须共同作用，取材于一个共同的语言知识库。语言使用者的大脑具有预期语法判断能力，这种能力帮助语言使用者思考、理解、阅读和写作，判断在某一个特定情况下将要出现的话语是什么。根据这一假想，语言测试应该是检验整体的语言使用能力。

依据外语教学的规律和特点，我们把外语考试测试分为两大类：纵向测试和横向测试。纵向测试又分为初始测试、过程性测试和终结性测试。初始测试可以在新生入学时对学生进行摸底考试，通过考试使任课教师对所教学生的语言基础知识和基本语言技能有所掌握，有利于因材施教。过程性测试包括学生自我测试，教师对学生的测试。教师可以通过学生在课堂活动中的表现、课外外语活动记录、网上学习记录等多种形式对学生学习过程进行观察、测试和监督，促进学生有效的学习。终结性测试是一种结业性测试，用来检查学生在学习外语的某一个阶段或最终阶段的学习效果。针对考试内容应该主要考虑两方面：一方面是考试应以外语教学大纲和教材为依据，否则教师和学生在平时的教学过程中会感到

无所适从。另一方面是考试内容要兼顾外语教学的目标和教学任务，这样做有利于促使教学大纲的设计更加切合实际，考试能够比较科学、准确地反映学生的实际水平，其成绩可作为升入高一级语言课程的参考。

横向测试又分为语言技能性测试和语言基础知识的测试。语言技能型考试主要是针对学生的听、说、读、写、译五项语言技能的考察。检验学生是否达到教学要求所规定的目标。语言基础知识的测试主要是对学生语音、词汇、语法和篇章结构等几方面的知识进行检查。有的学者也把横向测试称为诊断性测试。测试的目的是发现学习者在语言技能和语言基础知识上的强弱，并根据测试的结果来决定是否需要加强某一方面语言技能和基础知识的训练。

在外语测试过程中应注意以下几点：

**（一）阶段性考试测试与经常性考试测试相结合**

阶段性考试测试，如期中考试、期末考试以及每年的大学外语四、六级考试等。在阶段性考试测试期间还要配以经常性的考试测试，如平时测验、单元性考试等。这样就使考试测试形成系统性，并使考试与课堂教学紧密结合，成为整个教学活动的有机组成部分。

**（二）综合性考试测试与外语专项技能的考试测试相结合**

综合性考试是对教师教学效果和学生的学习效果一种比较全面的检验。首先由有经验的教师组成命题组，对教学的难点、重点进行科学的分析，然后根据教师和学生实际情况进行命题。根据考卷反映的问题，做出分析和总结。及时发现薄弱环节，改善教学方法。

**（三）定量性考试测试与定性考试测试相结合**

在外语考试中，有些考试主要是以定量性分数来体现的。如期中和期末等综合性考试。这些考试一方面是对学生一个学期学习的总的评定，另一方面也是对学生语言基础知识的检验。但并不是所有考试都可以用分数来给予定量性评价。外语专项技能，如：听、说、读、写、译五种基本技能用分数来表示很不科学。我们应该用优、良、中、差等用语来给予定性判定。

**（四）客观性考试测试与学生自我测试相结合**

由学校和教师组织的各种考试是客观性考试测试。它根据教学目标、教学任务等进行考试和测评，相对于学生来说是外在的。为了考试测试更为准确、客观、科学，在进行客观性考试测试的同时必须配有学生自我测试。客观性考试测试与学生自我测试相结合有利于避免考试测评片面性的出现。

## 三、外语测试的操作过程

### （一）命题组的建立

任何的教学活动都是以人为中心的。命题组成员素质直接决定测试的效果。在选择命题人员时，应考虑人员的学历、教学经历、科研水平等情况。

### （二）试题范围、难度、测试手段的确立

由于生源的不同，学生外语水平有很大的差异。例如：在边远山区，因教学设备和教师水平的限制，学生的外语整体水平比较低，尤其是听力和口语能力比较差。如果对所有学生都用同样的试题，其结果既不能真实地反映所有学生的外语水平，又挫伤了部分学生学习外语的兴趣和积极性。因此，在命题时必须针对不同专业、不同外语水平的学生采用不同范围和难度的试题。力争做到以下几点：

1. 评分能够真实地反映学生的外语水平；
2. 对外语教学具有正确的指导性；
3. 分数具有可比性；
4. 考试内容以语言交际能力考核为核心；
5. 减轻学生学习外语的压力。这样可以充分调动学生学习外语的积极性。促进外语教学的良性发展。

### （三）测试

### （四）确定阅卷原则和组织阅卷

阅卷评分要客观准确，尤其是主观性试题更要明确具体的评分标准，评卷记分要始终如一，防止因评卷人的心理状态、卷面的整洁情况、客观环境等因素影响评卷质量。

### （五）试卷评析

阅卷后，应针对以下几个方面进行试卷评析：试题范围、试题的难度、主观题与客观题的比例、题量与题型、分值的分布以及试卷用语准确与否。阅卷后要形成材料并写出总结报告，作为下一次考试出题的依据。

外语测试是教师和教学管理者系统地获取学生个体发展和教学反馈信息的重要手段。通过考试，教师和教学管理者可以检查和了解学生掌握课程教学大纲所规定的语言知识和语言技能的深度、广度和熟练程度，使学生能了解自己的学习情况。考试是对教师的教学活动以及教学计划、教学大纲所体现的教育目标的检验，也是检验教师的教学工作，了解教学效果，总结教学经验，改进教学方法的重要途径。因此，我们每一位外语教师都应该重视外语测试在外语教学中的重要地位。

# 第八章　跨文化人才培养视域下英语翻译教学模式

## 第一节　词汇翻译教学

各民族都是通过词汇把自己心目的世界分解成无数概念，词汇越丰富，对世界的认识也就越精细。汉语和英语虽属不同语系，特点迥异，但都有丰富的词汇量。在汉英语言对比研究中，人们发现了大量的对应词语，这是汉英翻译的语言基础。但是，由于自然环境、思维方式、社会历史、文化传统的不同，两种语言中存在许多不相对应的词语，主要表现为词语的空缺（无对应）和词义的差别（部分对应）。

例如：

山 hill（小山；丘陵），mountain（高山；山岳；山脉）

鸡 hen（母鸡），chick（小鸡），cock（公鸡），roster（雄禽；公鸡）

青 green，blue

借 lend（借给），borrow（借入）

兔 hare（野兔），rabbit（家兔）

鼠 mouse（耗子），rat（老鼠）

乌鸦 raven（渡鸦），crow（乌鸦）

你，您 you、江，河 river、父，母 parent

兄，弟 brother、枪，炮 gun、嫁，娶 mary

叔，伯 uncle

上列词语左右两端都不完全对应。从汉英翻译的角度讲，第一组右端的单个英文词无法传达出汉语的概括意义；第二组右边的英文词又无法精确地限定左边词语所表达的具体含义。

这些不对应现象给汉英造成一定的可译度障碍，需要通过适当的技巧加以克服。如：

舅舅从桌上把花瓶拿去了。

Mother's brother has taken the vase away from the table.

我属蛇。

I was born in the Chinese lunar year of the snake.

在翻译教学中，我们首先要重视对词语内在含义的理解与处理，其次是在两种语言对比过程中对具体词语的形态进行转换。

## 一、词语的正确理解

### （一）词语的正确搭配及意义

一个词，在词典中尽管有许多意思，但是用在某个特定的句子中，和不同的词语进行搭配时，以及在不同的语法结构中，只有一个确定的意思。因此，在翻译时要善于抓住词语的搭配和语法结构，确定词义。以下举例说明：

1. I can think of a good few medical students who would willingly work their way through colleges by filling in as nurses a tour under staffed hospitals.

误译：我可以想象不少读医的学生是愿意来我们人手不足的医院当护士帮助病人填写病历，以此来挣钱读完大学的。

正译：我可以想象不少读医的学生是愿意来我们人手不足的医院临时充当护士，以此来挣钱读完大学的。

分析：fill in 用作及物动词词组，和 a blank/a check/a form 等搭配时，是"填写""填入"的意思，但是如果用作不及物动词词组时，和 for sb. /as sb. 搭配，就是"暂时代替"的意思。

2. An intelligence test does not measure character, social adjustment, physical endurance, manual skills, or artistic abilities. To criticize it for such failure is roughly comparable to criticizing meter for not measuring wind velocity.

误译：批评这样的失败就好比批评温度计不能测出风速一样。

正译：批评智力的测试不反映上述情况，就好比批评温度计不能测出风速一样。

分析：很多情况下，failure 这个词是作"失败"解释的，但是，当 failure 后面接动词不定式，形成 failure to do sth. 的结构的时候，这个 failure 就应当解释为"未能""没有"。

### （二）词语的上下文意义

一个人认识词汇的能力总是有限的，翻译时碰到不认识的词的可能性很大。

在翻译过程中，常考查多义词，这时我们千万不能想当然，受思维定式的影响，按照自己印象最深或最熟悉的词义去理解，而是应当充分利用上下文来分析和确定词义。

### （三）词语形式对词义的影响

名词是很活跃的一类词语，一个名词用作单数或复数、用作可数或不可数、前面有没有定冠词，它的意义都是大不相同的，因此，在有名词出现的翻译中要格外注意名词的形式。下面举例说明：

1. （There is a definite link between smoking and heart disease and lung cancer.）But this doesn't make you too uncomfortable because you are in good company.

误译：但这并不能使人们感到太多不舒服，因为你是在一个好的公司里。

正译：但这并不能使人们感到太多不舒服，因为和你一样抽烟的人很多。

分析：company 做可数和不可数名词时的意义是不同的。做可数名词时是"公司"，而做不可数名词时是"伙伴""伴侣"的意思，要格外小心。

2. The question became one of whether man could control the disease he had invented.

误译：因此，问题就成了人们能否控制住他们自己创造出来的这种疾病。

正译：因此，问题就成了人类能否控制住他们自己创造出来的这种疾病。

分析：man 用作单数，且前面又没有冠词修饰时，作 mankind（人类）解释。

### （四）词语的内涵与引申意义

很多词在具体的翻译中是不能简单套用词典中现成的解释的。这就要求我们根据词语的内涵和引申的意义准确把握词义。

## 二、英汉翻译教学中英、汉词语具体形态的对比翻译

### （一）两种语言在词类具体形态划分的异同显而易见：

1. 英语的冠词和汉语的量词分别为各自所独有，没有直接对应；

2. 汉英中名词、动词、形容词三大实词类基本对应，虚词中的介词、连词也基本对应；

3. 汉语的助词是个特殊的词类，它包括结构助词、时态助词、语气助词等，英语虽无此类助词，但其动词的时态与体式，句式的陈述与疑问，词语之间的修饰关系都分别与汉语的助词的功能相对应；

4. 英语的副词较复杂，只有一小部分能与汉语的副词相对应（程度、疑问、

时间、范围、连接副词等）。汉语中也没有英语的关系（代、副）词，但关系词在词义上相当于名词，所以汉语的名词、代词有时译成英语的关系词；

5. 汉语名词中的方位名词在语义上与英语的介词有共通之处。

**（二）从数量上比较，也可发现汉英词类的不同特点：**

1. 汉英语言中的名词、动词和形容词作为开放性词类在词汇中各占较大比重，彼此相当；

2. 副词在汉语中数量相对较少，有的划为虚词类，而在英语中副词为实义词，大概因为英语中很大一部分副词由形容词派生而来，而且数量众多；

3. 介词与连词都是英语多汉语少。拿介词来说，汉语中的介词总共不过 30 个左右，英语中仅简单介词就有 40 个左右，若加上复合介词（如 into、outside）、短语介词（如 in front of），则数不胜数。就连词而言，汉英也有类似不同。

## 三、动词对比

由于英语具有强大的派生构词法，英语的动词大多都有其相应的名词形式，英语的形容词也有名词形式。而汉语的动词和形容词却没有语法上的名词形式。

汉语的动词在使用频率上远远高于英语，因为英语动词的使用要受限制，一句话只要一个谓语动词，而汉语的动词却无此限制。英语中代词、介词、连词的使用频率也比汉语高。英语数词的使用不如汉语多，因为汉语的成语及缩略语依靠数词（词素）构成。汉语的量词同英语的冠词一样，附属于各自的名词，使用频率也同名词。

**（一）英语动词的分类**

英语动词按其在句中所起的作用可分为两大类。

一是主动词，又被称为"实义动词"，在句中表示谓语动词的基本意义，是动词词组的语义核心；

二是助动词：协助主动词完成表示不同语法意义或情态意义的作用。

例如：

I don't know English. 我不懂英语。

I have been teaching English in this college for ten years. 我在这所学校教英语已经十年了。

1. 英语主动词

就英语主动词而言，按其是否必须跟有补足成分以及必须跟有什么样的补足成分又可分为：及物动词、不及物动词和连系动词。

（1）英语及物动词

及物动词是后面必须带宾语才能构成完整意义的动词。

例如：

We **study** *English*. 我们学习英语。

I **read** *books*. 我读书。

He **teaches** *Chinese*. 他教汉语。

注：以上三例中的黑体词是及物动词，斜体词是动词宾语。

有些及物动词，如 give、show、pass、send、bring 等需要带两个宾语，这种动词所要求的两个宾语，即直接宾语（Direct Object）和间接宾语（Indirect Object），往往一个指人，另一个指物。例如：

The new teacher gave **us** more *homework*. 这位新老师给我们更多的家庭作业。

Tom paid **me** the *rent*. 汤姆给我付房费。

Show **me** the *way*. 给我指路。

以上例句中黑体词是间接宾语，指人；斜体词是直接宾语，指物。一般情况下间接宾语放在直接宾语之前。如果要把直接宾语放在间接宾语之前就需要加介词 to，构成介词短语，并把该短语放在直接宾语之后。如：

Please give the three tickets **to Miss Li.**

请把这三张票给李小姐。

Do you have any dictionary? Please pass it **to me.**

你有字典吗？请把它递给我。

以上两句中黑体部分是由"to"构成的介词短语做间接宾语，放在直接宾语的后面。

复合宾语——在复合宾语中宾语和它的宾语补语之间在逻辑上有主语和谓语的关系。例如：

We found *her* **working at the lathe.**

我们发现她在开车床。

He proved *himself* **worthy of confidence.**

他证明自己是值得信赖的。

Did you see *him* **enter the room?**

你看见他走进房间了吗？

以上例句中的斜体词为宾语，黑体部分是它们的宾语补语，宾语和它们的宾语补语之间有逻辑主语和谓语的关系。

（2）英语不及物动词

不及物动词自身就有完整的意义，也就是说这类动词不需要带宾语就可以使句子完整。例如：

The president is **speaking**. 总统正在讲话。

He **went** home till midnight. 他到半夜才回家。

She was **coming** smiling and happily. 她正笑着高兴地来。

以上三个例句中的黑体部分都是不及物动词，它们都不需要宾语。有些不及物动词在一定的上下文中还需要带状语，意义才能完整，例如后两例。

（3）英语连系动词

有些动词，如 be、become、appear、look、seem 等，其后须带主语补语句子才能完整，我们把这类动词叫作连系动词。连系动词也是主动词的一种，它和它后面的主语补语一起补充说明主语的身份、特征和状态。

2. 英语助动词

助动词的语法功能是协助主动词表示不同的语法意义或情态意义，比如表示某一动作正在进行或已经完成，"应该"做某事或"不应该"做某事等。例如：

You **should have** finished your homework. 你现在应该完成你的作业了。

I **have** seen the film before. 我以前看过这电影。

以上例句中的黑体部分虽然没有实际意义但是它们分别表示"应该""已经（完成）"等的含义，同样是非常重要的。

英语的助动词可分为三类：基本助动词（Primary Auxiliary）、情态助动词（Modal Auxiliary）和半助动词（Semi-auxiliary）。

（1）基本助动词

基本助动词只有 3 个：be、do 和 have。作为助动词，be、do 和 have 本身没有词汇意义，只在动词词组中起语法作用或者说只表示语法意义。比如助动词 be 通常用来协助主动词构成进行体或被动态：

We **are listening** to the music.

The students **were praised** by their teacher for good marks of the test.

助动词 do 通常用来协助主动词表示否定意义或构成疑问句。

例如：

My husband **doesn't** know Russian.

What **did** you give to my mother for her birthday?

助动词 do 还可用来加重语气：

We **do** think you can do this job well. 我们确实认为你能把这项工作做好。

They **do** look very beautiful. 她们看起来的确很漂亮。

助动词 have 通常用来协助主动词构成完成体或完成进行体，如：

Thank you，I have had my supper. 谢谢，我已经吃过晚饭了。

How long has it been raining？雨下多久了？

（2）情态助动词

情态助动词包括：can/could、may/might、will/would、shall/should、must、ought to、dare、need、used to、had better。情态助动词表示情态意义，它本身有词义，但词义不完全，因此不能单独做谓语。其过去时形式并不一定就表示过去时间。情态助动词不能重叠使用，其后的主动词用动词原形。

例如：

**Can** you **ride** this bike?

It **may snow** this evening.

She **must know** the true story.

When I was in Beijing，I **used to take** a walk along the footpath under the pine trees.

If she became a movie star，she **could afford** a new home.

**Would** you **let** me use your bike a moment?

（3）半助动词

还有一些半助动词，指某些兼有主动词和助动词特征的语法结构，比如 have to、seem to 之类的结构，既可与主动词搭配构成复杂动词词组表示情态意义，又能与其他助动词搭配，像是主动词而不像情态助动词。因此我们说，半助动词兼有助动词和主动词的双重特征。例如：

I **have to buy** a new pen.

He **seems to be** disappointed.

I **don't have to buy** a new pen.

She **doesn't seem to be** disappointed.

**（二）英语与汉语动词的形态变化比较**

英、汉动词形态变化的最大区别就是：英语动词有形态变化而汉语动词没有形态变化。

英语动词有形态变化，主要体现在数（number）、时（tense）、体（aspect）、语态（voice）等几个语法方面。

1. 英语动词的数（number）

（1）I study. 我学习。

You study. 你（你们）学习。

（2）He studies. 他学习。

She studies. 她学习。

It eats. 它吃。

（3）We study. 我们学习。

They study. 他们学习。

2. 英、汉语的时（tense）和体（aspect）

英、汉语都有时态，即"时"（tense）和"体"（aspect）的概念，但是表示的方法各不相同。英语"尺寸"和"体"的语法形式由谓语动词的特定形式来体现，即由 to be、to have、to do、will 等助动词的变化形式所构成。汉语动词没有"时"和"体"融合而成的语法形式，它是由一些时态助词或副词来表示时态状况的，例如：

He studies English（everyday）. 他（每天）学习英语。

I am studying English（now）. 我（现在）正在学习英语。

I was watching TV（last night at nine）.（昨天晚上九点）我正在看电视。

I did my homework（yesterday）. 我（昨天）做的作业。

I have finished my dinner. 我已经吃过饭了。

We will go to school next year. 我们明年上学。

3. 英汉语态（voice）的对比

和时态一样，英、汉语都有主动语态和被动语态之分，表现形式都体现在它们的谓语动词上。英语的构成是由助动词 to be 加上动词的过去分词构成的，时态则通过 to be 的变化形式来体现。而动作的执行者（或发出者）常省略，也可以由介词 by 引起的短语来表示。汉语被动句的构成主要是由"被""让""叫""遭""受"等虚词加谓语动词构成。"被"在该句型中是助词，在书面语中还有"被……所""如……所"的句型格式，例如：

History is made by the people.

历史是人民创造的。（一般现在时）

These computers were made in Beijing.

这些计算机是北京制造的。（一般过去时）

What tools will be needed in the work?

工作中将需要什么工具？（一般将来时）

A new building is being built.

一座大楼正在修建。（现在进行时）

The case was being investigated.

这案件那时正在调查。（过去进行时）

The book has been translated into scores of languages.

这本书已译成几十种语言。（现在完成时）

以上英语例句均可由"被"字句改译为：

现在时：历史是被人民所创造的。

过去时：这些电脑是在北京被制造出来的。（不常用）

将来时：工作中什么工具将被需要？（不常用）

现在进行时：一座大楼正在被修建。（不常用）

过去进行时：这个案子那时正在被调查。（不常用）

完成时：这本书已被译成几十种语言。

当然其中四句在正常交流中是不用的，属汉语非正常句，翻译为主动句更自然些。

### （三）汉语动词的重叠和加"趋向动词"的特点

除以上英、汉动词的区别以外，汉语动词还有"重叠"和加"趋向动词"的特点，这是英语所没有的。

1. 汉语的有些动词可以用重叠的方式表示"动作时间短暂"或"尝试"的意思，是动态的一种表示法。这种重叠形式有以下几种：

（1）单音节动词重叠形式是"AA"（后面的音节读轻声），例如：看——看看、听——听听、试——试试、想——想想、说——说说。

（2）这种结构还可在重叠的两字中间加个"一"字，意思不变，例如：看一看、听一听、试一试等，这种结构有点像英语的"have a+动词"的结构。

如：have a look 看一看，have a rest，have a break（休息一会儿），have a try（试一试），have a visit（访问一下）等。

（3）或加个"了"字表示短暂动作的结束：看了看、听了听、试了试、想了想、说了说、讲了讲。

（4）加个"了又"表示反复强调（有不放心色彩），例如：看了又看、试了又试、听了又听、想了又想、说了又说、讲了又讲。

（5）加个"啊"字，表示强调（有感到麻烦的色彩），如看啊看、听啊听、试啊试、想啊想、说啊说、讲啊讲等。

（6）用"来去"的形式表示反复，如看来看去、听来听去、试来试去、想来想去、说来说去、讲来讲去等。

这几种组合结构还可以重复或混合使用，使文字丰富多彩、形象生动。

（7）双音节动词的组成结构是"ABAB"（后面两个音节读轻声），例如：学习学习、休息休息、锻炼锻炼、讨论讨论、研究研究、轻松轻松。

前六种组合形式有的也可以用于双音节动词的重叠形式中，例如：学习了又学习、锻炼啊锻炼、讨论了讨论、研究来研究去。

2. 汉语动词的趋向性

汉语动词可以加趋向动词"起来""下去"等，表示"开始""继续"等意义，如：学起来、读下去、唱起来、干下去。

借加助词和副词的方法来表达英语动词所表示的时态、语态、语气等概念是汉语的语言特点。

英、汉语的动词都可在句子中做谓语或谓语中心。汉语的动词除了在句子中做主谓语以外，还可做连动谓语，其特点是前后动词之间不存在主谓、动宾、动补、偏正和并列等语法关系，不出现关联词语或语音停顿，只有逻辑意义上的顺序排列，即前后动作依次连续发生。英语的动词不可做连动谓语或没有连动谓语，它只能用并列谓语，或限定动词＋非限定动词（一般用不定式、分词）等结构形式表达，也可根据情况特殊处理。试比较：

A. Tom opened the door and went out.

汤姆打开门走了出去。

B. Let's have our lessons after the meal.

我们吃了饭上课吧。

C. She had to go to her parent's family to get some money so that she can buy some milk to feed the baby.

她必须到父母家拿点钱买牛奶喂孩子。

D. Following teacher Zhou，they started to climb.

他们跟在周老师后面开始往上爬。

E. Traveling by train，we visited a number of cities.

我们坐火车参观了好些城市。

从以上的例句中我们不难看出汉语的连动式在英语中可被处理成并列句（例A）、介词短语（例B）、不定式及分句主谓语（例C）以及现在分词短语和主谓语及动词不定式（例D、E）。

总结：以上是对英、汉语两种语言动词的简单对比分析，目的在于通过分析对比，启发学生利用自己母语知识的有利因素，克服英语学习中来自汉语的干扰和影响，提高英语学习的翻译能力，达到学好语言、掌握语言的目的。

## 四、英汉翻译教学中名词对比分析

### （一）英、汉语名词的数

1. 英语名词的"数"

（1）一般情况加"-s"如 a book—two books

（2）以 s、x、ch 结尾的词加"-es"、如：

a class—three classes；a box—two boxes；a watch—five watches；a brush—four brushes 等。

（3）以辅音字母＋y 结尾的词变"y"为"i"再加"-es"，如：

city—cities；country—countries

（4）以"o"结尾的词多数加"-es"，如：

hero-heroes；potato—potatoes

（5）以"f"或"fe"结尾的词多数变"f"或"fe"为"v"再加"-es"，如：

wife—wives；knife—knives

2. 汉语名词的"数"

"数"指名词的单数和复数。汉语普通话用"们"来表示人的复数名词，如：同学们、老师们、同志们等，名词加"们"以后，一般不能再受确定数目的数量词的修饰。如不说：这两位老师们等。其他名词常用指示代词来区分单复数，如：这张桌子（单数），这些桌子（复数），那些凳子（复数），那本书（单数）等。

### （二）英、汉语名词的格

格（case）表示名词与其他词在句子中的关系，包括主格、宾格和所有格。

1. 汉语和英语名词的主格

如：牛吃草（牛为主格），小孩放牛（牛为宾格），草铺地（草为主格），别踩草（草为宾格）。其中，"牛"和"草"无论是做主语还是做宾语，它们的形式都是一样的，没有任何变化，在这一点上英语和汉语是一致的，它的主格和宾格形式一样没有变化。

例如：The cow eats grasses.

A child is herding his cows.

2. 汉语和英语的所属格

（1）汉语：名词后加助词"的"来表示其所属关系。

（2）英语：'s 属格；of 属格。

如：汤姆的朋友 Tom's friend、鲁迅的著作 Lu Xun's works、电影的名字 the name of the film、三班的老师 class three's teacher、这桌子的腿 legs of the desk 等。汉语表示所有格的助词"的"，有时还可以省略，尤其在口语中常被省略。例如：鲁迅著作、电影名字、三班老师、桌子腿等。

### （三）英汉名词性（gender）的特征分析

英、汉语名词虽都有性的表示，但它们在语法上都没有严格的阴阳之分，在英语中尚有表示阴性含义的词尾-ess，或表示阴阳区分的单词遗留下来。

例如：goddess 女神、empress 女皇或皇后、princess 公主、actress 女演员、Queen 女王或王后、widow 寡妇、lass 少女、cow 母牛、mare 母马、hen 母鸡等。

### （四）英、汉名词语法功能的对比分析

1. 名词做主语、宾语和表语的比较

（1）英、汉语名词在句中都可以做主语、宾语并且用法基本相同。

（2）英语的表语部分和汉语的判断句后一部分的用法相似，但叫法不一样，英语称其为表语，汉语称其为"宾语"。

例如：We are students. 我们是学生。"students"是表语，"学生"是宾语。

2. 英、汉语名词做状语的对比

和汉语一样，英语名词一般单独不做状语，但它和其他的修饰语一起可在句中做状语成分。最常用的是和数词、形容词、介词短语或其他非谓语形式连用。翻译成汉语时英语的状语有时在汉语句子中做状语，有时做补语。如：

Wait a moment.（"a moment"为状语）等一会儿。（"一会儿"为补语）
He entered the room，his nose red with cold.（"his nose red with cold"为状语）他鼻子冻得通红地走进房间。（"鼻子冻得通红地"为状语）

但是，汉语中表示时间、处所的名词可做状语，一般的名词不做状语，翻译成英语时需用介词短语或副词词组来表示。如：

We'll meet in London then.（"in London"介词短语做状语）那么我们伦敦见。（"伦敦"表地点的名词做状语）

He left yesterday.（"yesterday"表时间的副词做状语）他昨天走了。（"昨天"表示时间的名词做状语）

联系汉语中的"单纯方位词"和"合成方位词"。

例如：

（1）六点以后学校放学。（时间状语）School finishes after six.（时间状语）

（2）我哥哥坐在屋里。（补语）My brother sat in the room.（地点状语）

（3）墙上有幅地图。（地点状语）There is a map on the wall.（地点状语）

从以上例句可看出汉语的方位名词在英语中可用介词短语表示，在句中一般做状语。

3. 英、汉语名词做定语的对比

英、汉语的名词都可以放在名词中心词的前面，直接对它进行修饰和限定，即做名词中心词的定语；所有格做定语也基本相同。

4. 英语的系表结构与汉语的名词做谓语的对比

英语名词一般不做谓语，但在汉语中有些名词可以做谓语，这种谓语一般可加"是"，很像英语的系表结构。

例如：

（1）今天星期三。Today is Wednesday.

"星期三"为谓语，"Wednesday"是表语。

（2）他傻了。He is a fool.

"傻了"为谓语，"fool"是表语。

（3）这位老师花白的头发。This teacher has gray hair.

"花白的头发"是谓语，"gray hair"为宾语。

# 第二节　段落翻译教学

段落由各种句子构成，而句子是由单词、短语、从句组成的。在翻译时，我们有时需要对其中的某个短语、分句或是从句进行语法分析，以确定它在句子中所起的作用，例如做定语、状语还是补语等，以便确定它和句子当中的哪一个结构或成分发生直接的联系。如果分析不恰当，就很容易使译文中的语义发生变化，产生误译。以下我们将具体说明。

## 一、介词短语

介词短语是英语中相当活跃的元素，几乎出现在绝大多数的句子中。在不同的上下文中，它可以做不同的语法成分，如状语、定语、补语等。但是，它在特定的上下文中只能做一种成分，这主要视上下文以及句子结构而定。

## 二、名词短语

名词短语在句子中可以充当主语、宾语、表语、同位语等，若分析不当也有可能把它们搞错，所以同样需要根据上下文来具体分析。

## 三、非谓语动词短语

非谓语动词短语主要指现在分词短语和不定式短语。因为这两种非谓语动词短语在不同的上下文中可以充当不同的语法成分。对于非谓语动词短语也需要细心分析上下文，避免出错。

## 四、从句

名词性从句在一个句子中也可做不同的语法成分，因此也出现因分析不当而误译的问题。有时从修饰的角度出发，为了避免头重脚轻，保持句子的平衡，或是为了强调句子的某一成分，或是考虑句子与句子之间的衔接，或是为了使文章简练，都会把一些句子成分的位置前后移动，甚至省略，造成正常的句子变得"不正常"，正是这种特殊的结构给我们的翻译带来了很大的困难，稍不细心就会误译，处理的方法是抓住句子的关键，理清结构，这样才能做到正确翻译。下面分三个方面来具体讲解。

1. 分割结构

英语中的分割结构大体来说可以分为三类，一是主语和谓语被主语的一个定语分割，或是谓语和宾语被谓语后面的状语分割，再就是宾语和状语被宾语的定语分割；二是为了保持句子的平衡，把定语或同位语前置或后移；三就是插入语也起分割作用。

2. 倒装结构

英语中有两种倒装，一是全部倒装，二是部分倒装，理解倒装句的关键就是找出句中的主语和谓语。

3. 省略结构

省略句中出现的误译也比较多，究其原因，主要是分不清哪些是省略掉的。一般说来，当前后有几个句子的谓语是一样的时候，除了第一个不能省略之外，后面几个为了避免重复，往往都会省略掉。尤其是 be 形式，同样，当前后几个句子或分句的结构平行的时候，那么后面几个句子或分句中的主语或是宾语、定语、状语往往都会省略掉，甚至整个主谓结构或动宾结构都被省略掉，只剩下一个副词标志来表明省略结构，因此要善于抓住这些标志。

## 五、语义型句子和语法型句子

汉语句子为语义型或意合型，英语句子为语法型或形合型。换言之，汉语句子的根据在语义，英语句子的根据在语法。在汉语中，衡量一串词语是否成立为句子，要看这串词语能否表达出相对完整的意思。相比而言，汉语句子标准较宽松，句号的位置也有弹性。

## 六、"话题—说明"结构与"主语—谓语"结构

赵元任先生在《汉语口语语法》一书中指出："在汉语里把主语、谓语当作话题和说明来看待，比较合适。"的确，我们用"话题—说明"的观点看待分析汉语句子，比用传统的"主语—谓语"名称，能更客观地反映汉语句子的实际，更清楚地显示汉英句式结构上的异同，从而避免语法概念的混淆。

汉语句子的"话题"与"说明"是从句子顺序上说的。"话题"是说话人想要说明的对象，总是放在句子开头处。如果语言环境或上下文能暗示话题，也可能省略不提。"说明"部分位于话题之后，对话题进行说明、解释或质疑。"说明"部分与"话题"部分不存在一致关系。"说明"可以是一个名词或动词，也可以是一连串的名词短语或连动结构，还可以由形容词及各种词组充当，对结尾没有限制，可长可短，视语义而定。

汉语的连动句典型地反映出话题的后面一长串说明的特点（因为凡与话题有关的内容都可放在后面对其进行说明），这与英语句子一个主语和一个谓语相一致的结构大不相同。

## 七、"板块"式结构与"多枝共干"结构

由于汉语的"意合"特点，有些汉语句子的内部成分常常一一罗列，呈现并排式结构，外形上没主从之分，层面之间没有明显的逻辑标记。有人形象地把这种句子称为"板块"式结构，也有人称其为"竹节"式结构。

这与上下文讨论过的"话题—说明"结构和"主语—谓语"结构不无关系。与汉语相比，英语句子的"主谓结构"为句子主干，其他成分则通过各种连带附加关系附着在这条主干上，犹如树枝与树干的关系。人们把英语句子的这种结构称作"多枝共干"型。

从下面的译例中可以发现，原文用逗号分隔的小句表面上呈并列关系，到了英文里都变成了主从关系或偏正关系：

（1）话说天下大势，分久必合，合久必分。

They say the momentum of history was ever thus：the empire，long divided，must unite；long united，must divide.

momentum：the force that makes a moving object keep moving

（2）他们进行挑衅活动，制造紧张局势，必须马上停止。

They must stop all their provocations at once，which create tensions.

## 八、"左分支"结构与"右分支"结构

句子的语序一般以思维的顺序自然展开，而中国人的思维模式基本上是首先考虑事物的环境和外围因素，然后考虑具体事物或中心事件。西方人的思维模式正相反，首先考虑中心事物，然后才加上外围因素。这种中西思维方式的差异，表现在句子结构上，就是汉语中的状语总放在谓语或句子主体前边，定语无论长短，都置于中心词之前，形成"左分支"结构。这种结构特点往往使得汉语的状语部分长，主谓部分短；主语部分长，谓语部分短；修饰成分长，中心成分短。整体上显得头大尾小，有人将其比作"狮子头"形状。

如：村东头的王大妈来了，受欺骗的村民们也来了。

There came Aunt Wang who dwelt at the eastern end of the village, and also came the villagers who had been deceived.

英语的定语成分除单词外，多数都置于中心词之后。多数英语状语的正常位置也是置于主干成分之后，由此形成了英语的右分支结构。另外，英语重视末端重量，凡较长的词语或累赘的成分均需后移，有时甚至需使用假主语来避免句子头重脚轻。因此，英文句子多为前短后长，有人将其形容为"开屏的孔雀"，头小尾大。例如：

去年他为了完成一个项目在实验室用计算机努力地干了十个月。

He worked hard with a computer in the lab for ten months in order to complete a project last year.

正是由于英汉语言分属不同的语系，各自有着不同的语言类型、文字系统、语音系统以及词法上的差异，因此英汉语言在句法上也存在很大的差异。英译汉时必须使用汉语的句法来表达英语的意思。如果按照英语句法直译，译文将受到英语表达方式的影响和束缚，违反汉语表达习惯。反之，汉译英时也必须采用英语的句法来表达汉语的意思，尽可能适应英语的表达方式和习惯。因此，熟悉英汉语言句法上的差异对正确地进行英汉互译十分重要。

## 九、英语重形合，汉语重意合

英语重形合、汉语重意合是英汉两种语言在句法特征上最主要的区别之一。所谓形合是指主要靠语言本身语法手段，所谓意合是指主要靠句子内部逻辑联系。英语句法特征是"形合"，注重语法形式和功能。句子要按照语法规则来组织，其主语和谓语要求在人称、数、时态、语态上保持一致，主句和从句之间要用关联词衔接起来。因而英语结构紧凑严密，其句义的明确，主要是靠严谨的句子结构，分明的逻辑关系，注重语篇中句子之间的排列、衔接、连贯等。

### 十、英语句子重心在前，汉语句子重心在后

在复合句中，英汉句子重心差异很大。英语句子重心一般在前，句子的主要部分主句一般放在句首，即重心在前；汉语句子一般按照逻辑和时间顺序，将主要部分放在句尾，形成后重心。例如：

His chief contribution was making me realize how much more than knowledge I had been getting from him.

他使我认识到，我从他那里学到的，远远不只是知识，这是他最大的贡献。

The contract is made by and between the buyer and the seller，whereby the buyer agrees to buy and the seller agrees to sell the under-mentioned commodity according to the terms and conditions stipulated below.

买卖双方同意按下列条款购买、出售下述商品，并签订本合同。

### 十一、英语多用被动语态，汉语多用主动句

从文化性质上看，西方文化属于科学文化，汉语文化属于人文文化。从文化心理上看，科学文化"重物质、轻人伦，价值取向以功利为本位"，人文文化"重人伦、轻器物，价值取向以道德为本位"。两种文化取向表现在思维方式上大有不同，英语民族喜欢站在客观角度思考问题，汉民族喜欢站在主观角度思考问题。这在英汉语言上就表现为英语使用被动语态较多，尤其在科技英语中被动语态使用得更多，汉语使用被动语态较少，而多用主动句。

语态分为主动语态和被动语态，它们在英汉语言中的使用情况很不相同。一般来说，英语多用被动语态，汉语则较少使用，即使使用，也不像英语那样有固定或比较统一的构成形式。汉语的被动主要用"被"字句表示，常常借用汉语词语"被""叫""给""让""由""遭""受""得""为……所""是……的""可以由""加以"等表达被动含义。所以英译汉时应将英语的被动句转换为汉语的主动句。

## 第三节　语法翻译教学

对于一种语言的学习，想快速地从整体上把握它的规律，往往要先从它的语法开始。这是因为语法是从众多的语法单位里抽象出来的其共同的组合方式或类型及如何表达语义的规则，它是从词和句的个别和具体的东西中抽象出来，研究词的变化和句中词的组合的基础的、一般的东西，并且以此构成的语法规则、语

法规律。既然语法是对语言普遍规律的总结，那么不同的语法之间是否也存在着相同点呢？答案是肯定的。

当今世界使用最广的英语与汉语，在某些方面是有一定相似性的，在学习的过程中，二者可以成为帮助掌握对方语言的一种工具，但对于其中一种语言的学习与研究不可完全套用另一种的语言的语法，这是因为在一定程度上二者是不同的。下面我将对此进行详细论述。

首先来看汉语语法与英语语法的一致性。汉语里有主谓宾、动词、名词、形容词，英语也有。比如，"孩子们喜欢漂亮的花朵。"译成英文则是"Children like beautiful flowers.",在这句话当中，汉语与英语的主语分别是"孩子们"和"Children"，谓语是"喜欢"和"like"，宾语是"漂亮的花朵"和"beautiful flowers"。动词、名词、形容词也很明显是一致的，汉语与英语中用来修饰名词的定语同时是形容词的"漂亮的"和"beautiful"也一一对应。在这种句子结构完全一致的情况下，用汉语分析英语或反之都是可以的，而碰到两种语言不一致的地方，就坚决不能用这种语言的语法套用那种语言的语法。平时在课堂里教师英语语法讲得多，汉语语法讲得少，因此同学们对英语语法更为熟悉，对汉语语法反倒生疏。易用语法知识去分析问题，就很容易用英语语法的知识去分析汉语句子。比如英语里有"a red apple（一个红苹果）","a"是冠词，而汉语里却没有冠词。同样，英语里没有量词，谁要是将"a piece of news（一条消息）"中的"piece"说成量词，英国人也绝不会同意。所以一定要注意汉语语法与英语语法的区别。

下面我来详细分析二者的不同点。

第一，二者在词类方面不一样。汉语的名词里有方位词，如"里、内、外、上、下、前、后、左、右、中"等，其中的几个在英语里融入了介词，有的成了形容词。因此，对于汉语的方位词，不能说它们是介词或形容词。汉语的许多动词后面能够加"着、了、过"，于是大家容易认为"着"是现在时，"了、过"表示过去时，但汉语中的"着、了、过"并不表示"时态"。"他昨天吃着饭还看书呢""他明天看着电影还会想到我的"，这里的"着"与两个句子的过去时和将来时显然无关。

第二，二者在句子成分方面不一样。汉语里有主语、谓语、宾语、补语、定语、状语六大句子成分，英语还有一个补语。英语中用状语表示汉语用补语表示的意思，而在汉语中，则用宾语表示英语里的表语。我们见到"他在这儿逗留了三个小时。（He stayed here three hours.）"，就不能把"三个小时"当作状语而要当作补语。在句子"他是学生。（He is a pupil.）"中，就不能说"学生"是表语，而应当是宾语。其他的句子成分也有很多不一样的地方。如汉语里有把字句，如"他把书包拿走了"，"把书包"要分析为状语。英语里则没有把字句，或者说，在英语中，汉语的"把字句"被译为"被动句"。我们可以说"He takes the school bag."或"The school bag is taken by him."。前者的"takes school bag"构成了整个句子的动宾部分，后者则由"The school bag"做主语，"taken"做表语，句子的结构已经完全改变。

第三，句式方面不一样。英语里当然有一些非主谓句，如"Wonderful!（妙极了!）"，但是这样的句子极少。汉语里面的非主谓句则很多。除了一个词构成的非主谓句，如："棒!""好!"之外，汉语里还有大量由各种短语构成的非主谓句，如"好球!""我的帽子呢?""我的老天爷!""你这个小鬼!""瞧你!""下雨了""刮风了"等。如果用英语表现这些意思，则需要用一个主谓宾或主系表皆齐全的句子。更特殊的是，在汉语里，有一种主谓语句，如"他脸色苍白""这个人鼻梁很高""这里的树，杨树居多"这些句子的谓语部分都是主谓短语。而在英语中，这种句式结构是无法表现的。

以上都只是简单地举例说明了汉语语法和英语语法的相同点与不同点，二者更全面更细致的异同还需在不断地学习研究中探索。只有了解掌握了这些异同，才能在今后的汉语或英语学习中运用这种工具以收到事半功倍的效果。

## 一、现代汉语语法 VS 英语语法

现代汉语里一般的句子成分有八种，即主语、谓语、宾语、动语、定语、状语、补语和中心语。

英语的基本成分有六种：主语（subject）、谓语（predicate）、表语（predicative）、宾语（object）、定语（attribute）、状语（adverbial）、补足语（complement）和同位语（appositive）。

英语句子成分中，有些具有形态标志，如第一人称代词做主语就用主格"I"，做宾语用宾格"me"，做定语用所有格"my"。这些形态变化对分析辨认成分很有帮助。

汉语与英语就句子成分来说，表面上看来差不多，实际上有不少差别。例如：

（1）Xiao Li went to bed as soon as he came home.

小李回家后，立刻就睡觉了。

（2）I'll go when I have had my dinner.

我吃了饭就去。

在英语中，同一个主语在第二次出现时不能省略，必须把每个谓语所陈述的对象都表示出来。而在汉语中，同一个主语在句中第二次出现时，就可以省略。如例（1）中，汉语说"小李回家后，立刻就睡觉了。"，省去了第二个分句的主语，可以避免造成误解。若将第二次出现的主语补出来，说成"小李回家后，他立刻就睡觉了。"，听的人反而可能把那个"他"误以为成另一个人。

## 二、英语和汉语的十大区别

### （一）英语重结构，汉语重语义

我国著名语言学家王力先生曾经说过："就句子的结构而论，西洋语言是法治的，中国语言是人治的。"

我们看一看下面的例子：

Children will play with dolls equipped with personality chips, computers with in built personalities will be regarded as workmates rather than tools, relaxation will be in front of smell television, and digital age will have arrived.

译文：儿童将与装有个性芯片的玩具娃娃玩耍，具有个性内置的计算机将被视为工作伙伴而不是工具，人们将在气味电视前休闲，到这时数字时代就来到了。

in built：成为固定装置的，嵌入墙内的；内在的，固有的。

这句英语是由四个独立句构成的并列句，前三个句子都用一般将来时，最后一个句子用的是将来完成时，句子之间的关系通过时态、逗号和并列连词 and 表示得一清二楚。而汉语译文明显就是简单的叙述，至于句子之间的关系完全通过句子的语义表现出来：前三个句子可以看成并列关系，最后一个句子则表示结果。

### （二）英语多长句，汉语多短句

由于英语是"法治"的语言，只要结构上没有出现错误，许多意思往往可以放在一个长句中表达；汉语则正好相反，由于是"人治"，语义通过字词直接表达，不同的意思往往通过不同的短句表达出来。正是由于这个原因，考研英译汉试题几乎百分之百都是长而复杂的句子，而译成中文后经常就成了许多短小的句子。例如：

Interest in historical methods had arisen less through external challenge to the validity of history as an intellectual discipline and more from internal quarrels among historians themselves.

译文：人们对历史研究方法产生了兴趣，这与其说是因为外部对历史作为一门知识学科的有效性提出了挑战，还不如说是因为历史学家内部发生了争吵。

discipline：身心的锻炼，训练；纪律，风纪，命令服从；惩戒，惩罚；学科，科目。

英文原句是个典型的长句，由 27 个词组成，中间没有使用任何标点符号，完全靠语法结构使整个句子的意思化零为整，使用"less through""and more from"构成一个复杂的状语修饰动词 arisen。在中文中，"产生兴趣"这一重要内容通过一个独立的句子表达，两个不同的原因则分别由不同的句子表达，整个句子被化整为零。

### （三）英语多从句，汉语多分句

英语句子不仅可以在简单句中使用很长的修饰语使句子变长，同时可以用从句使句子变复杂，而这些从句往往通过从句引导词与主句或其他从句连接，整个句子尽管表面上错综复杂，实际上却是一个整体。汉语本来就喜欢用短句，加上表达结构相对松散，英语句子中的从句翻成汉语时往往成了一些分句。例如：

On the whole such a conclusion can be drawn with a certain degree of confidence but only if the child can be assumed to have had the same attitude towards the test as the other with whom he is compared，and only if he was not punished by lack of relevant information which they possessed.

译文：

总的来说，得出这样一个结论是有一定程度把握的，但是必须具备两个条件：能够假定这个孩子对测试的态度和与他相比的另一个孩子的态度相同；他也没有因缺乏别的孩子已掌握的有关知识而被扣分。

原文中两个 only if 引导的从句显然使整个句子变得很复杂，可是由于有并列连词 but 和 and，整句话的逻辑关系十分清楚：……能够得出结论……但是只要……而且只要……

从上面的译文我们可以看出，为了使中文表达更加清楚，"but only if…""and only if…"被翻译为"但是必须具备两个条件……"。这种做法给我们的感觉是译文中没有从句，有的只是一些不同的分句。

### （四）主语、宾语等名词成分"英语多代词，汉语多名词"

在句子中，英语多用名词和介词，汉语多用动词。英语不仅有 we、you、he、they 等人称代词，而且还有 that、which 之类的关系代词，在长而复杂的句子中，为了使句子结构正确、语义清楚，同时避免表达上的重复，英语往往使用很多代词。汉语虽然也有代词，但由于结构相对松散、句子相对较短，汉语里不能使用太多的代词，使用名词往往使语义更加清楚。请看下面的例句：

There will be television chat shows hosted by robots，and cars with pollution monitors that will disable them when they offend.

译文：届时，将出现由机器人主持的电视访谈节目及装有污染监测器的汽车，一旦这些汽车污染超标（或违规），监测器就会使其停驶。

### （五）英语多被动，汉语多主动

英语比较喜欢用被动语态，科技英语尤其如此。汉语虽然也有"被"、"由"之类的词表示动作是被动的，但这种表达远没有英语的被动语态那么常见，因此，英语中的被动在汉译中往往成了主动。下面我们先看一组常用被动句型的汉译：

It must be pointed out that...　必须指出……

It must be admitted that...　必须承认……

It is imagined that...?　人们认为……?

It can not be denied that...　不可否认……

It will be seen from this that...　由此可知……

It should be realized that...?　必须认识到……

It is（always）stressed that...?　人们（总是）强调……

It maybe said without fear of exaggeration that...　可以毫不夸张地说……

这些常用被动句型属于习惯表达法，在科技英语中出现频率很高，我们不仅要熟悉这些固定的句型，同时要认识到许多英语中的被动从习惯上来讲要译成汉语的主动。我们再看一个典型的例子：

And it is imagined by many that the operations of the common mind can by no means be compared with these processes，and that they have to be required by a sort of special training.

译文：许多人认为，普通人的思维活动根本无法与科学家的思维活动相比，认为这些思维活动必须经过某种专门训练才能掌握。

原文中有三个被动语态 is imagined、be compared 和 be required，译成汉语都变成了主动表达：认为、相比和掌握。

有些英语被动需要把主语译成汉语的宾语，这样才能更加符合中文的表达习惯。例如：

New sources of energy must be found，and this will take time，but it is not likely to result in any situation that will ever restore that sense of cheap and plentiful energy we have had in the past time.

译文：必须找到新的能源，这需要时间；而过去我们感觉的那种能源价廉而充足的情况将不大可能再出现了。

restore：归还；恢复，复兴；恢复健康，复原。

# 第四节　以学生为主体的教学模式

我国外语教学法长期以来，基本上是语法翻译法，其主要目的是培养学生的阅读和翻译能力，其手段是首先让学生熟记语法规则和例句，然后通过演绎的方法和翻译练习巩固语法概念。此后，我国外语教学界先后引进了视听法、听说法、交际法、阅读法、情景法、认知法、情感法、理解法等。各种外语教学方法之间是承前启后、取长补短、相互促进的关系。因此，我们从众多的外语教学方法发展可以感受到其内在的发展规律。

## 一、外语课堂教学中心转换模式的提出

近几年，我国大学外语教学界针对外语教学模式进行了有意义的探索和尝试，取得了一定成果。除了在传统的以教师为中心的教学模式研究中有所突破以外，还出现了以交际为导向，以学生为中心，以学习人认知为目的的教学模式。但是，笔者认为我们在进行外语教学模式改革的同时，应注意这样一个问题：在任何一个教学模式中，其参与者都为教师和学生，因此，在教学过程中，教学中心应该因教学内容、教学任务、教学方法、学习策略的不同，存在一个在教师和学生之间不断转换的过程。以下本节将从教学模式的层次性，教学模式的可变性，教学模式的效率性这三个方面针对外语教学中心转换模式进行论述。

### (一) 教学层次性要求外语课堂教学中心转换

现代外语教学有三个不同层次的模式：

1. 宏观模式（语言教学模式、英语教学过程模式）；

2. 中观模式（大纲设计层次模式）；

3. 微观模式（课堂教学模式）。

在不同层次的教学模式中，教师和学生所处的地位是不同的。任何一个外语课堂都是这三个层次的具体体现。

### (二) 教学模式可变性要求外语课堂教学中心转换

第一，教学阶段可变。在不同的教学阶段应该采取不同的教学方法。每一级教学要求不同，教学设计必然要有所侧重。因此，教师在具体设计课堂模式时，

随着学生水平的提高，应力求体现方法和形式上的变化。第二语言对于学习者来说是一门外语，没有母语那种得天独厚的语言环境。"进行外语教学，教材是信息输入的主渠道。但给学生输入什么样的信息，按什么顺序输入，起关键作用的仍然是教师。然而，教材的内容是有限的，教师应根据教学需要，有目的地选择、过滤与教学直接和间接相关的信息，经过加工整理输入（不是灌输）给学生，以培养学生的学习兴趣，扩大学生的信息量和知识面。"因此，在课堂的语言输入过程中，教师应该是教学的主体，是语言信息的发出者，学生是信息的接受者。

第二，教学认知主体的变化。学生和教师是教学活动的认知主体，而教材和其他的现代化教学设备是教学认知活动的媒介。不同院校的学生和教师的情况也不相同，即使同一院校，在不同时期，学生和教师也是不同的。例如：学生在年龄、教育背景、外语基础、学习动机、目的、期望、语言技能的强弱、学习策略等方面存在很大的差异。同时，任课教师本人的专业基础、语言水平、教学经验、语言技能的强项、教学方法的偏好、对教学效果的期望等，也是截然不同的。此外，不同的教材和同一个教材在不同的使用时期，教学设计也不是一成不变的。随着理论水平的提高，教学经验的积累，教师会逐渐认识到原有设计的不足，并重新设计教案，课堂教学质量随之进一步提高。因此，我们在实际教学过程中，教学中心不是固定地以学生或以教师为中心，而是在教师和学生之间不断进行着转换。

第三，教学中应急性可变。在课堂实践过程中，经常会出现一些意外情况，课堂设计不可能对此做出预先考虑，这就需要教师发挥应变能力，临时对课堂内容和授课计划做出相应的调整；并且在课堂教学过程中，针对某一个知识点进行临场更换教学内容的情况更是普遍存在。

第四，其他教学因素的可变。教学班级规模的大小，课堂学时的多少，教学条件和设备的优劣，外语专业和非专业的不同要求等，都会引起外语课堂教学模式的改变。

### （三）教学模式效率性要求外语课堂教学中心转换

知识经济时代要求我们在教学过程中，不仅重视外语教学的方法和内容，更要注意教学效率。树立教学效率观念，提高外语教学效率是外语教学成功的关键。"提高外语教学成效的关键是依据语言规律和语言学习规律，确立一条符合人的认知规律的外语学习路子。在此基础上，建立科学的教学目的，创设有效的教学模式，进行外语教学和教学效果的科学分析，这样才能提高外语教学的效率。"外语教学是教师和学生互动的活动，在整个外语教学的活动中，固定把教师当作中心或固定将学生作为中心进行课堂教学活动，都不能提高外语教学的效率。

## 二、外语课堂教学中心转换教学模式的原则

外语课堂教学中心转换教学模式的理论基础、基本原则和教学过程是以语言学、心理学、教育学、社会学等为依据。我们知道，语言学习过程一般要经历语言输入（音、形、义以及语言的文化背景）、语言内化和语言运用等三个语言信息加工、存储、提取的阶段。因此，外语课堂教学中心转换教学模式应服从以下三个原则。

第一，语言知识与语言能力并重，两不偏颇。

一方面必须依据学生的需求和其实际的外语基础和水平来选择语言材料以及安排教学任务；另一方面，教师要转变观念，明确自己在课堂中的地位和作用。根据语言获得的规律，在听、说、读、写、译五项语言基本技能之间，有一个语言机制转变的过程，必须在足够的语言材料的"输入"之后，才能逐步转化为说、写、译的能力。所以，教师应该成为语言输入的重要桥梁：一方面要对语言材料进行详细的讲解；另一方面教师要不断地提出具有启发性的问题，使学生在学习语言的过程中不断提高对语言规律的认识。教师应是学生语言学习过程中语言内化的催化剂，要根据不同学生的外语基础、学习目的、学习方法等因素，设计出多种多样的教学活动，以满足不同层次的学生的需要。教师应是语言输入的组织者，要让每个学生都积极参与教学活动中来，充分地调动和发挥学生的积极性和学习潜力，培养和训练学生的学习能力，而不是单纯地讲语言知识点，目的在于引导学生综合运用各种语言的知识积极参加相关的语言实践活动，逐步发展学生实际运用语言的能力。

第二，在语言内化过程中，必须形成教师和学生的双向交流，互动教学。

在以往的教学中，教师为外语课堂教学活动的中心，课堂基本上是教师的"独角戏"。诚然，"讲解"的作用与必要性是不可否认的。但过多的讲解只能改变学生的内在语言信息的存储量，却无法最大限度地激发学生的积极思维和培养学生用语言进行分析、思索和归纳以及发现语言内在规律的能力，即无法实现语言思维和语言技能的内化。外语课堂教学中心转换模式是在教师和学生之间进行一种动态的平衡运动，使学生投入语言学习活动中去，激发他们的学习兴趣。

第三，充分利用课堂时间，提高外语学习效率。

在外语课堂教学活动中，教师一方面要引导学生从宏观上对语言材料进行理解和分析，另一方面，针对结构复杂、内容费解的句子及语言点，教师应进行详细讲解，不能因为强调听、说而全部一带而过，这样会使学生难以消化这些知识

点，造成他们似懂非懂的状态。总之，在外语课堂教学中，语言知识要精选，讲透。只有精选，才能为语言的输入提供准确而详实的材料；只有通过反复操练和必要的讲解，才能完成学生的语言知识的内化，才能保证学生对新知识点的获得、巩固和转化，完成将教师传授的知识和书本知识的结合。同时，语言操练环节应坚持省时、参与面宽、讲究实效的原则。

外语课堂教学中心转换教学模式的提出科学地将学习语言的自然规律与我国外语教学实践相结合。在教学中，既让学生打下了坚实的语言基础，又增强了学生的语言使用能力，使教和学在整个教学活动中进行了动态的平衡和有机的结合。

# 第五节　信息技术支持下的翻译教学模式

随着计算机技术的迅猛发展，多媒体技术和网络技术在外语教学中得到了广泛的应用。尤其是近几十年，各种多媒体外语教学课件和软件不断地被推出来，许多外语教师将多媒体教学课件运用到课堂上来，多媒体计算机辅助外语教学逐渐成为一种新的外语教学模式。

近几年，在翻译教学这一方面存在一些不尽如人意之处，全国各高校都在扩大招生规模，造成班级学生人数多而英语基础又参差不齐的情况，教师很难做到因材施教。用多媒体计算机进行英语教学可以弥补以上的不足。计算机辅助外语教学改变了传统的"课堂"概念，不论是计算机房，还是学生宿舍，甚至家中都可成为授课地点。教室不再是教学唯一的地方，而是教学的一个有机组成部分，英语教学也不再是完全的集体行为，而成为个体独立的行为。计算机辅助外语教学既保持了传统特色，又可以发挥软件便于管理、升级方便的特长，使外语教学能够随社会和现实的变化发展，更能接近社会实际，更为全面地提高学生运用语言的实际能力。计算机辅助外语教学还改变了"教师"的概念。不仅课堂上讲授的是教师，一台电脑、一个软件都可以成为英语学习者的教师，"外语教师"可以在网上随时为您解决外语疑难问题。计算机辅助外语教学软件还可以代替教师完成工作中纯粹机械性的劳动，使教师更为有效地进行面对面教学活动，从而做到因材施教，使教学过程更富有成效。

外语教师在计算机技术方面以及如何将外语教学课件和外语教学相结合方面都存在不少问题。以下就多媒体与公共英语教学的个体化问题进行讨论。

## 一、多媒体语言教学将改变大学翻译教学模式

信息技术的飞速发展，正在不断使大学公共外语的教学内容、教学手段、教学方法和教学考核等方面发生根本性的变化。首先，多媒体语言教学将改变传统的教学理念和教学方法。在传统的英语教学当中，教师是课堂的主导者，学生被动地听讲，知识的传授是单方面的灌输。这样的教学模式培养出来的学生缺乏学习主动性、创造性和实践能力，实际应用语言的能力提高很慢，跟不上时代迅速发展的步伐。多媒体语言教学从根本上改变了传统的英语教学模式，它标志着一整套全新的教学思路和方式的提出，打破了传统的以教师和课堂为主体的"固定"教学思维模式，将教学变成了一个动态过程，突破了时空局限，给传统的英语语言教学带来了巨大的变化。

传统的课堂教学以教为主，学生只是被动地听讲，机械地做笔记。多媒体课堂教学追求教与学的合作化，以讲引导思维，以讲激发感情，并赋予学生学习的主动性。变学生的"被动听讲"为"主动学习"，由"要我学"转变为"我要学"。传统教学的班级授课方式使学生缺乏与教师、同学的交流与协作；多媒体网络式教学则提供了师生之间交流、学生之间协作的机会和条件。基于多媒体教学的众多优势，我们可以考虑在不改变原有文字教材的基础上，更多使用多媒体课件和多媒体网络。

## 二、多媒体技术丰富了翻译教学技术手段

多媒体教学课件和软件已成为翻译教学的各种技术手段中最新、最有效的辅助教学手段，将多媒体引入翻译教学课堂也已成为近年来教育界关注的一个热点问题。就外语教学而言，多媒体将有助于提高教学效果，尤其是模拟现实和提供语言应用的环境将使外语教学事半功倍。多媒体外语教学使用了媒体信息、音频信息、视频信息、远程数字信息等，提供了用于外语教学的全部媒体。外语语言教学需要记录和重播声音，需要提供实景的播放，需要语言、文字、情景同步提供给学习者，需要语音的矫正、领读，需要语法检查、拼写校对等功能。新一代计算机外语教学软件基本上具有以上的所有功能。通过计算机网络还可以实现外语远程教学。

## 三、多媒体与外语教学相结合的具体方法

### （一）教师要选择适合学生需要的多媒体课件和软件，以作为对课堂学习的有益补充

当代大学生思想活跃，愿意接受新鲜事物，乐于紧跟时代的节拍。而课堂教学提供的教材容量有限、内容滞后，教学内容往往因跟不上时代的要求而显得落

伍。学生很难涉猎更广泛的知识，很难获得国内外各学科领域的最新信息，进而难以适应社会、经济和未来的发展。如果选择恰当的多媒体作为外语教学的辅助手段，可以充分发挥多媒体的优势：集声、文、图、像于一体，便可以大大调动学生的积极性，使原本枯燥的学习在轻松活泼中完成，以发挥学生的主动性和创造性，展示学生的才能和潜力。

**（二）多媒体技术和传统文字教材在课堂教学中的并行使用**

传统的文字教材中，教学内容主要是描述性的文字和补充说明性的图形和图表；文字符号是静止的；效果主要是视觉上的；教学内容的线性结构和顺序都是以教为主，阅读时顺序性很强，学生只能在老师的指导下获得正确的事实、概念及其层次逻辑关系。因此，传统的文字教材不够生动，学习起来自由度不大，灵活性不强，而且难以促使学生已有的知识结构向新知识结构进行有效迁移。现代的多媒体软件中，教学内容可以用文本、图形、图表、图像、动画等多种媒体相结合；信息符号有静止的，有运动的；视觉的，听觉的；信息组织方式是非线性的网络结构，有利于激活学生原有的知识，并使其通过推测、判断、联想来轻松地获得新知识。多媒体教材中统一性和灵活性的完美结合为学生提供了一种动态的、开放的认知形式，有利于学生主动参与、自主学习。

**（三）多媒体课件使学生在课下单独来完成诸如语法、听力、口语操练等部分内容成为现实**

大学学生在入学前已经进行了 6～9 年系统的英语语言学习，应已掌握基本的英语语音和语法知识，认知单词 1800 个左右，并在听、说、读、写方面受过初步训练，因此，在课堂上进行大量的语法、听力、口语讲解和练习，无疑是在浪费时间。同时，我们也不可能在短短的几堂课内把所有学生在这几方面的问题都解决了。在课下，学生可以选择适合自己的课件来解决这些问题。这样既能节省课堂时间，提高课堂的学习效率，又培养学生自己发现问题、独立思考、解决问题的能力。大学外语教学可以从注重语言本身转到注重语言习得和语言运用，从偏重语言知识传授转到侧重学习方法教育，培养学生实际运用语言的能力。

我们应该正确评估多媒体技术在外语教学中的作用。多媒体并不是解决当前所有外语教学问题的秘方，它只能使好的教学更上一层楼。如果使用不当，会降低教学质量。在外语教学改革中，教学方法的改进和课程的改革应该放在首位，其次才应考虑多媒体技术与英语教学的结合。在外语课堂上，我们即使不使用多媒体，仍可通过能够在课堂上增加互动性的活动来激发学生的学习兴趣，给学生提供更多实际运用语言的机会。课堂教学要以学为主，以教为辅。我们对多媒体教学不要期望过高，多媒体技术只是辅助教学的手段，多媒体教学不是替代课堂教学，而是丰富教学的手段。总之，多媒体语言教学符合外语教学发展的规律，多媒体计算机外语教学可以满足公共外语个别化教学、自助式学习，符合现代化教学思想，使外语学习不再成为负担。

# 第六节　网络环境下的翻译教学模式

许国璋教授指出"语言是人类特有的一种符号系统，当它作用于人与人的关系的时候，它是表达相互反应的中介；当它作用于人和客观世界的关系的时候，它是认知事物的工具；当它作用于文化的时候，它是文化信息的载体和容器。"通过网络交流信息已经成为现代社会的一个基本方式，网络语言已经成为折射的社会文化一个重要的媒介。同时，网络语言是伴随着网络产生和发展而逐渐演变出来的一种不同的语言变体。它是以网络技术发展为先决条件，以网民为语言使用群体，以交际为目的的特殊语言。

## 一、网络词语产生的社会文化背景

### （一）网络技术迅猛发展及其广泛使用

网络是 21 世纪最有发展前景，最有影响力的媒体，无论是政治选举调查，还是商务市场调研均可以在网络上进行。截至 2019 年 6 月，互联网在国内的普及率达 61.2%。中国的互联网迈入"热词"或"词媒体"的时代。

网络语言使用群体已经形成，并达到了语言承载的规模。

网络词语是由一定的网络用户群体在网络虚拟空间创造和大量使用的具有时事性、广泛性和鲜活性的语言变体。中国互联网络信息中心（CNNIC）于 2019 年 8 月 30 日在京发布了第 44 次《中国互联网络发展状况统计报告》，据《统计报告》显示，截至 2019 年 6 月，我国网民规模达到 8.54 亿，较 2018 年底增加 2598 万人；我国手机网民规模达 8.47 亿。由此可见，一个稳定的网络语言使用群体已经形成，并能够使这种语言变体长期、稳定地存在和使用。

### （二）网络语言具有鲜明的时事特色

国家语委发布的《中国语言生活状况报告（2010）》指出，2008 年和 2009 年的网络新词出现，如"雷人、打酱油、裸官、食草男、范跑跑、郭跳跳"等。2010 年的热词、热字或流行语，从现实世界到虚拟空间，几乎覆盖了社会生活的每一个角落，如同"流星雨"一般蜂拥而至。由于每年年末都会进行网络新词的评选，再加上媒体等的聚集，这使得网络新词不断融入人们的生活中。

## 二、英汉网络词语的生成方式对比分析

由于现代社会资讯信息过载，知识信息大爆炸，人们越来越多地采用热词、流行语来浓缩传递海量信息，使传递的内容更简洁，传递的速度更快，传递的方式更方便。网络新词是人们依据语言构成及其依存的文化背景，创造出来的并为广大网络交际使用者所接受的词语，如：美眉、大虾、斑竹、菜鸟等。

### （一）汉语网络词语的生成方式分析

汉语网络词语主要有以下六种生成方式：

1. 谐音，如：斑竹—版主；大虾—大侠

2. 外语词汇的谐音译音，如：猫—调制解调器鼠—鼠标

3. 直接借用英语单词，如：fans—粉丝　out—落伍　cool—酷

4. 英语单词或短语的首字母缩写，如：B to B—Business to Business（商家到商家）；

5. 汉语拼音缩略语，如：GG—哥哥　JJ—姐姐　DD—弟弟

6. 字母与数字混合形式，如：B2C—Business to consumer（从商家到用户）；F2F，即 Face to Face（面对面）。

### （二）英语网络词语的生成方式分析

1. 英语网络词语的构词方式

网络词语与其他书面用语发生了很大的变化，这种变化最明显表现在词语方面，网络词语主要是利用现有的语言材料通过构词方式产生的。从词汇的形态结构来看，英语网络词语的构词法主要有以下几种：

（1）合词构词法

合词法就是把两个或两个以上的词按照一定的顺序组合构成新词的方法。据统计，合成造词在英语网络语言中占了 20.7％。例如：Helicopter parent（直升机父母）是指某些"望子成龙""望女成凤"心切的父母就像直升机一样盘旋在孩子的上空，时时刻刻监控孩子的一举一动。

（2）拼缀构词法

拼缀法就是对原有的两个单词进行删减，取舍其中的前缀或后缀而形成新词的方法。

例如：botel（boat＋hotel）汽艇游客旅馆；jazzotheque（jazz＋discotheque）爵士音乐夜总会。

（3）谐音构词法

谐音构词法是指利用相同或相似词汇的语音构造出新的词汇的方法。该方法主要是根据单词的发音特点和其他词语组合成词形简化而词义不变的网络新词语，或用发音相同的字母代替单词，如：thx（thanks）；bbs（be back soon）；asap（as soon as possible）。

（4）缩略构同法

缩略构词法使得网络词汇结构简练，使用方便，满足了人们进行高效快速的信息交流的要求。英语网语缩略的方法有如下几种：

a. 单词缩写：只保留单词中的词缀或词根。例如：Tel（telephone）；Add（Address）；Info（Information）；等等。

b. 短语和句子缩略：由短语和句子中的每个单词的首字母连接而成。例如：WYSIWYG（What You See Is What You Get）；WYT（Whatever You Think）；WB（Welcome Back）等。

**（二）英汉网络语言造词方法的共同点**

1. 任意性

网络语言是在网络这个虚拟世界使用的不受任何约束的语言变体，具有开放性、任意性的特点。因此，在这个网络虚拟空间上，每一个人可以自由地发表自己的意见和观点。与其他的语言交流方式不同的是：网络语言在使用上不受各种语言规则的制约，只要不妨碍交流，各种语言词语都可以采用，并且词语可以任意组合。

2. 简化性

网络时代的特点是信息的传播不再受时间、空间、资源的限制，整个世界呈现出"平面结构"，网络语言也在悄然发生变化：人们对待新事物，不再用固有词语去描述它，而是将之代码化——以简化的单词或字符来传达相同的语义。网络词汇输入便捷、高效，便于人们使用和记忆。

**（三）英汉网络词语的语义对比分析**

1. 概括性：一般的词指的都是整类事物和现象。如："打酱油""楼脆脆""范跑跑"这些网络词语能够形象、生动地反映该事物的本质特征。使用者能够准确地把词与所反映的现象联系起来。

2. 模糊性：网络词语的模糊性指的是词义的内涵和外延界定不清晰，是客观事物连续性在人大脑中的反映。事物的核心部分一般来说还是可以明确的，但是它与其他事物的差异逐步扩大，其间不存在截然不同的界限。词义的核心部分仍是人们注意的重心，是词义所要概括的主要对象。

3. 民族性：网络词语因为使用者所属民族不同，往往词语概括的对象也大相径庭，由此而产生了词语的民族性。词义不仅在理性意义上有民族性，在附加色彩上也可以显示出民族性。

网络语言是以网络科技快速发展为平台，以全球经济一体化和各种社会文化不断交流为背景产生的，并且它随着经济和文化的发展还会进一步扩大，渗透到我们日常的生活中。我们作为语言工作者必须对这种语言现象给予高度的重视。对英语和汉语网络语言的造词方法和比较进行研究，不仅能够拓宽我们研究的视野，又可以推动外语教学研究的发展，使我们的外语教学能够紧跟语言发展趋势。

# 第九章　翻译教学中本土文化身份重构的原则与策略

## 第一节　翻译教学中本土文化身份重构的必要性

由于历史、文化、政治、经济等多种原因，英语已经是适应新形势需要的国际通用语言。越来越多的人将非母语的英语作为自己进行文学创作的语言，以同一种语言形式表达各自民族个性，负载各自的本土文化。由此可见，英语并非和某一特定的文化，甚至某一特定区域的文化相对应。因此，在我们把英语作为国际语言教学的今天，将跨文化教学等同于英美文化的导入未免有失偏颇，在翻译教学中忽视本土文化的导入必将导致我们培养出的翻译人才出现"本土文化失语症"，即翻译人才可以说一口流利的英语，但是对本民族的本土文化却无法用英语表达出来。这种现象对于塑造新一代翻译人才的人生观、价值观，增强翻译人才的自我认同感，提高我国的国际地位都是不利的。因此，在跨文化翻译教学过程中进行本土化身份的重构是十分必要的。

### 一、符合文化全球化的时代背景

文化全球化的重要特征是文化明显呈现出相互融合和多元性的趋势。世界越来越连成一体，成为"地球村"。当今世界经济全球化的发展，高新技术特别是信息技术及其产业的迅猛发展，使人类的交往已经扩大到全球范围，形成了世界性的普遍交往。这就促使中西方文化走向相互融合，从而减少和避免彼此间的对立和冲突。它们相互之间的冲突、交流和融合正呈现出一种新的态势——多元发展趋势。在世界经济全球化深入发展的背景下，经济与技术的交往、商品和资本的流动、信息的快速传播、人员的跨国流动、大众传播媒介和网络的无所不在，这一切使得各民族的文化，突破特定的地域环境和社会语境，变成一种"流动的符号"，融入一个全球性互动的文化网络之中，不同形态、不同民族文化之间的并存、比较与相互渗透第一次即时性共场景地展现出来，也使那些原来长期以自我为中心的文化或文明直接感受到"他者文化"的存在，进而产生对"他者"的尊重和理性认知，有利于减少文化或文明之间的冲突和对抗。可以说，多元文化或文明间的差异性正在成为经济全球化时代文化的基本格局。

改革开放使被封闭多年而又和西方发达国家有较大差距的中国猛然面对西方的高度发展的物质文明和精神文明，再加上国内转型时期的政治经济体制出现的这样那样的不合理的、落后的经济和科技环境，使很多国人缺少民族文化认同感。我们可以模仿西方的制度、西方的建筑、西方的观念，但我们不可能拥有西方的文化底蕴和源始传统，唯一结果只能是我们永远在模仿中踯躅而行。盲目西化，丧失了我们与自己的民族文化和民族精神有生命力的联系，那么我们在精神上、文化上将变成无源之水、无根之木。当代大学生是民族的未来、国家的希望，肩负着建设国家、保卫国家的重任，肩负着实现现代化的重任。但他们对中国文化的认同让人担忧。部分大学生从小在西方卡通片，在麦当劳、可口可乐中长大，缺少对民族历史、民族苦难、民族文化的了解，再加上受社会上崇洋媚外的风气和我们过于重视教育功利化的影响，这一切使得他们对民族文化认识肤浅，民族文化认同感淡薄。未来的竞争，是国民的竞争，是文化的竞争。在文化上自卑、缺少民族文化认同感的民族，是不会在这场竞争中坚持下来的。因此我们要充分认识到培养学生民族文化认同感的紧迫性和重要性。这种现实不能不引起我们外语教育工作者的高度注意，我们不能丢弃教育这块培养学生民族文化认同感的主阵地。

## 二、培养翻译人才的民族感情

中国文化认同教育是大学生民族感情的培养需要。我国的传统文化博大精深，历史悠久。几千年来，它维系着中华民族的精神追求和文化命脉，也是世界文化体系中重要的组成部分。中华民族的传统文化是中华民族长期发展的产物，它的形成和发展有其历史的必然性和内在的规律性。在当今文化全球化发展的过程中，继承和弘扬本民族的优秀文化传统，是有效抵御外来文化侵袭的重要手段，在民族进步和历史发展的过程中起着多方面的重要作用。回顾中华民族的历史，我们更能清楚地看到，中华民族的传统文化，特别是其中的优秀部分一直是我们的民族之魂，是维系中华民族生生不息的精神纽带，在中华民族的历史发展和社会进步中一直起着积极的促进作用。然而由于种种原因，大学生中淡化民族文化的倾向依然存在，有的"非古讽今"，有的主张全盘"西化"。学习英语的需要使大学生更有条件接受外来文化，如果不加思考地全部接受，或者不论场合盲目地模仿，或者"崇洋媚外"，或者对自己民族的文化加以否定，那都不是我们教育者的初衷。诚然，西方文化与东方文化之间并无优劣好坏之分，但是我们有自己的文化传统，有自己的文化精华，它们滋润着延续了五千年的中华文明，是任何一种文明都无法替代和超越的。因此，我们必须强调"文化自觉"，提升民族意识，培育民族精神，对中国传统文化中的优秀部分应结合现实需要加以提升和吸收。民族精神是一个民族赖以生存和发展的精神支柱，一个民族，没有振奋的精神和高尚的品格，不可能自立于世界民族之林。

所以，不管是学校教育还是社会教育，都要加强对大学生中国传统文化的教育和引导，让青年在继承优秀文化传统中去弘扬和培育民族精神。而外语教学中的中国文化认同教育不仅可以传授文化知识，而且还能通过历史事实激发学生的民族自豪感，激发他们的爱国热情，培养他们的爱国主义精神，树立其民族的自尊心和责任感。

### 三、提高翻译人才的人文素质和思想道德修养

中国文化教育是培养大学生人文素质和思想道德修养的需要。他们在小学、中学阶段曾经接受比较系统的母语教育，不断得到母语文化的熏陶。但是，他们的母语文化基础只是在无意识中建立的，是零碎的，而非系统的。特别是受应试教育的学生，对《论语》《道德经》等哲理书，"四大名著"等古典著作从没阅读或不甚了解。到了大学阶段，学生的主要精力投入专业之外的英语学习，接触的大多是外语材料。而浓浓的英语文化气氛亦使他们淡化了母语知识和文化。因此，他们普遍缺少中国文化基础，缺乏文化素质，导致整体素质下降，道德约束减弱，缺乏礼仪观念，人际交往中缺乏信赖，抛弃诚信，也就出现了人文精神失落和价值观混乱的现象。思想素质是衡量一个人素质的重要标准。没有较高的思想素质，再有才华的人都是不全面的，甚至是危险的。现在的很多大学生由于对祖国传统文化了解太少和受到外来思想的影响盲目地追求和崇拜西方文化，对祖国传统文化不屑一顾。可以想象一个不爱祖国传统文化的人是不可能热爱祖国的，那么提高学生思想素质就是一句空话。

因此，我们必须让学生借助中国文化课程，学习中国文化知识，阅读相关的文化书籍，系统、全面地学习了解本民族文化；有意识地吸收文化精华，加深文化内涵，让学生对祖国的传统文化有所了解，并培养学生对祖国灿烂文化的热爱之情，从而激发他们对人类社会发展的责任感和使命感，只有这样才能提高大学生整体人文素养和思想道德修养。

### 四、促进翻译人才理解和传播本土文化

一个民族的文化是其屹立于世界民族之林的独特品质。中国是有着五千年历

史的文明古国。祖先给我们留下了博大精深、光辉灿烂的文化遗产。像中国古代哲学思想、宗教信仰、古代教育和科技成就；汉代的辞赋、唐代的诗歌、宋元的词曲、明清的小说和戏剧；还有祖先们在医药、农业、天文、地理等方面的巨大成就，都闪烁着智慧的光芒。我们的文化遗产不仅在精神上哺育了一代代华夏儿女，而且，它的伟大作用也正在为世界上的其他文化所认同和接受。许多学者研究提出，中国文化是能够在21世纪发挥日益重要作用的文化。如英国著名学者汤因比在《展望21世纪》一书中说：中国的传统文化，尤其是儒家和墨家的仁爱、兼爱思想学说是医治现代社会文明病的良药。他指出，儒家的仁爱"是今天社会所必需"的。我国国学大师季羡林先生也提出"东学西渐"的理念来论述中国文化对当今世界的影响。在文化全球化深入发展之时，在与西方社会交流频繁的今天，我们需要更多的能熟练掌握外语并能利用外语向西方弘扬中国文化的人才。发展和弘扬本民族文化已经成了我国文化发展的当务之急。然而，很多时候我们却发现我们培养的大学生无法用英语表达平时自己熟悉的本国文化（或表达得不到位）。在跨文化交际中英语语言只是一种交流的工具，其实质是双方思想和文化的交流。若只是一味地吸收外来文化，而无法将本民族的优秀传统文化传播出去，这种交流本身就是不平等的，长此下去对国家和民族的发展不利。要想让中华民族崛起于世界民族之林，我们就应该让世界了解和尊重中国的文化。

作为青年人的大学生，既是西方国家"文化渗透"的对象，又是我国文化对外传播的承担者，理应在英语学习中加强母语文化的积淀，担负起传承中国文化、与世界人民共享人类宝贵精神财富的任务。尤其是英语专业的学生，在学好英语语言文化的同时，必须系统强化中国文化，达到能用英语娴熟而准确地表达中国文化的程度，向世界传播弘扬优秀的中国文化，以利于人类的良性发展与和谐世界的创造。

### 五、促进中西文化共同发展的需要

全球化在文化上表现为一种丰富多彩的、各具特色的多元文化，人类文化的多元性体现了不同民族地域文化的丰富性特征。人类历史表明，正是各种不同体系的文化构成了世界文化的宝库，正是人类不同文化表现出来的个性化特征构成了人类文化的灵魂，它们使得世界文化宝库多姿多彩。所以在应对全球化挑战的这个问题上，主张"全盘西化"或主张本土主义或民族主义显然都是不可取的。文化本身并没有优劣之别，每一种文化都适应着一定的社会历史条件，发挥着自己的作用。中西方文化根植于不同的民族土壤，都处于动态的进化过程中，既有优点，又有不完善之处。因而中西文化在交流的过程中应该享有平等的地位和权利。现阶段的文化教育应兼顾目的语文化和本族语文化，要克服民族自卑心理和民族中心主义两种极端情绪。在英语教学中进行中国文化认同教育，实际上是用英语进行文化的双向交流。这也是社会赋予新时代大学生们的神圣使命。我们在英语教育中开设西方文化课程的同时增设中国文化课，应是两手抓之举。在外语学习或跨文化交际中，学生是以双重的文化心理进行的。建立比较系统的目的语文化知识体系，能深层次地了解西方民族思想的起源、风俗习惯、语言及其反映的思维方式和这种思维方式对语言应用的制约；而建立扎实的母语文化基础，则能从另一角度了解自己和别人，扩大文化知识储备量，促进知识的平衡，完善知识结构。中国文化意识的培养贯穿于英语教育的全过程，在教学中不断渗透中国文化元素，可以培养学生强烈的民族自豪感和平等文化交流的态度，从而进行健康有益的跨文化交流。同时引导学生意识到文化的世界性，学会生存、学习和合作，学会理解和关心他人。从某种意义上说，系统的中西文化知识使学生感悟中西文化的异同，使他们在学习和实践中，有意识地比较区分，培养文化的敏感度和辨别能力，减少文化错误和文化冲突，顺利地完成双向文化交流。

## 六、英语的国际化与本土化的需要

英语作为世界范围内的通用语言，新名词层出不穷，如世界英语（World English/Global English）、国际英语（International English）、新英语（New English）等。由美国语言学家 Braj B. Kachru 所倡导的英语"多元标准"和英国语言学家 Randolph Quirk 主张的"一元标准"，尽管理论上不相上下，现实却是本土文化和外来文化的融合从来就没有停止过，英语已失去了"标准英语（King's English）"的本真性，越来越多的英语国家主张独立于美国英语或英国英语，或将本国内容和文化置身于英语的形式中，出现了澳大利亚英语、新加坡英语、非洲英语等。在此过程中，中国英语也应运而生。尽管当前对中国英语的地位和其本质的界定一直颇有争议，但是能肯定的是承载中国文化的中国英语已经客观存在。"英语一旦在某地区被采用，不论其目的是科学、技术、文化，还是人的名望、地位或现代化，它都会经历一个再生过程，部分是语言再生，部分是文化再生""中国英语代表中国社会文化习俗和传统价值观，对中国学生来说将会是更加真实的英语"，中国英语是语言创新的结果。L. Smith 在提出"国际语言"概念时就明确指出"英语作为本土意义上的国际语言，植根于英语使用者的本民族文化"。因此，我们学习英语就意味着学习中国英语。

## 七、文化相互交往与多元化的需要

文化的平等性显示了各民族的文化都具有独特价值，无优劣贵贱之分；文化的交往性即系统结构中存在一定的相互联系的文化，体现了各文化之间的相互影响；文化的差异性说明各文化都是各不相同、独一无二的；文化的内聚性是指由于各文化间存在共性，可以相互借鉴。多元文化的提出，其实质目的不是要突出某一种文化，而是提供了处理两种以上文化间相互关系的态度和方法。所以重视本土文化教育是多元文化平等性原则的体现，外语教学不应该只给学生提供学习和了解目的语文化的机会，还应该起到对外传播本民族文化的作用，而且在多元文化接触和交往的过程中，才能更客观地认识与理解自身文化，辩证地对待自身文化，取长补短，进而提高学生的认知能力、判断反省能力、独立思考能力等，培养其在不同文化中的适应能力。

## 八、提高翻译人才的跨文化交际能力

外语教学中插入适当的中国文化教育，有利于学生提高语言综合能力和交际能力。

《大学英语教学大纲》（1999）明确指出，大学英语的教学目的是"培养学生具有较强的阅读能力和一定的听、说、写、译能力，使他们能用英语交流信息。大学英语教学应帮助学生打下扎实的语言基础，掌握良好的语言学习方法，提高文化素养，以适应社会发展和经济建设的需要"。

《高等学校英语专业英语教学大纲》（2000）也对学生的文化素养提出了更明确、更详细的要求："英语专业高年级学生要熟悉中国的文化传统，具有一定的艺术修养，熟悉英语国家的地理、历史、发展现状、文化传统、风俗习惯。"这里所说的"用英语交流信息"，不应片面地理解为用英语这门工具去学习了解外国先进的科学文化知识，而应理解为双方信息的相互沟通，包括用英语进行母语文化的有效输出。"提高文化素养"主要是靠外语教育中文化教育来予以实现。大学外语教育应有助于学生开阔视野，扩大知识面，加深对世界的了解，借鉴和吸收外国文化精华，提高文化素养。与此同时，外语教育也应有助于学习者进一步了解本族语的文化精华，并掌握它们相应的外语表达。

充分掌握母语与母语文化是外语学习和外语交际能力的不可分割的重要组成部分。

王佐良、许国璋、李赋宁、王宗炎、载馏龄等英语界泰斗都是在汉英两种语言、两种文化的陶冶下成长起来的。在他们的时代，还没有英语文化教学这一20世纪80年代才出现的概念，然而凭着他们深厚的母语和母语文化基础，他们掌握了英美文化，获得了外语交际能力。许多著名的翻译家如钱锺书、巴金、鲁迅、程秋白、叶君健、杨宪益、萧乾等，他们本身就是中国文学作家。他们的译作水平至今仍无人能及。为何？因为他们本身就是中国文化专家。为什么当代青年翻译达不到翻译界这些前辈们同龄的水平？是他们的母语与母语文化根底还不及他们深厚（刘光正，何素秀，2000）。胡文伸、高一虹（1997）于1991年对全国 26 名"最佳外语学习者"进行调查后，得出的分析结果是："调查对象在学习外语和外国文化的过程中逐渐培养了自己突出的扬弃能力。这种能力不仅有助于他们的语言和交际能力，而且对于整体人格的完善也有着积极的作用。对待母语、母语文化的态度与对待外语、外国文化的态度是互动的；对于母语、母语文化和对于外语、外国文化的掌握是相互促进、相得益彰的。"这些人的经历表明，他们的母语和外语、母语文化和外语文化在人格中被有机地整合在 起。他们厚实的母语根底，博大精深的母语文化知识，造就了他们超出常人的外语水平和外语交际能力。

由此可见，未来社会的外语人才，不仅仅是具有较高水平的外语知识、外语技能和外语交际能力，而且必须同时具有很高的个人素质，如高度的社会责任感与强烈的民族自尊心等，这是我们外语教学中不可分割的一部分。在此当中，外语教学中的中国文化教育将对此贡献出它应有的力量。

# 第二节　翻译教学中本土文化身份重构的原则

在翻译教学中实施中国本土文化教育必须确立原则，这是为了有计划、有目的和有层次地将语言和非语言所承载的文化内容纳入翻译教学总的体系中去，使传授语言和介绍文化同时在一个层面上展开，从而帮助学生有效克服因文化差异而容易发生的跨文化交际障碍。

## 一、文化创新原则

我们必须把在翻译教学中培养学生的文化认同感放到全球化的大背景中去。全球化要求我们要有理性的文化认同观。在全球化的推进过程中，世界各族文化日益从原本封闭隔离的状态走向了与其他文化的交汇交流，并在这一融合中不断获得文化新质。在这种形势下，无论我们愿不愿意承认，所谓的文化认同只能以文化创新的姿态出现。创新决定着传统文化的生命力，创新是对传统文化最好的继承和认同，也是对文化糟粕的最有力、最深刻的批判。应该坚持在文化平等的基础上，兼取各文化之长，并加以融会贯通，创造出新的中国本土文化。我们要对中外文化进行综合分析，对我们有益的就"拿来"，无益的就舍弃，有害的就加以肃清。新文化是多种有价值的文化的新综合，同时也是一个文化创新的过程，一个文化生成的过程。只有这样，中国文化才能实现质的飞跃。

## 二、对比性原则

文化教学中的对比原则就是将本土文化和目标文化进行对照、比较，在找出相同点的同时，更重要的是发现差异。欧洲杰出的理论家翁贝尔托·埃科1995年访问中国，在北京大学发表演说时精辟地指出："了解别人并非意味着去证明他们和我们相似，而是去理解并尊重他们与我们的差异。"翻译教学中的中国文化教育对比原则，就是让学生对中国本土文化和西方文化进行对比研究。中国和西方文化都是多年流传下来的约定俗成的价值观念、交际规则与知识体系，不存在优劣之分。教师在鼓励帮助学生作中西文化对比时，应当告诫学生实事求是，不进行优劣方面的评论。一方面，要消除文化中心主义，不要认为本民族文化一切都好而蔑视西方文化；另一方面，也不要崇洋媚外，认为外国的月亮都比中国的圆，这样会丧失民族性格，最终导致中国传统文化的流失。鼓励学生在中西文化发生冲突或表现相同时进行对比。通过对比，让学生既可以深刻体会到两种语言、两种文化的差异，使教学更有针对性，从而更好地发挥母语的正迁移作用，又能够加深对中西文化的理解，这对于中国传统优秀文化的传承，保持中国文化身份，起着至关重要的作用。在对比中要特别注意3个方面：①目标文化所具有的而本土文化所不具有的；②本土文化所具有的而目标文化所不具有的；③本土文化和目标文化都具有，但有一定差别的。

## 三、实用性原则

实用性原则就是要求导入的中国文化内容与大学生所学的教材内容密切相关，与学生的日常交际所涉及的主要方面密切联系。要对学生今后的工作、学习和生活具有一定的实用价值。文化教学结合语言交际实践，使学生不至于认为语言和文化的关系过于抽象、空洞和捉摸不定，从而激发学生学习语言和文化的兴趣，提高教学效率。英语教学的目的是要培养学生运用所学的语言知识和文化知识进行交际的能力。这就要求教师必须注意语言文化知识的实用原则，从教学实际出发，在传授语言知识的过程中适时地导入相关的文化内容，语言知识讲到哪里，文化知识也随之落到哪里，而不是把教语言与教文化割裂开。

## 四、循序渐进的原则

文化教学不能独立于语言教学之外，讲授的重点、程度、方式、分量，要根据不同层次、不同课型的教学要求进行合理安排。在初级阶段，多教一些普及性的文化知识，如中西方社会的风俗习惯和日常行为模式的内容，让学生明白在日常生活和交往方面主体文化与目的语文化的差异，以及在语言形式和交际中的具体表现。到了中高阶段，则要多讲一些专门性的文化知识，让学生了解目的语文化与本土文化在思想观念、思维方式、思维习惯、价值观念、民俗心理和民族感情等方面的差异及其在语言形式中的具体表现。

### 五、适度性原则

适度性原则是指在翻译教学中文化教学量和教学方法的适度。在这里指的是我们在翻译教学中要注意中国文化输入的量和度。毕竟我们这是外语教学，要学好一门外语，首先要了解与其相对应的文化。因此，外语教育的首要任务应该是先让学生掌握外语文化，这对学生提高英语的综合应用能力是非常有益的。在学习外语文化的同时对学生进行中国文化输入。课堂的时间毕竟是有限的，所以，教师应该积极倡导学生在课外进行适量的课外阅读和实践，增加文化知识积累，创造机会让学生自己进行探究性、研究性学习，增强自主学习的能力。

### 六、自我原则

美国哲学家爱默森（R. W. Emerson）认为，自我是我们唯一学习和研究的主题。以自我为中心是西方价值的实质。不同的环境造就不同的价值观和思维模式，也形成了不同的文化意义和文化特点。在跨文化交际中，我们既要了解对方，也要保持自我，体现自我的民族性。越是民族的东西越具有国际性，最大限度地保留中国传统文化的特色和民族语言的风格，如将"饺子"译成"jiaozi"；将"珠穆朗玛峰"译为"Mt. Qomolangma"，而不是"Mt. Everest"或"Goddess Peak"等，将中国文化推向世界，让世界了解中国。

### 七、规范原则

中国语境下的英语教学，应以国际上规范的英语文本为基础，以中国官方媒体英语为规范的变体。中国英语的使用群体出于需要，有意识、有目的、规范地"借用"各种汉式说法，遵守共同的规范，能被国际英语的读者所理解和接受，最大限度地发挥汉语和中国文化正迁移的作用。用规范的英语表达中国文化的内容，如 *The Book of Odes/Songs*（《诗经》）、*The Lament*（《离骚》）、*Strange Tales of a Lonely Studio*（《聊斋志异》）、*The Dream of Red Mansions*（《红楼梦》），这些都对传承并保持中国文化起着至关重要的作用。在进行跨文化交际时，我们应树立中国英语的规范意识，以避免和消除中国式英语带来的负面影响。

# 第三节　翻译教学中本土文化身份重构的策略

## 一、认识中国本土文化的精髓

在翻译教学中，要导入中国本土文化，首先应弄清中国本土文化的精髓是什么。

所谓精髓，就是文化中占有重要地位、对历史和人们的生活有正面影响，能被其他人所认可，且具有研究和发展价值的那一部分文化。例如我们的儒学、道学、佛学、诸子百家，文学、诗歌文化和酒文化，古代建筑和艺术，传统民俗和特色服饰，以及悠久的历史等。我们能从这些资料中找到大中国延续至今的仁爱礼让、包容海外、齐家治国平天下等一些令人敬仰的有中国特色的思想和文化内涵，并将它们发扬光大。

中国文化上下五千年，源远流长，灿烂辉煌。若我们以全球视野来审视中国传统文化，就会发现：中国传统文化独特的人文精神，特别是其对人的价值的关注；其"先天下之忧而忧，后天下之乐而乐"、克己为人的自我牺牲精神；其"天下兴亡，匹夫有责"的忧患意识；其倡导万物一体、世界大同的宽容精神；其对人与自然和谐关系的探索；其对现实社会的关注；其对人伦关系协调的重视；其强调"和而不同"、以综合见长的思维方式等，对世界文化的大融合、对先进文化的构建、对跨文化交流都有积极的促进作用。在翻译教学中，教师应有意识地进行文化比较，导入中国本土文化，让学生了解中国本土文化，以中国本土文化为自豪，并学会怎样用英语表达，为跨文化交流中传播中国文化打下坚实的文化和语言基础。

学外语的目的，一是要能够与外国人成功地进行跨文化交流，了解、吸收他们的文化精华，为我所用；二要学会如何准确地用外语去介绍和传播我们灿烂的民族文化。放弃民族特点与文化身份去学习外语是不可取的。因此，教师应有意识地在英语教学中导入中国文化，感染学生发扬文化的精髓，并帮助学生树立正确的文化观。在翻译教学过程中，要多鼓励学生阅读人文经典书籍，培养学生文化底蕴，重视学生本土文化素质的培养。作为学生，英语学习要有一个立足点，既要关注英语语言与英语文化学习的重要性，更要关注本民族语言、维护本民族文化，强调汉语言在多元文化中的重要性。只有对中国的历史文化有一定的修养，才能有辨别世界文化的能力。

## 二、重视本土文化的输入

要解决学生在跨文化交际中出现的"中国文化失语症",教师首先要纠正自身对跨文化交际的理解,加强自身对本国文化的重视。只有教师自己先重视起来,才能很好地引导学生也重视中国文化的学习。加强对在高校英语专业教学中进行中国本土文化教学的认识,是加强中国本土文化教学的原动力。在英语教学中加强中国本土文化的自我表述能力教学,大力宣扬中国本土文化精华与中国改革开放的新面貌,意义重大。培养学生的跨文化交际能力,"包括理解目的语文化与英语学习者的本土文化的能力,包括察觉和处理两种文化差异的能力,而不是丢弃自己已有的社会文化身份,假扮是英语母语者",教师应当清楚地认识到,跨文化交际是保持本国文化身份的"双向的"交际,而非顺应本族语者的"单向的"交际。因此,我们在跨文化交际中要保持我们应有的民族自尊心和自豪感,谦虚而不谦卑,骄傲而不高傲。此外,英语学习者可以奉行文化的

"拿来主义"精神,将外国语言和文化挪为己用,而非使我们自己顺应外国文化,同时,我们也要有意识地把我们的本国文化推向世界,变被动的、消极的交际为主动的、积极的交际。

世界各种文明并存与文化互动,标志着文化全球化时代的到来,中国文化由本土性向国际性的转变是中国和平崛起的重要构成部分,中国昔日对世界文化的吸收能力为翻译教学带来了"文化逆差"现象,而随着翻译教学中的中国本土文化教学内容的增加,中国本土文化的"文化顺差"趋势必将形成,以中国本土文化的影响与渗透为中国"软实力"增强的标志(金惠康,2005)。在高校翻译专业教学中进行中国本土文化教学要建立以中国的"儒家文化""和文化""饮食文化""中国功夫""中国医药"等为核心的中国特色的"中国模式"本土文化教学,把这些内容融入英语教学中,把丰富且深邃的本土文化内涵介绍给世界,让中国文化融入世界文化大家庭,中国文化不是孤悬于世界文化总体以外的封闭体系,扩大和加强与世界各国人民的文化等诸方面的交流,实现高校英语专业教学所要达到的真正意义的成功的无障碍跨文化交际。

要提高学生的"综合文化素养",就要在课堂上有适当的文化输入。过去人们通常认为中国文化是中国人理所应当知道的,因此大学英语中的文化教学应该是英美文化的教学,学生只要掌握了英美文化,便具备了跨文化交流的基础。而且,为了避免英语学习中本土文化的负迁移,中国文化常被英语学习者有意地"规避"或"忘却"。其实,文化不是先天所有的,而是后天习得的。文化中的大部分是不自觉的。只有通过系统的学习,才能变"不自觉"为"自觉"。这样学习者才能意识到文化的差异,进行文化对比学习,揭示英美文化和中国文化的内

在特征，增强英语学习者的文化敏感性，有意识地避免本土文化的负迁移。另外，跨文化交流是双向的。如果只知道英美文化，对本土文化不甚了解，或即使了解了也不知道怎样用英语表达，跨文化交流就无法进行。只有保持本国文化的身份，在跨文化交流中才会有真正内容，才能有思想的沟通。特别是在全球化的浪潮下，英语学习者更要有一种文化交流意识、民族文化保护和传播意识。同时，也要增强自己的本土文化自信心和认同感，利用英语向世界介绍和传播中华民族的优秀文化。

外语教学的任务是培养能够在不同文化背景下进行跨文化交际（cross-cultural communication）的人才，其根本目的在于实现用外语进行跨文化交际。要使外语教学变得有效且符合实际，教学过程中就需注重培养和强化文化的平等交流意识，即开放合理的跨文化意识，避免外语教学成为英美社会文化统治的工具，或者染上民族优越感的特征。就翻译课程的设计而言，就是要体现文化的中立性、非超群优越感。以学生们生活中所熟悉、相关的本土或国外的背景知识为契机，使他们获得双重语言和跨文化交际能力，能尊重并理解学习新语言时形成的文化个体差异和多元文化现象，从而达到一种效果就是：当他们进行语言应用时，不受特定文化规约的限制，能创造性地处理交际双方之间的语言文化差异，从而避免由于忽视语言的文化内涵而导致的社交语用失误。

大部分中国人在与外国人谈话时出现了不符合英语语言习惯而导致对方产生误解甚至不快时，都会认为是中国人的责任，而实际上这肯定是由于双方都不了解对方的文化造成的。所以我们应该意识到在中西方交流中，双方文化是平等的，不存在一方应该尊重另一方文化的问题，而是应该互相尊重、互相理解。积极地适应目的语文化能够使交际双方更好地理解和沟通，而传播本土文化能使交际双方更容易得到相互的尊重。在学生学习外语语言知识的同时，教师还应培养起学生正确的中西方文化价值意识，应引导学生形成文化认同感，以及目的语和母语语言和文化平等的概念。让学生在跨文化交际中树立平等的交际意识，培养和加强学生的"中国文化输出"意识，保证文化传输的双向性。一方面，在教学过程中，教师要让学生认识到，学习外语的目的就是要与外国人成功地进行跨文化交际，理解并吸收其文化的内涵所在；另一方面，在进行目的语文化导入的同时，还要努力丰富学生的跨文化心理，在深化中华文化的基础上进一步丰富学生的中国文化修养，以更好地实现文化的平等交流。教学过程是个双向的过程，在要求教师树立平等的文化态度的同时，也要求学生培养起正确的文化意识。事实上，语言和文化的学习不仅使学生掌握目的语的相关知识和内容，也是学生不断地自我完善和发展的过程。学生只有树立起正确的文化价值观，拥有了对自己国家文化的骄傲感和自豪感，才会更加深入地去探寻并了解中华文化的博大精深，才会真正地拥有对国家和民族的责任感，才能自觉而有效地用外语来表达中华文化。

文化交流和文化互动的要求是双向的，中国人要学习、适应外国文化，同样西方国家也要学习、适应中国文化，双方只有相互尊重对方的文化，本着相互平等的原则，在文化交流中以对方的价值来审视和评价对方的行为，理解、尊重和容忍不同的文化，绝对不能以一方的价值标准来要求对方，也不能以一方的语用规则来衡量和评判对方的语言运用，并最大限度地相互接近和理解，这样才能达到真正的文化交流。同时，要提升大学生对中国文化的认同感和自豪感，现在的社会是一个多元化的社会，各种文化共存。从本质上讲，每一类文化都有其存在的价值，任何文化之间都没有优劣之分。因此，大学生要学会全面地了解各种文化，宽容、灵活地对待各种文化的差异。费孝通先生曾经指出："非西方世界在接受西方文化的同时，不应只是被动地应付，而应通过发扬自身的文化个性来对全球化潮流予以回应。"他提出不仅要有一种"文化自觉"，对待多元文化的态度也应该是"各美其美、美人之美、美美与共、天下大同"。作为大学生，应该培养这种文化自觉性。首先，能正确看待中国文化的优势与弱势，既不自大，也不自卑，对中国文化的未来充满自信。其次，对他文化抱着平等与尊重的态度，互相学习，互相借鉴，共同发展。要使中国民族文化在世界多元化的格局中不"失语"，就必须认同自己的中华文化身份，在象征着权力的交际话语较量中体现出话语主体的身份。因此，大学生必须重视中国文化的学习，加强中国文化英语表达能力的培养，以在跨文化交际中实现自己的文化主体身份，避免中国文化"失语"的尴尬情形。解决东西方文化交流与传播的不平等问题，确立平等交流意识，使跨文化交际实现真正意义上的交流与沟通。要在思想上树立语言平等观和文化平等观。学外语，是出于交流的需要，目的是能够与外国人成功地进行跨文化交流，了解、吸收他们文化的精华，为我所用。同时，学外语更要注重以我为主，要学会如何准确地用外语去介绍和传播我们灿烂的民族文化。放弃民族特点与文化身份去学习外语是不可取的。东西文化交流应本着彼此尊重为原则，在平等的基础上进行对话与交流，相互吸收、相互融合，在比较中鉴别，在互动中发展。

### 三、以文化翻译观指导翻译教学

随着跨文化交际学的发展，翻译理论研究中出现了注重文化因素的取向，即文化翻译。这既是由翻译理论研究的开放性特点所决定的，更是翻译的本质使然。所谓文化翻译，指的是在文化研究的大语境下来考察翻译，探讨文化与翻译的内在联系和客观规律。文化翻译观就是从文化研究的角度研究翻译。文化翻译观的主要内容包括："翻译不仅是双语交际，它更是一种跨文化交流；翻译的目的是突破语言障碍，实现并促进文化交流；翻译的实质是跨文化信息传递，是译者用译语重现原作的文化活动；翻译的主旨是文化移植、文化交融，但文化移植是一个过程；语言不是翻译的操作形式，文化信息才是翻译操作的对象，等等。"

从文化翻译观出发，翻译的主旨是文化移植，而不是文化同化。那种"无痕"的翻译从根本上说是一种文化同化的结果。"水中捞月"译为"fish in the air（空中钓鱼）"，还是"pluck the moon from the lake"，或"grasp the moon in the water"呢？到底哪种译法更好？前者是被转换成译语中为读者所熟知的表现形式和文化意象，提高了可读性和可接受度，但读者却领略不到异国情调带给人的新奇与美感。而后者起初会让人感到有点奇异，但是理解之后却带来一番新景象，在解读过程中获得一种先惊讶后愉悦的审美心理体验。"翻译是文化传播的一种工具，把文化语境纳入翻译研究要求翻译教学进行改革。翻译教学首先应该是一种文化交流活动，而其次才是语言交流活动，在翻译中应该以跨文化视角来实现翻译教学功能最大化。"

如何才能实现翻译教学功能的最大化呢？核心问题是翻译策略的选择，即归化和异化的选择。异化和归化是两种主要的处理源语文化和目的语文化不同和差异的策略。在翻译过程中，归化意味着消解源语文化中的陌生感和文化异质成分，使译文读起来"无痕"，就像原著一样流畅、自然、易懂。异化与之恰恰相反，它力求使译文最大限度地保留源语的语言形式和文化异质成分，使译文读者原汁原味地了解异域民族的思想情感，感受异域文化，领略异域风情。同时，异化翻译还能极大地丰富目的语的表达方式，有助于读者扩大视野，吸收新鲜养分，从而促进文化的交流和传播。可以预见，异化翻译会在各国的文化交流和传播中起到越来越显著的作用。

鉴于此，汉英翻译教学应将异化确立为翻译原则和翻译策略。那么如何将中华文化产品移植到英语文化中来，并且避免文化冲突的产生，自然是每个译者所要考虑的问题。

为将文化的特色内涵原汁原味地传递出去，在具体的翻译实践中，可以采用音译、直译、增译的翻译方法，使文化负载词的文化信息和异域特色得到最大程度的保留。

1. 音译

对于文化缺省现象，可以通过音译创建新词以建立崭新概念的方法来解决。

汉译英中这样的例子很多，如"wushu（武术）""Putonghua（普通话）"

"yangko（秧歌）""zongzi（粽子）""buzheteng（不折腾）"等。2003 年时任国务院新闻办主任的赵启正曾指出，作为国粹的京剧可以直接译成"Jingju"，逐步取代"Beijing Opera"的译法，以免与西方的歌剧混淆。

近年来，作为中华民族象征的"龙"的英译引起了广泛而热烈的讨论。由于中国的"龙"无论从外形上，还是寓意和象征上，都与英语的"dragon"相去甚远，在传达"龙"在中国文化中的内涵时，常常引起误读，尽管越来越多的人开始接受这个词。鉴于此，《人民日报》2006 年 12 月 12 日刊发文章《该如何称呼你，中国龙》，此文主张采用音译法重新确定中国龙的英文译名，并提出了"Long""Loong""Liong"等多种选择。

**2. 直译**

直译则是完全按照原文的字面意思对等翻译。正是由于直译法的使用，促进了各民族间相互.引进不同的语言表达方式，大大丰富了各自的语言与文化。当然，直译并非死译、硬译，它是受语境制约的。俗语和成语大都具有鲜明可感的形象和浓厚的民族色彩，下面以几个俗语和成语翻译为例：将"穿一条裤子"译为"share the same pair of trousers"，使"同流合污"这个抽象语义具有鲜活的形象感受，传达了汉民族的审美心理，而"in collusion with"的英译滤尽了这种审美趣味，无法唤起像源语给予汉民族的那种形象感受；"猫哭老鼠"虽在英语中可以转换为等值的"to shed crocodile tears"（掉鳄鱼眼泪），但在语境许可时宁可直译为"The cat weeps over the mouse"，以保持源语的民族色彩，促进文化交流；"但赵太爷以为不然，说这也怕要结怨，况且做这路生意的大概是'老鹰不吃窝边草'，本村倒不必担心的；只要自己夜里警醒点就是了。"杨宪益、戴乃迭将之英译为"Mr. Zhao did not agree, saying that he might bear a grudge, and that in a business like this it was probably a case of 'the eagle does not prey on its own net': his own village need not worry, and they need only to be more watchful at night."

**3. 增译**

增译又叫加译，主要包括音译加注和直译加注两种，是进行文化补偿的有效手段。

在翻译民族文化性很强的人名、地名、术语、典故时，增译中的注释可以提供必要的解释，扫除读者的阅读障碍，以帮助读者能够理解译文、欣赏异域文化。简短的注释可以直接放在译文内，而篇幅较长的注释最好放在译文后，这样可以确保读者阅读的连贯性。例如将"太极拳"译为：Taijiquan, a kind of traditional Chinese shadow boxing；将"清明"译为"Qingming, a traditional

Chinese festival to commemorate the dead observed in late spring."

有时可借用英美文化中现成的典故、人物或地名，简洁明了地传达等同的概念，这是处理文化意象最简单有效的方法。可将中国古代的济公比作英国历史上的罗宾汉：JiGong，Chinese version of Robin Hood；将梁山伯与祝英台比作莎士比亚笔下的罗密欧和朱丽叶：Liang Shanbo and Zhu Yingtai，Chinese version of Romeo and Juliet；将苏州比作意大利的威尼斯：Suzhou，"Venice of the East"。随着西方对中国历史文化了解的加深，带有解释性的翻译就可以减少甚至略去。"三个臭皮匠，顶个诸葛亮"常被译成"Two heads are better than one"或"Collective wisdom is greater than a single wit"，这两种译法都表达了源语的深层意蕴，却丢失了"臭皮匠"和"诸葛亮"这两个汉语中特有的文化意象。若逐字直译成"Three cobblers make one Zhuge Liang"似乎忠实原文，但目标语读者未必清楚"诸葛亮"为何许人也，以及他与"三个臭皮匠"之间何以发生联系。因此，该句可译为"Three cobblers with their wits combined would equal Zhuge Liang，the master mind"，这样就避免或减少了源语的信息减值和文化缺失现象的发生。"谁知道他将到'而立'之年，竟被小尼姑害得飘飘然了。"杨宪益、戴乃迭将其英译为"Who could tell that close on thirty，when a man should 'stand firm，'he would lose his head like this over a little nun. Confucius said that at thirty he 'stood firm'. The phrase was later used to indicate that a man was thirty years old."此例涉及了儒家学说方面的文化缺省。对"而立"概念的阐释如果只在文内直译，而不在文外加注，就会造成信息真空，影响目的语读者对中国传统文化的理解。

以上从文化翻译观的角度简要探讨了汉英翻译教学中中国文化缺失的问题与应对策略。"据调查，对外语专业的毕业生来说，他们的外语水平主要体现在口笔译能力上，听、说、读、写几种能力最终都要从翻译能力上表现出来，因此，可以说，翻译能力是学生外语语言和知识各方面能力的综合体现，翻译课是外语四年本科教学中非常重要的一门必修课。"

可见翻译教学在实现跨文化交际能力的复合型人才培养目标中起着举足轻重的作用。但长期以来，我国英语专业翻译教学的指导思想不明确，过分强调译文的无痕、圆润、流畅，过多地考虑目的语读者的接受心理，一味地依赖归化策略或为了避免文化冲突而干脆删译。长此以往势必会造成西方文化对中国文化的吞噬和消解，导致学生对本民族文化的漠视和民族文化认同的缺失。所以，翻译教学不仅要传授翻译理论和技巧，更要注重培养学生做一个文化传播的使者，以强烈的责任感为传承中华优秀文化做出自己的贡献。

## 四、课程设置中要包含本土文化

在课程设置方面，多年来翻译教学由于教学大纲指挥棒的作用，"课程设置偏重语言，对其他文化知识的课程注意不够，致使学生知识面偏窄"，这已是不争的事实。

美国 1995 年公布的《全国外语教育标准》（简称"5 个 C"）综合了多种目标，包括了交际、文化、联系、比较和社区（Communication, Culture, Connection, Comparison, Community），"交际是语言学习标准的核心和目标"，在此背景下，美国已经普遍开设了跨文化交际学课程。我国很多院校的翻译专业也普遍开设了介绍英语国家文化的课程，例如英美国家概况、英美文化等，但是有关中国本土文化的英文课程只在少数高校的英语专业作为高年级的选修课开设过，如北京外国语大学的丁往道教授从 20 世纪 80 年代开始使用英语教授中国文化课，颇受学生欢迎。与此相比，我国翻译专业的课程设置却远没有体现中国本土文化在英语教学中的重要性，绝大多数高校都没有给翻译专业的大学生开设有关中国文化的英语课。可见，在翻译专业课程设置中增添有关中国哲学、历史、宗教、文学艺术及社会习俗等的英语课程意义重大。但这又将是一项缓慢的工程。高校应当充分认识到中国本土文化课程在翻译专业教学中的地位和作用。积极采取行动，结合以往的教学经验，邀请校内外英语专家和中国本土文化专家来共同研讨，总结和交换成功经验，征求意见和建议。组织学生文化座谈会，听取学生的意见和要求。通过研讨和总结，改革课程体系，使课时设置更加充足合理，课程内容更加全面精练。完善翻译专业教学大纲，在教学大纲中要体现出中国本土文化课程的重要性，明确指出要重视培养学生用英语表述和释义中国本土文化的能力。在各类考试中，应加大有关中国文化题目的比重，使师生双方都对中国文化课程足够重视。

实际上，对于翻译专业的学生来说，比较切实可行的方法是在增加中国文化课程的同时，可以在现有的课程内容中添加本土文化以及文化对比的内容。在原有课程中有意识地增加中国本土文化内容，这更容易操作。比如在听力课程中，要求学生除了听 VOA、BBC 新闻之外还应该听中央 9 套英语节目，中国国际广播电台；在阅读课中适当引入中国本土文化的英语材料，包括中国人的英语文学作品、英语译本和英语本族语作家写的有关中国的作品，引导学生理解中国本土文化；在口译课中有意识地选择中国政治、宗教、民俗、价值观文化等材料要求学生翻译。这种方法简单易行，在对学生传输中国文化的同时提高了他们英语的综合运用能力。

同时，要将中国本土文化概论之类介绍中国本土文化的课程列为翻译专业必修课程。虽然《高等学校英语专业英语教学大纲》（以下简称《大纲》）也将中国文化概论列为英语专业的相关专业知识课程之一，以让学生"熟悉中国文化传统"，但因其性质为"选修"，故其效果很不理想。当前，英语专业学生在花费多年心血学习英语却收效甚微的同时，渐渐对中国优秀的传统和文化淡而远之，甚至一无所知，在英语课堂上提及某个中国文化现象时，"不知道"是最常见的答案之一。多年片面强调英语的学习已造成学生严重缺失中国本土文化常识，翻译专业学生"缺乏中国文化"的趋势日益凸显。鉴于此，各高校应审时度势，及时调整课程设置计划，在必修课中开设中国文化概论课程，以帮助学生熟悉本土文化和促进学生的全面发展。

1. 将中国文化概论列为英语专业必修课的必要性

（1）将中国文化概论列为英语专业必修课是促进学生全面发展的需要

《大纲》规定，高等学校英语专业的培养目标是"培养具有扎实的英语语言基础和广博的文化知识"。2000年修订后的新《大纲》不仅对"扎实的英语语言基础"这一目标做了具体说明，而且在文化素养方面也提出了明确的目标和要求。扎实的语言基本功主要是指："语音、语调正确，词法、句法、章法（包括造词造句与谋篇布局）规范，表达得体，听、说、读、写、译技能熟练，具有较强的英语综合运用能力。扎实的语言基本功是复合型外语人才的首要业务素质。"教学要求是"英语专业人才不应局限于掌握听、说、读、写、译等语言运用技能，而应具有较高的文化素养"。由此可见，学生的全面发展是制定《大纲》的出发点和落脚点。但是，由于中国文化概论在《大纲》中属于选修课，这容易产生"有令不行"或者流于形式的情况。其直接后果要么是学生的语言基本功扎实、英语文化素养较高、本土文化素养严重不足，要么是语言基本功薄弱、英语文化素养和本土文化素养都严重不足。因此，应将中国文化概论列为必修课。此举一方面可以帮助学生真正提高中英两种文化素养，实现"中西合璧"；另一方面可以确保实现《大纲》的培养目标，此举是促进学生全面发展的需要。

（2）将中国文化概论列为英语专业必修课是增强民族文化主体性的需要

《关于外语专业面向21世纪本科教育改革的若干意见》（以下简称《意见》）明确规定，"对于英语专业的学生来说，应该更加注重爱国主义和集体主义的教育，注重培养学生的政策水平和组织纪律性，注重训练学生批判地吸收世界文化精髓和传承弘扬中国优秀文化传统的能力"。毋庸置疑，随着改革开放的深入开展和"外语热"浪潮的扑面而来，民族文化主体性正面临着前所未有的严峻挑战，即"在今天的中国，懂得自己民族文化精髓的越来越少了。我们怎样在与强势文化的交流中，既汲取对方的营养，又不丧失我们自己的文化，维持我们在这个世界上的独立性"。不难想象，一个具有深厚本族文化底蕴的人一定会更加热爱自己的国家，民族文化主体性和归属感也更强。一个受过高等教育却对祖国的传统文化一无所知或知之甚少的人是非常危险而可悲的。因此，将中国文化概论列为必修课是英语专业学生了解中国传统文化、获取民族文化精髓的有效途径，是迫在眉睫的事，是增强民族文化主体性的需要。

（3）将中国文化概论列为英语专业必修课是适应英语教学改革的需要

进入 21 世纪以来，我国翻译专业本科教育带来的机遇和挑战并存。"由于社会对翻译人才的需求已呈多元化的趋势，过去那种单一外语专业和基础技能型的人才已不能适应市场经济的需要，市场对单纯语言文学专业毕业生的需求量正逐渐减小。因此，外语专业必须从单科的'经院式'人才培养模式转向宽口径、应用性、复合型人才的培养模式。从某种意义上讲，将中国文化概论列为必修课是培养复合型人才、加强课程体系改革和课程建设的客观要求，是适应英语教学改革的需要。"

（4）将中国文化概论列为英语专业必修课是实现文化强国战略的需要

《大纲》明确要求，英语专业学生应"熟悉中国文化传统，具有一定的艺术修养：

对中国文化和社会经济发展有一定的了解，具备一定对外介绍能力"。英语专业学生是中英两种文化相互碰撞、渗透和融合的载体，也是相互推介的纽带。具备良好中英文化素养的人在这两种文化的继承和传播中作用巨大。当前，中国的经济腾飞令世界震惊，中国的崛起将意味着什么？世界在关注的同时，也在猜测，充满疑虑。世界在关注中国经济发展的同时，也在关心中国的文化走向。作为严格意义上的唯一文明古国，中国将展示怎样的文化形象？这一点，党和政府注意到了，在提出"和谐社会""和谐世界"理念的同时，在许多国家开办孔子学院，以孔子作为中华文化的形象大使，这是极富远见卓识的创举。然而，孔子的精神究竟是什么，国人中知晓者不多。许多国人的文化观念主要还是西式的，对自己老祖宗的东西反倒比较陌生。中国人走向世界，要拿出本民族真正有价值的东西，目前看来很难。一个缺乏传统的民族，不可能成为一个强势的民族，这已经是许多有识之上的共识。就目前而言，不少中国人面对自己祖先的文化还得像小学生那样的从头学起。因此，将中国文化概论列为必修课是英语专业学生增强道德意识的需要，是对外推介中国文化的需要，是实现文化强国战略的需要。

2. 将中国文化概论列为英语专业必修课的可行性

（1）中英文化影响深远，互补性强

汉语是世界上主要的语言之一，也是世界上使用人数最多的语言。以孔子的儒家思想为精髓的汉语文化对中国周边诸国乃至世界其他国家影响十分深远。作为世界上最开放的语言，英语是当今世界事实上的国际社交语言，使用人数之多仅次于汉语。以英国文化为核心的英语文化是英语国家文化的主体。随着中国的入世，中国与世界各国的经济交流日益频繁，文化之间的渗透与融合与日俱增。中英文化同属大国文化，又同属联合国工作语言，二者的互补性强。精通中英文化是培养复合型人才的必然要求，学习中国文化概论是实现这一要求的必由之路。

（2）有可读性强的教科书

为贯彻《大纲》、落实《意见》和适应我国英语教学改革的需要，目前已出版发行的中国文化方面的书籍较多。比如由周仪编著，重庆大学出版社出版的《中国文化概论》就是一部不错的教材。该书采用纯英文书写，按照历史、哲学与宗教、文学艺术等顺序分门别类地介绍了中国文化，既详略得当又通俗易懂，很适合具备一定英语功底的学生阅读。

（3）有可靠的师资来源

为加强各民族文化的融合和施行文化强国战略. 我国的对外汉语专业应运而生。对外汉语，顾名思义，是以其他语言为母语的国家或民族的人为对象的汉语教学，也称为汉语作为外语教学或者汉语作为第二语言的教学。该专业的培养目标是"注重汉英（或另一种外语或少数民族语言，则以下有关用语作相应调整）双语教学，培养具有较扎实的汉语和英语基础，对中国文学、中国文化及中外文化交往有较全面了解，有进一步培养潜能的高层次对外汉语专门人才：以及能在国内外有关部门、各类学校、新闻出版、文化管理和企事业单位从事对外汉语教学及中外文化交流相关工作的实践型语言学高级人才"。根据这个目标，对外汉语专业的学生须接受较为系统的中英文化教育。因此，合格的对外汉语毕业生一定具备较高的中英文化素养，因而他们完全能胜任中国文化概论课程的教学。此外，当前我国开设该专业的高校较多，且呈每年递增的趋势，这也为开设中国文化概论提供了可靠的师资来源。"中国文化是山，西方文化是水。"由此可见，一个希望全面认识自己的人，不仅应该学习西方文化，更应该熟知自己的传统文化。语言集中体现着民族文化的特点，文化素质的高低又制约着一个民族的整体素质，语言教学与学习永远不能离开这根准绳。学习英语的目的是适应新的国际国内形势和日常生活的交际。无论是从学习过程，还是从交际功能来讲，都和汉语言、汉文化有着千丝万缕的联系。这就要求英语专业学生不仅要有过硬的专业水平，而且要有较高的汉语言修养和汉文化修养。因此，在大力培养精通英语的合格人才的同时，一定要着力加强本族文化的教学，而将中国文化概论列为翻译专业的必修课程则是解决这一问题的关键所在。

### 五、采用导入本土文化的教学模式

1. 在翻译教学中要导入中国本土文化

影响语言理解和语言使用的文化因素多半是隐含在语言的词汇系统、语法系统和语用系统中，所以首先导入的是有关词汇的文化因素。从某种意义上而言，词汇是一种文化符号。由于人类的文化传统、生活习惯、经历有其相似性，所以英汉语言中部分词汇的文化内涵极其接近；另一方面由于受到宗教信仰、地域环境、风俗习惯、亲属关系等许多因素的影响和制约，两种语言的词汇文化内涵又存在着极大的差异。《英汉互译实践与技巧》牵涉了英语中多个方面的文化信息，并在对应翻译中或采用直译法，或采用意译法，或采用加注法，都能进行不同而灵活的处理。然而，在翻译课堂上，教师不能只是一一罗列成对的英汉成语，或只是讲解英语成语所承载的英美文化背景，而应该同时与汉语成语相对比，以区分其异同，以便于学生更深刻地理解中西方文化的差异，有助于从事日后的日常交际及翻译工作。

（1）宗教文化的导入

宗教文化是指由民族的宗教信仰、宗教意识等所形成的文化，中英两个民族由于宗教信仰等方面的不同，难免在文化上存在空缺，尤其是在成语的使用上。所以，在处理此类问题时，切不可望文生义、断章取义。如 eat one's own words 的字面意思与汉语中的"食言"不谋而合，但书中提供的答案是"改口"。若教师不讲解 eat one's own words 与"食言"二者的区别，学生是无法理解"改口"之意的。据传，1370 年罗马教皇派遣两位代表带着一卷羊皮纸函件去见米兰贵族维斯孔蒂（B. Visconti），通知他关于他被逐出教会的决定。维斯孔蒂大怒，逼迫他们将此卷羊皮纸吞下。所以，此语一般指"（被迫）收回前言""承认错误"或"忍气吞声"，并且带有羞惭、不光彩的感情色彩。而汉语的"食言"意为"不履行诺言：失信"，形容为了自己占便宜而说话不算数，与英语的 break one's promise 相对应，与 eat one's words 实在是不等值，相差甚远。英国和西方其他国家以信仰基督教为主，崇尚基督教文化，中西宗教文化方面存在的差异在语言中有所反映。再如，英国汉学家大卫·霍克思把《红楼梦》中刘姥姥说的"谋事在人，成事在天"英译为"Man proposes, God disposes"，似乎形神兼备，但由于两者存在着不同的宗教背景和深层文化差异，译文就有使刘姥姥由信佛变成信西方基督教之嫌了。因此，用"Heaven"来代替"God"更能忠实于原文。

（2）生活文化的导入

"人民群众是语言的创造者"，绝大多数成语都是来自民间俗语，是人们在生产劳动中创造的，也是劳动人民生活的真实写照，但同样由于地理位置的差异而导致地域文化的差异，使得与生活息息相关的文化内容也不尽相同。如 talk horse 和 The man was as strong as a horse 被意译为"吹牛"和"他身壮如牛"，而不是直译为"吹马"和"他身壮如马"。再如，spend money like water 和"挥金如土"。当然，若教师能同时导入中西文化，这一问题就会迎刃而解。因为英国是一个岛国，渔业和畜牧业较为发达，英国人的生活与海洋有着密切的关系，他们用马拉车耕地，饲养奶牛以获肉食或牛奶，因而在语言表达上英国人自然会联想到与马、与海有关的事物。而中国是一个具有五千年文明史的农业国家，中原大地孕育了中华悠久历史文化，自古以来人们就离不开土地，用牛耕地，用马作战，所以对土地的依赖与对"牛文化"的崇尚充分体现在了这些汉语成语中。

（3）典故文化的导入

历史典故、神话典故具有鲜明的民族特色和文化个性，蕴涵着丰富的文化信息，要对它们进行恰当的翻译，必须了解它们的文化内涵。如 It rains cats and dogs，汉译为"倾盆大雨"。中国学生无法理解"雨大得下猫下狗"这一字面意义。相传，在北欧神话中，猫、狗都是暴风雨之神奥丁（Odin）的侍从，它们一出动往往风雨大作，因此猫、狗被人们分别视为大雨和狂风的象征。而汉语的"倾盆大雨"则出自唐代杜甫的《白帝》，"白帝城中云出门，白帝城下雨翻盆"，更形象地比喻了又大又急的雨。再如，He was a dead shot，However，he met his Waterloo this time. 汉译为"他是一个神枪手，可这一次却遭到了惨败"。Waterloo（滑铁卢）是比利时中部城镇，1815 年拿破仑率领法军同英普联军在 Waterloo 展开决战，拿破仑遭到彻底失败，从此一蹶不振，法国与欧洲其他国家之间持续了 23 年的战事从此宣告结束。

此后 Waterloo 这一地名就常被用来喻指"惨败"或义同"败走麦城"。而汉语中"败走麦城"则典出《三国演义》（第 76 回），关羽大意失荆州，败走麦城，成三国鼎足之势的汉蜀由此开始走下坡路。两个成语中出现的专有名词 Waterloo 和"麦城"，却会引起不同的联想。首先，Waterloo 会让人们想起"不想当将军的士兵就不是好士兵"的拿破仑；"麦城"会让人联想起三国中无数的千古风流人物。其次，Waterloo 是拿破仑惨遭失败之地，而"麦城"却是关羽在荆州吃了败仗后所逃往之处。

（4）文学文化的导入

英语典故出自《圣经》的虽多，但也有不少来自文学作品的，如来自莎士比亚作品中的典故：gild/paint the lily 出自莎士比亚历史剧《约翰王》（King John）。约翰王以为他的侄子——王位的合法继承人亚瑟王子（Arthur）已被他指使的人杀死，所以准备再度加冕，而大臣却提出异议"To gild refined gold, to paint the lily? Is wasteful and ridiculous excess（把纯金镀上金箔，替纯洁的百合花涂抹粉彩……实在是浪费、可笑的多余之事）"。中文读者常将 gild/paint the lily 译为"锦上添花""画蛇添足"，它们貌似一样，其实差矣！百合花在西方是贞洁、清白、纯正的象征。而"锦上添花"比喻使美好的事物更美好，含有褒义，二者修辞色彩不同。"画蛇添足"出自《战国策》，比喻多此一举、弄巧成拙，令人联想起中国文化中有关蛇的传说故事。再如，much ado about nothing 原为莎士比亚一喜剧的剧名 Much Ado about Nothing. 1945 年朱生豪译本根据剧情把它译成《无事生非》。此语中 ado 在中世纪英语中作 at do，相当于 to do，即 fuss（忙乱，大惊小怪之意），意指"闹了一大阵子，其实没什么大不了的"，所以把 much ado about nothing 和"无事生非"等同起来是不妥的，因为"无事生非"是指"无缘无故找岔子，存心制造纠纷""无中生有地找麻烦"。若译作"无事自扰""空忙一场""小题大做"都比较接近原意。

在翻译教学中如何处理目标语文化和本土文化的关系是广大教育工作者面临的难题。纵观西方的经验，可以发现在外语教育中引进文化教学经历了从无到有、从忽略到重视、从单一到多样的演变过程。陈申将西方现存的文化教学方案归纳成三种类型：一是以"区域文化学"为代表，二是以"交际教学"为旗帜，三是以"跨文化交际"为标志，西方学者对三种方案的研究还多半是对文化本身的含义的解释和对语言文化两者关系的解释，强调的仍然是目标语文化多于本土文化。尽管"跨文化交际"将目标语文化和本土文化同时摆上桌面，但两者的地位明显不同，比如说当交际失败时总是归因于本土文化的干扰。

在寻找两者结合点时候，国内学者也进行了积极探索，最具典型性的为以下 3 种：

① "生产性双语学习"模式

高虹早在 1994 年提出"生产性双语学习"模式。该模式认为理想的外语学习是目标语和母语，目标语文化和本土文化的积极互动。为了寻找依据，高一虹对 52 名中国外语教师和外语研究人员进行了采访调查。通过对包括"本土文化归属""目的语文化归属""文化意识""文化休克""工具性动机""归属性动机""开放性""批判能力""共情能力""整合能力"等材料的整理分析得出：语言和文化学习也完全可以是生产性的。

② "双层英语"假设

文秋芳、俞希根据 Crystal 的主张提出"双层英语"假设。该假设认为，作为世界通用语的英语由两个层面组成：通用英语层和本土化英语层。这两个层面可以和谐共存，但必须互相制约。一方面通用英语层要给本土化英语层足够的创新空间，允许其构建能够表达各国地域、文化特色的语言形式；另一方面本土化英语层的构建一定要遵循第一层面的基本规则，符合"可理解性"的标准。文教授以 2000 年 11 月 30 日到 2001 年 2 月 8 日期间连续出版的 10 期《21 世纪报》（第 382 期～391 期）为例，对该假设进行验证。"双层英语"假设的启示在于：英语教学要强调英语国际化与本土化的有机结合，要重视英语从事双向文化交流的功能。

③ "中国英语"构想

"中国英语"的支持者旨在使"中国英语"成为一种独立变体，具有完整而规范的体系，而不是只具有个性特征的语汇和发音。"中国英语"概念是葛传椝先生于 1980 年在《漫谈由汉译英问题》一文中最早提出的。此后，黄金祺、汪榕培、李文中、贾冠杰、向明友、罗运芝、杜争鸣、杜瑞清和姜亚军等纷纷撰文肯定中国英语的积极面，并为中国英语的合法性提供了大量的依据。李少华更是著书立说，从应用社会语言学理论出发，对中国英语研究的发展及演变历程进行了全面细致的梳理，为发展"中国英语"摇旗呐喊。发展"中国英语"对英语教学的意义在于：要正确对待英语教学中的汉语影响，从教学内容和教学方法上改变对英美国家的依赖，突出英语教学的本土化色彩。

2. 本土文化的翻译教学步骤

翻译教学的主要任务是以对比分析两种语言的特点，以及在遣词造句各个方面的侧重与异同，介绍各类常用文体的语言特点为基础，通过实践训练，探讨翻译的规律，使学生掌握翻译的基本理论、程序、标准和方法，具备翻译实践的基本能力和翻译评价能力，以及根据具体翻译要求决定翻译策略的能力。翻译教学方法研究应以此为取向，同时应考虑现有的教学条件。

在翻译教学过程中，教师要确立学生在教学过程中的主体地位，要倡导以学生为中心的现代教学模式。在具体的翻译教学语境中，要力求实现在教师的指导下，以学生为中心，利用情景、协作交流等环境要素，促进学生主动学习，最终达到使学生对所学翻译方面的知识进行意义建构及重构的目的。为此，翻译教学可整合成 5 个模块或步骤，即：布置任务—发现（提出）问题—自主钻研—合作交流—评价反思。翻译课的课后作业与课堂教学主要是"课下作业先行＋课堂讲评随后"的关系。

在具体上课实施时，教师于前一次课布置任务，并提出具体要求。这部分训练的材料应有一定难度，但量不宜多，且无"参考译文"可供参考。材料选择应体现知识性、鲜活性、时代性、趣味性和文体风格的多样性与典型性，以此激发学生的学习兴趣与积极性。这些先行组织营造真实自然的学习环境，可诱发学习者的先天技能的展现，是激活潜能知识的快捷方式。

发现（提出）问题是教学链中的发动机。提示线索和提问是课堂教学活动的灵魂，也是衡量教师教学艺术的尺度之一。线索是学生即将学习新知识的"兆头"，而好的问题可以激发和刺激学生的好奇心，使他们进行积极思维，发挥潜意识能动的力量。自主钻研旨在教师的完全"淡出"和脚手架的全部拆除。学生通过自主钻研，主动收集、寻找有关资料，然后加以分析，提出解决方案，从而发掘出自我解决问题和完成任务的潜力，促使创造性思维几何式地膨胀发展。

合作交流让学生以对子、小组，甚至全体的形式通过对话、交往、协作来"抢占"学习的话语权，既可以提升认知水平，又可以培养他们的团队精神和人际交往能力。评价反思是有效监管学习进展和检验是否达到学习目标和任务的手段。评价反思可采用学生自评和教师针对性反馈两种方式，分别可渗透到学习过程的每一阶段的形成性评价和参照一定标准反思检测某一阶段学习结束后的语言水平及技能的结果性评价之中。

需要指出的是：这 5 个步骤并不总是线形作业的，由于学生语言水平层次不同和课型特点性质的需要，操作流程就有变化，尤其是中间的 3 个步骤可呈现出多种变式。

（1）直线式，如图 9‐1 所示

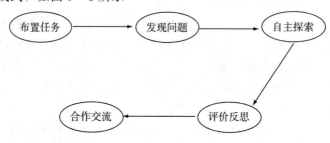

图 9‐1　直线式翻译教学流程图

首先，教师利用积极有趣的教学资源为学生提供一个真实自然的语言学习环境，突现教学情境的"浸润性"功能的同时，激活学生的语言学习机制，为下一步学习打下基础。然后，教师提供线索，引入问题。除要求学生回忆和再认识信息的低水平问题外，更要提出要求学生分析信息的高水平问题。问题等候时间要够长，让学生有足够的时间思考后再进行合作交流与沟通，最后做出评价与反馈。教师对学生翻译过程中出现的共性问题和一些重大错误（如理解方面的）进行反馈，即点评、分析，帮助学生进行推敲，理清思路，从学生翻译错误中找出原因是对以后学习翻译的极大促进。它可以让学生体会翻译的全过程，使翻译理论与实践结合起来。教师的评价过程，也是学生对翻译理论理解、消化和深化的过程。

（2）反复式，如图 9-2 所示

图 9-2　反复式翻译教学流程图

这一类型主要是中间 3 个步骤的轮回和反复（并非重复）。在接受任务后，一旦学生个体发现问题就开始思考，并且与他人进行合作交流，倾听他人的看法，以求获得语言学习的"切入点"，然后再进一步自我探求。遭遇知识的盲点时，再和别人沟通与协作，

以期找到解决问题的途径。对一个问题，可以引起很多的争论，真理越辩越明，知识也是越辩越趋于精确。翻译教学是一项双边活动，翻译活动包含着师生双方对翻译信息的接收、理解和复杂的认知过程。因此，反复型的模式摒弃传统教学中的教条的、呆板的、被动的教学过程，它给学生提供了从文化层面、理解层面、表达层面上新型的认知机器：启迪学生的思维，加深他们对翻译的理解和思考，使他们不仅掌握书本上的翻译知识和技能，也会摆脱教科书的条条框框而产生悟性。这才是翻译教学活动的理性所在。

（3）递进式，如图 9-3 所示

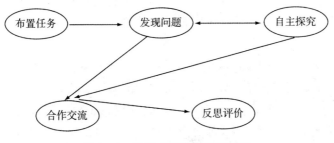

图 9-3　递进式翻译教学流程图

这种类型因多重循环和交叉反复，较前一种就更复杂和"杂乱"。通过"发现问题—自助探索—合作交流—自主探究—发现问题—合作交流—发现问题—自主探究"等系列递进式交叉和反复后，学生个体逐步厘清已有知识结构，把握新增知识点，其创造性思维能力进一步提高，语言能力和认知水平呈螺旋上升趋势。递进模式给我们的启示是课堂上要留有空白，让学生自己自动完成对知识点的构建和重建，翻译是一项包括文本客体、译者主体以及文本与译者动态作用的综合性复杂活动，对文本所接受任务的静态分析和研究虽然必不可少，却不能涵盖翻译活动的所有复杂内容。因此，翻译教学应注意培养学生的创造性思维能力。

尤金·奈达曾讲过，"优秀的翻译是一种创造性的艺术。它既是再现，又是转变，因为它的目的是要在本义和联想义两个方面达到表象上与结构上的真实"。翻译不仅要表达原作的概念信息，还要表达一定的形象信息。因此，在翻译教学中，要求学生除了上述的运作环节之外，还要运用逻辑思维、抽象思维，发挥形象思维。翻译是再创造，而不是机械重复。因而对某一翻译方法和技巧的运用，对某一词句的解释、理解和翻译，都要鼓励学生树立创新意识，力避定势思维，更不要人云亦云。所以翻译课堂教学不能满堂灌，应该留有空白；充分挖掘学生思维的潜能，促使学生迫不及待地寻找答案、讨论、分析、钻研，使学生在翻译过程中迸出"火花"，产生灵感。苏联著名教育家苏霍姆林斯基曾经说过："有经验的教师往往只是微微打开一扇通向一望无际的知识原野的窗子。"课堂教学留白能使学生获得更多的想象空间，培养他们的创造性思维。

3. 本土文化的翻译教学策略

在课堂上，教师要改变传统的满堂灌的教学模式，转变观念，树立"以学生为中心"的现代教育理念，采取灵活多样的教学方法。传统知识的灌输式的教学方式显然不能适应本土文化教学的要求，因为文化知识包罗万象，教师不可能教会学习者需要知道的一切。再者，一味灌输也丝毫不利于对学生兴趣的培养。因此，教师应该要充分利用教材，综合运用各种教学策略，让学生在文化教学中发挥主导作用，将课堂营造为一个轻松自然的文化交流环境，从而提高学生的本土文化表述能力。现介绍几种本土文化的教学策略。

（1）对比式教学

对比是语言文化学习中最通用、最基础的一种策略，在文化教学中几乎无处不在，Samovar曾指出：完整诚实的跨文化的价值标准就是要既承认相似，又承认差异（Larry A. Samovar, 1998）。相似之处提供了对两种文化进行对比的共同基础，差异则是激发学习者探索欲望的动力。对比使得两种文化成为对方积极的、正面的参照体系，实现相互的"正迁移"，避免了孤立枯燥地记忆各种文化编码。为了能够使学生的跨文化意识得到增强，使学生的跨文化交际能力得到提高，在英语教学过程中，应该对文化教学内容进行合理设置，对中西文化进行对比，找出中西文化的差异，从而使中国文化融入文化教学之中。

在教学活动中，以课文话题为出发点，以中国文化与西方文化的对比为途径，使两种文化之间的差异点与共同点得以显现，不但能够使学生的文化意识得到培养，同时还能使学生对中外文化的理解得到加强。从教师的角度看，在对中西文化相对比的过程中，隐藏在交际行为各个层面背后的不同的或者相同的中西价值观能够被学生深刻地理解，从而使学生的跨文化意识得到有效的增强，使学生的跨文化交际能力得到有效的提高。从学生角度来看，在学生站在自身的立场上对目的语文化进行理解的过程中，使目的语文化环境中的合理性被学生从心理上认可，从而使学生的自我观念得到调整，能够帮助学生更深刻地理解文化，同时使其对本民族文化模式进行了深刻的理解，还吸收了外来文化，使学生在跨文化交往中的主体地位得以保持。学生在以英文方式表达中国文化的过程中，不仅使学生以英语语言为媒介来表达中国文化的能力得到提高，同时使中外文化的国际交流得到了促进。

以西方节日的讲解为例，教师可以引入中国的传统节日，然后将西方节日与中国节日进行比较，不仅使学生们对中国节日与西方节日之间的不同得到理解，更重要的是使中国节日和西方节日的英文表达方法被学生们深刻地掌握了。作为世界观、道德观、人生观、价值观的重要体现，哲学和宗教对人的一生有着重要的影响。在对西方的宗教文化进行介绍时，教师可以将佛教、道教、孔子思想等与中国哲学思想相关的中国文化引入其中，将二者进行对比，不仅能够使学生对两种不同的文化特征和影响进行充分的掌握，同时使学生的文化知识得到扩充。更加重要的是使学生对我国的集体主义价值观和国外个人主义价值观得到了充分的了解。

（2）发现式教学

中国文化博大精深，对中国文化的学习是无穷无尽的，单纯知识的灌输对学生而言效果是微乎其微的。学生不该是一味接受知识的被动接收器，教师应力所能及地引导学生去发现中国文化的魅力，鼓励他们用英语表述中国文化。发现式教学可以提供一些文化事实和实例，要求学生从中总结和发现一些有关于价值观念、宗教信仰或世界观的深层文化方面的内容。另一方面，教师还可引导学生发现他们生活的真实文化环境中的事件，更好地激发他们用英语表述的愿望。如在吴鼎民教授主编的《阅读大观》系列教材中，第一册第七单元致力于介绍中西方的各类节日，其中一篇文章描述了中国最重要的传统节日"春节"。尽管这篇文章较为详尽，但如果仅仅局限于课文则远远不能满足学生的表达要求。相反，课文应被视作一种依托，因为其中囊括了有关春节的重要的表达方式，在学生获取这些必需的语言信息后，教师可以考虑进一步鼓励学生发现和描述各自家乡过春节的风俗习惯，也可具体到各自家庭如何过春节的。发现式教学能在很大限度上提高学生的本土文化表述能力，而文化能力就是强调学生使用和探索知识的能力（秦海花，2003）。

（3）感受式教学

感受式教学就是通过设计一系列的教学活动，将课堂环境营造为一种语言文化交流的实际环境，使学习者有身临其境的感受，能极大地提高学习者的学习动机，秦海花推荐感受式教学的主要活动是 Role-plays（角色扮演），它可以使学生有机会感受真实的目的语的文化环境（秦海花，2003）。这也同样适用于本土文化的学习，并且由于学生更加熟悉本土文化，感受本土文化的课堂必定是一个更亲切、更自然、更热烈的学习环境，通过身临其境的感受式学习，学生可以把获得的文化知识内化为他们自身的知识和素质，并自觉地将其应用于不同的场合。感受式教学是一种非常有助于提高对本土文化的认识水平的有效教学策略，学生从中受益无穷。

（4）合作式教学

Hinkel 在他的著作中指出教师必须成为学生的合作学习者，用合作的方式进行课堂上的师生互动（Eli Hinkel，1999）。这种方式尤其适用于大学英语课堂上的本土文化教学，因为大学英语教师在英美文化方面可能具备一些明显的优势，涉及中国文化方面与学生相比优势并不一定明显。教师与其继续端着架子保持权威的姿态，不如收起架子，走到学生当中去，以合作者的身份与学生共同探讨本土文化的方方面面，同时在语言方面给予学生适当的指导，这种方式有利于融洽师生关系、营造生动活泼的课堂环境，从而又反过来进一步促进学生的学习。教师本人并不是这方面的专家，在这种情况下，合作式教学不失为一种非常有效的方式，师生以英语为工具进行中国绘画的互动交流。教师甚至可以让了解绘画的学生走上讲台，临时取代教师的位置。

（5）翻译法

在英语教学中我们要对学生进行翻译技能的训练。除了在教材中通过现成的文章和译文反映中国文化外，教学中还要注意把具有中国文化特色的翻译技巧传授给学生。诚然，具有民族概念的翻译是汉英互译的一大难点，有些因为在目标语中缺乏实物或者概念，甚至被称为是不可译的。但是中外翻译界对此已经做出大量的研究，提供了丰富的文化翻译的方法和技巧。英语教学可以在翻译上多投入一点时间，系统地讲授翻译技巧，让学生在遇见不知道英文说法的文化事物时，可以采取意译、音译加解释、模糊翻译等方法用英语最大限度地传达出中国文化的神韵和特色。如果处理好中国文化与翻译教学的关系，目的语的学习会收到事半功倍的效果。我们在传承自身传统文化的同时，还要认同与目的语文化之间的差异，并包容多元，以开放的心态进行国际的交流，在译作中传播我们博大精深的本土文化。

（6）综合实践活动法

开展丰富多彩的各种综合实践课外活动，加强中国文化渗透是我们进行中国文化教育的一大方法。在大学英语教学中课堂教学的时间毕竟有限，因此教师必须鼓励学生多渠道、多途径地获取信息。为了更多地进行英语学习中的中国文化渗透，教师要充分利用课外活动来扩大学生的知识面，促进学生非语言交际能力的提高。可以开设一些专题讲座，聘请一些有造诣的专家、学者对学生进行较为系统的英美文化和中国文化的课程教育。在授课过程中要循序渐进、英汉相辅，以扩大学生视野，获得更多的英美文化知识和中国文化知识。另外还可以引导学生在课外阅读一些介绍中国文化的英文作品，除此之外，还可通过引导学生观看介绍中国文化的英文电影，像著名导演李安的《推手》《饮食男女》，收听收看中央电视 9 台的英语节目，鼓励学生参加英语角、中国文化英语演讲竞赛、戏剧表演等活动，丰富学生中国文化的英语表达内容。

### 六、重视提高教师的本土文化知识

传统的英语教学概念是：英语是一个交际工具，把这个工具传授给学生，他们能与外国人交流就行。但在全球化的语境下，英语不仅是一个交际工具的符号体系，更是一种文化，是思维和社会活动的产物。在 21 世纪，世界上多种文化并存的环境决定了跨文化交流的双向性，每一个民族都无不带着自己的文化与别的民族交往和交流，一体化已成为当代世界的主要特征，不同文化在融合的过程中首先需要理解异域文化。这种理解不仅包括对人类文化共同领域的理解，更包括对人类不同的文化进行理解。而语言是交流的主要工具，它应当承担起促进全面交流的使命，不能使交流天然地被局限于共同的领域。这种教学理念要求我们英语教学应与中国文化表达息息相关，也只有这种教学理念才有助于我们重新认识英语教学，改革英语教学，从而建立一套有效的"中国文化英语表达"教学体系。

英语教师应首先建立一个坚定的文化立场，实现中国文化的价值观，认识中国文化为人类的文化发展所做出的独特贡献，以及认识学习本土文化，加深对外国文化的了解，提高学生的识别能力和欣赏外国文化能力的意义。具备深厚的双语基础，正确认识双文化教学，有强烈的跨文化的意识，是提高教师综合素质的主要任务。双语基础的基本素质要求英语教师不仅要掌握准确而全面的知识，还应包括汉语语言学，如汉语构词规则、语用能力、优美的诗歌。关键是要遵循和更新当前的文化词汇，以及在教学实践中使用标准化的表达方式。作为直接接受者和外来文化的传播者，英语教师对外国文化的态度直接影响其教学效果，这是对教师双文化素养的更高要求。

教学是一个复杂的过程，教师要不断解读课堂事件并做出课堂决策，教师的素质是影响教学效果的重要因素之一。学生是教学的主体，教师是教学的主导者。因此，教师的中国本土文化素养成为高校英语专业中进行中国本土文化教学的保障。教师自身的文化修养以及对文化教学的正确认识关乎着中国本土文化教学的顺利进行。教学中，教师起着引导作用。作为引导者，首先要有坚定的文化立场。教师应该是爱国主义者，应该了解并欣赏祖国文化，应该客观地、不带偏见地为学习者介绍中西文化。如果在学习异国文化的过程中，不善加引导，学习者很容易会盲目地接受西方文化中的行为规范、价值观和道德观，很容易忘记甚至疏远自己民族的文化传统。中国文化源远流长、博大精深，内容极为丰富，这就要求授课教师具备良好的素质，既要有良好的英语能力，还应具备丰富的中国文化知识、科学的教学方法和手段。所以，要加强中国本土文化教学，教师要提高自身的中国本土文化素养和习得能力，提高自身本土文化内涵。这需要教师通过各种方式丰富自己的中西文化知识，对跨文化交际的内涵、作用及意义有深刻的了解；不能只限于熟知课本内容，还应广泛涉猎教材之外的知识文化，并积极创造机会积累跨文化交际的经历，不断完善自身的知识结构和文化素养。教师可以通过报刊、书籍、电视、网络等多种渠道学习并积累一些中国文化的英语表达，教师应当倡导学生在课余时间段通过各种途径自主地获取本土文化的英语表达方法。教师不但要鼓励学生大量阅读英文原版著作，而且应要求他们加大中国优秀传统文学作品英译本的阅读，这既有利于学生对比分析中英语言文化的差异，又有利于他们学到中国文化地道的英语表达方式，从而引导学生树立异国之间文化交流的平等意识。

　　另外，英语学习者还可以通过报纸、杂志、电影、电视剧、网络等资源来学习和提升中国文化的英语表达能力，调动学生对中国文化学习的主观能动性，培养学生跨文化交际的能力。此外，教育集团、机构和有关部门也有义务开设一些有关提高英语教师的中国文化英语表达能力的师资培训，在提高了自身的表达能力之后，英语教师还应当增强其传授中国文化的技能。更重要的一点是，教师本身要崇敬和热爱中华民族传统文化，自觉地践行核心价值观，以自己良好的修养和模范的行为感染、影响学生。只有这样才能富有成效地指导学生进行跨文化交际，引导学生树立中国文化的核心价值观。学校也要重视教师对该门课程教学经验和备课知识的积累，不要频繁更换任课教师。教师作为学生学习的引导者和帮助者，首先要切实转变自身的教学观念，增强英语教学的本土化意识。在教学中要将这些文化和意识传授给学生，使其内化于思维之中，并能服务于语言运用。教师应能够深刻理解跨文化交际中中国文化的地位和作用，并自觉地在教学中引导学生加强中国文化知识的学习，提高学生的中国文化鉴赏能力，增强学生的民族自豪感；多用英文谈论中国的事情，增加教学的实用性，提高学生的学习兴趣；既要培养他们跨文化交际的敏感性，也要引导学生树立文化交流的平等意识，培养他们对异文化的宽容态度，以使他们在日后的对外交流中从容不迫、不辱使命。为此，英语教师应担负起时代赋予的责任，不断增强自身的业务能力，深入学习中外文化的精华，广泛涉猎新鲜文化现象，勇敢地探索文化本质，拓展关于文化方面的研究领域，增强自己中、西方文化方面的综合素质，提高跨文化交流能力，才能担负起在英语教学中导入中国文化、传播中国文化的历史重任。

翻译教师只有具备深厚的文化功底才能有效地实现文化教学的目标。不仅要具有丰富的西方文化知识，还要具备深厚的中国文化修养。教师在教学实践中要培养自身的本土文化意识，适时地向学生传授用英语表达中国文化现象的语言技巧。比如，教师在讲到"representative""bread"等词时，同时要讲解和这些词有紧密文化联系的相关词汇，如"Three Representatives（三个代表）"以及其内容，"steamed bread（馒头）"等。此外教师应当为学生尽可能多地输入用英语表达的有关中国特有的文化，包括中国历史、政治、哲学、风俗习惯等，使课堂输入为学生提供必要的关于中国文化知识的材料，使学生实现有实际意义的语言输出。

教师必须同时扮演语言教授者和文化引导者的双重角色。中国文化教学应摆脱以往教学中传授知识的弊端，应以实践为特点，培养学生对中西文化进行鉴赏和对比。如在介绍西方个人主义的价值观念时，可以适时导入中国的集体主义价值观念，让学生自己去发现二者的差异与共性，寻找两种文化特征之间的关系，帮助加强两种文化之间的沟通，培养学生的文化理解力，培养学生的文化自觉意识，提高对多元文化的反思能力。让学生通过参加课堂上教师设计的文化交际活动，促进学生更加深入地体会文化差异，体会到交际中语言的文化内涵和背景，在跨文化交际中形成合理的民族意识，将语言知识内化为自身素质，并逐步转化成跨文化交际能力的学习发展过程。

在日常教学中注意筛选文化教学内容，尤其是注重提高学生对中国本土文化的英语表达能力，实现成功的交互式跨文化交际活动，用英文谈论中国的事情，可以增加教学的实用性，提高学生的学习兴趣。既要培养他们跨文化交际的敏感性，也要引导学生树立文化交流的平等意识，培养他们对异文化的宽容态度，以使他们在日后的对外交流中不辱使命。有意识地对学生进行中西方文化对比教学，同步提高学生用英语表达中国文化的水平、基础英语水平和对英语国家背景文化知识的了解程度。教师还可以自编反映中国本土文化的教材，在课后练习或背景知识介绍的过程中补充一些与授课内容相关的中国特色文化内容，加强学生对中国本土文化的了解。另外，教师还可以利用合作学习法，让学生以小组的形式通过网络、电视、电影、广播等多种途径进行自主学习，然后在课上进行口头报告、作文或小型论文讨论会等形式提高学生的中国本土文化水平，培养并检查学生用英语表述中国文化、对比中外文化的能力。教师应加强自身跨文化交际教学课题的专业学习，以培养学生正确的中西方价值观以及跨文化交际能力，尤其要通过研讨会、专题论文交流、教学方法研究、案例分析、自我评估等活动，找到一些克服"中国文化失语症"这一现象的方法。

### 七、增加教材中本土文化的比重

教材中的本土文化内容编写构想造成翻译专业学生本土文化表达能力低下的原因是多重的。中国的教育文化决定了教师和学生对教材的高度依赖，教材在教学中起着决定性作用。国内外许多专家，例如 Byram，Hatoss，Browett，Harbon 和 Kohler 等，对外语教材中的文化内容提出过不同的评价模式。Byram 模式包括 5 个问题，其中第 1 个问题为"教材中是否含有本国文化和他国文化知识（1997）"。Hatoss 的评价模式由 20 个问题组成，其中问题 18 涉及本族文化在他国文化教学中的作用。Browett，Harbon 和 Kohler 把教材中是否列出文化异同作为评价的第一条标准（2004）。我国学者束定芳、庄智象（2008）和张红玲（2007）均对外语教材中本土文化内容的重要性进行论述。由此可见，本土文化是外语教材中不可缺少的部分，在翻译教材中增加中国本土文化内容是必要的。

#### 1. 跨文化交际的需要

学习英语，不仅因为它是一种时尚，更因为作为一门世界语言，英语被各国家广泛使用，也是联合国的工作语言之一，是我们要与世界接轨，进行国际交流的重要工具。学习英语，更重要的是要吸取优秀的文化精髓，学习先进的科学技术，介绍中华民族的悠久文化。近些年，来华的外国客人每年逾千万，在他们感受中国本土文化的同时，也需要国人对祖国文化进行语言传播。但是，假设一个中国学生用英文跟外国客人讲感恩节，他们会感兴趣吗？最多他们会认为你的英文不错，对英语文化了解不少。但是，当外国客人问起他感兴趣的中国文化内容，如陶瓷、插花艺术、茶叶、剪纸等话题时，我们却不能用英语向他们表达清楚，与前面对外国文化的夸夸其谈、津津乐道形成鲜明对比，连外国人也会对我们的文化传承产生担忧。

#### 2. 扭转国人盲目崇拜外来文化风气的需要

在国家"走出去，请进来"政策的大力倡导下，国民中出国风气日盛，甚至许多初中毕业生也大量涌出国门寻找所谓的"求学之路"。这就更容易造成国人对国外的崇拜以及对本土文化的不屑：就连 70 多岁的父亲也会在 5 月的第二个星期天问孩子："今天是母亲节，你给你妈买什么礼物了？"到圣诞节、情人节时，商店、饭店等地装饰的气氛远远超出了春节期间的气氛，而且利用这个机会赢取暴利。这些人有多少人了解这些节日的由来？说到底，一个词：盲目崇拜。作为中国人，我们又对我们自己的文化有多少了解？有多少人知道重阳节、七夕节？有多少人在这两个节日给父母、爱人送上珍贵的礼物呢？遏制这种盲目崇尚外来文化的风气，需要各方面的努力，其中学校教育是一种长期有效的办法，因此在我们学生的翻译教材中加入中国本土文化，使学生在学习英语国家文化的同时，更深刻地理解中国文化的博大精深，才能使他们更加热爱我们的祖国，热爱祖国的文化。

教学材料是指具备 3 个基本要素的材料——信息、符号和媒体。这些要素是用来向学生传授知识、技能和思想的。教材是学校课程的核心内容。目前教材的组织形式着重于心理角度，即以学生为本的形式，强调学生的兴趣、需要和能力。关键应把积累学生的经验作为教材编订的出发点，逐步扩展内容和培养学生的综合素质。课本的排列方式往往采用循序方式——在学习者的接受能力上，由浅到深，从易到难，所以一些基本原则是可以被重复、逐步扩大和循序提高的。在教材的编排和使用上，曾洪伟教师给出了不错的建议："在具体选录中国文学文化作品入教材时，应注意其代表性、经典性、系统性。文章应是各时期的代表之作、经典之作，而且这些作品汇集起来应能反映中国文学与文化的整体风貌、历史脉络；入选篇目应与中学课本篇目相衔接，但不应重复，要体现发展性、深刻性；有关中国文学与文化内容的篇目不仅可以安排在正课文中，而且也可以安排在课后的阅读课文中，在听力、泛读、口语等课文中也可选入中国文学与文化内容；教材应开列中国文学与文化参考书目或编写与主教材相配套的中国文学文化教材，作为学生课后阅读之用；有关中国文学文化内容的教材编撰可采用汉英对照式，也可采用全英文式，但英语译文应是优秀之作。"

众所周知，英语学习的目的有二：一是引进介绍西方文化，二是输出传播民族文化。两者缺一不可。而在许多场合下，后者更为重要，更有意义，尤其在当今世界中国文化与西方文化的交流已出现严重"逆差"、中国文化被误解、误读，甚至被"殖民"的情况下，尤应重视中国文化的输出，以恢复其在世界文化中应有的地位。在教材的本土化方面，我们可以借鉴国外很多国家的做法，例如，智利的英语教材 Go for Chile 就包括了许多有关智利的主题；澳大利亚学者主编的英语教材除了介绍世界各国的文化以外，还注意弘扬其本土优秀文化，如"澳大利亚的有袋动物""穿越大陆""早期移民者"等。

教材的本土化除了要在教材中选用一定数量的涉及本土历史、文化、文学的文章外，还要考虑本土化词汇的输入。随着国际交流的日益频繁，大量汉语词汇借助音译、直译、语意再生等手段进入英语。在英语的世界里讲述中国的事情，有些表达是英语中从来就没有的，如：three represents（"三个代表"），spiritual civilization（精神文明），Confucius（孔子）等。英语词典中没有此类表达不应成为束缚我们表达心声的障碍。本土化的教材应创造机会让学习者接触到那些富有本土特色的词汇，提高学习者用英语表达身边事物的能力。

编写教材时，编者要有文化平等意识，避免任何形式的文化沙文主义，既不能将英语教材变成英美文化的独白，也不能认为中国文化优于其他一切文化。中国文化内容的引入要适度，要与学生的英语语言水平一致。教材的编写要做到将文化教学寓于语言教学中，让学生在提高语言能力的同时，也习得文化知识。

在翻译教材编写的过程中，编者可以适当地调整教材的内容，融入一些与中国文化和中西方文化对比的文章，初级阶段的教材可以增加一些反映我国传统优良美德的文章和经典小故事，如《孔融让梨》《小马过河》等。中级阶段的教材则可以融入"四大名著"的简介和体现当今社会新气象的文章。而对于高级阶段的学习者来说，可以考虑选一些我国学贯中西的学者的原作放进教材中，如林语堂、钱锺书等大家的作品。在具体选录中国文学文化作品入教材时，如前面提到的曾洪伟教师建议：应注意其代表性、经典性、系统性，即文章应是各时期的代表之作、经典之作，而且这些作品汇集起来应能反映中国文学与文化的整体风貌、历史脉络；入选篇目应与中学课本篇目相衔接，但不应重复，要体现发展性、深刻性。同时，在编写翻译教材时，应邀请西方文学与文化方面的专家、中国文学与文化方面的专家、比较文学与文化方面的专家以及翻译方面的专家，大家通力协作，这样就可以集思广益，共同商榷，以尽量科学合理的方式编撰好教材，从而使翻译教材真正起到培养学生人文素质、弘扬民族文化、提高学生语言能力的作用。

目前在翻译教材的编写过程中，引入的中国本土文化无据可循，导致对中国文化的引入也不成体系，显得随意性很强。文化学家们通常把文化分为 3 个层面：表层，即器物文化；中层，即制度文化；深层，即观念文化。根据这 3 个层面，可总结为包括 10 个精髓的中华文化版块。其内容都是具有代表性、民族性和趣味性的主题，是广大翻译专业学生有能力也有义务掌握、介绍并传播的文化精华。其内容分别为：

（1）思想意识（儒、道、佛教、孔子等）

（2）修身养性（武术、太极、阴、阳、中医药等）

（3）服饰饰品（中国结、旗袍、蜡染等）

（4）节日习俗（传统节日、民俗、庆典等）

（5）笔墨艺术（"文房四宝"、国画、中国书法等）

（6）饮食文化（中餐、小吃、茶艺等）

（7）舞台艺术（戏剧、民乐、曲艺等）

（8）建筑艺术（亭台、楼阁、园林等）

（9）文学艺术（诗、歌、词、赋、传说等）

（10）名胜古迹（长城、兵马俑、石窟等）

为了使中国本土文化的引入更加系统，在教材编写过程中我们应该注意以下几个问题：

（1）选用含有中国文化元素的文章

选用经典的英语文章的同时，我们还应该选用一些介绍中国文化的英语文章。在中国国内出版物中，《中国日报》《21世纪报》（英文版）都有关于中国文化的文章，而且这些文章是由中国人撰写、外国专家审稿（语言）的。《英语小品文选读》（《北京青年报》——英语绿地栏目文选，外文出版社）的文章由在华外国专家撰写，从外国人角度看待中国文化，文章语言地道，又有许多文化的碰撞。这些都是可以选取的素材。

（2）增加中国文化内容以及中西文化比较方面的内容

由于中国的外语环境，学生的英语语言文化输入量非常不足，翻译教材中的文化内容应当以目的语文化为主；但考虑跨文化交际是双向的交际，因此教材中对本土文化进行适当的介绍和探讨是十分必要的。尤其当教材在高校中使用面很广、影响很大时，更有必要适当增加中国文化内容和中西文化及文学比较的内容。费孝通先生在《反思·对话·文化自觉》一文中指出："首先要认识自己的文化，理解所接触到的多种文化，才有条件在这个已经在形成中的多元文化世界里确立自己的位置。"由于中西文化比较方面的内容有助于帮助学生从更深层次理解自己和他国的文化，教材中也应适当增加中西文化及文学比较的内容。例如，具有中国特色文化的词汇可以进入课文或配套习题当中；当单元主题是节日时，除了介绍西方节日，可以增加介绍中国节日的课文；若主题是 English Pubs，则可将 tea house 的文化融入单元中。许多来华的外国作家和华裔作家的作品也是学习中国文化英语表达的好材料。

（3）注意避免只看到表层问题而忽略深层问题由于教材具有相对稳定性，改编一般不会很频繁，因此在对教材进行改进之前更有必要进一步澄清认识，以避免造成不必要的浪费。对教材中本土文化内容的改进不应仅仅停留在增加本土文化语言层面内容以及中西比较方面的内容层面上。仅仅增加本土文化语言层面的内容并没有完全解决跨文化交际的所有问题，因为这样做实际上是将进行"双向的跨文化交际"的能力等同于双语能力，势必导致学生对跨文化交际的片面认识，以为只要会用英语说中国的事物就是成功的跨文化交际。跨文化交际能力是一个包含语言能力、交际能力、文化共情与反思能力等多层次内容的概念，跨文化交际（双向）≠文化内容表达（双向）。不会用英语表达中国事物仅仅是跨文化交际障碍的表层体现，而由于缺乏对中国文化和其他文化差异的敏感性所导致的跨文化交际失误，是双向交际障碍的深层体现。下面以程棠先生教授法国学生《东郭先生和狼》的课堂对话为例分析。

学生：老师，这一课说明什么？

教师：这是一个寓言，说明对坏人不能怜悯、同情。

学生：谁是坏人？

教师：狼代表坏人。

学生：狼为什么坏？

教师：东郭先生救了它，它反而要吃东郭先生。

学生：那人还吃猪肉、吃牛肉呢。

听了这话，程棠先生最初的反应是很生气，认为学生在故意挑衅。在这一例子中，教师从中国的传统道德观念出发，认为吃人成性的狼是决不能怜悯的，恩将仇报更是天理不容。而法国文化中并没有类似的观念，学生从生物学观念来看问题，生物为了生存，饿了要吃人，并没有善恶之分。教师和学生均从自己的本土文化出发看问题，只注意从语言层面教授课程或学习课程，未意识到两种文化在观察问题时的视角不一致，最终导致跨文化交际的失败。当然后来程棠先生意识到这一问题，也就不再生气了。由此可见，要实现成功的双向跨文化交际，交际双方都应该避免停留在某个单一的文化视角上，必须学会兼顾双方文化视角，从有利于交际的立场出发进行交际。仅仅依靠增加本土文化的表达方式来消除"中国文化失语症"，表面上似乎解除了双向跨文化交际中的障碍，却忽视了深层的跨文化交际问题，最终仍将导致跨文化交际的失败。其实质将无异于头痛医头，脚痛医脚，达不到真正的效果。

（4）避免民族中心主义和定型观念

教材中应增加中西文化及文学比较的内容，这的确有助于学生获得对文化差异的认识。然而如果教材编者未注意避免民族中心主义和定型观念，以本国文化视角进行描述、对比，仍将无法消除跨文化交际障碍。Kramsch指出，具备不同文化背景的人会因文化差异而对现实做出完全不同的想象，即文化的"局内人"和"局外人"对于该文化会有不同的描述和解释。教材的文化真实性很容易受限于教材编写者的文化视角。如果教材编写者没有意识到这一问题，仅从本民族文化角度出发对中西差异进行比较，其可信度就会相对较低，很容易造成民族中心主义。

要避免民族中心主义和定型观念，应该发展"第三位置"视点。"第三位置"是由 Kramsch 提出的概念，指的是一个既不同于学习者原有的文化（C1），也不同于目的语文化（C2）的新状况。在这一位置上，外语学习者对 C1 和 C2 文化都有较为全面的正确理解：既可保留自己的文化身份，又可以是一个了解目的语文化的专家；在交际中既能以参与者的身份进行交流，又能保持观察者的身份；能对交际全局进行理智的观察和分析，输送出得体的话语，实现交际的成功。"第三位置"视角有助于学生恰当地审视复杂的跨文化交际现象。翻译教材要从根本上彻底避免类似于上文提到的东郭先生和狼的"交际失误"再度发生，选材时就必须始终以"第三位置"视角为出发点，并以帮助学生达到"第三位置"视角为终点来进行。也就是说，教材编写者应该从"第三位置"的视角选材，选材的目的是帮助学生增加对自己本土文化和其他文化的了解，一方面从多视角观察和反思本土文化，提高对本族文化理解的准确度，另一方面提高对他族文化理解的准确度，了解二者的异同，并最终达到"第三位置"，实现跨文化共情能力、反思能力，以宽容态度灵活地处理文化差异。

改进翻译教材中本土文化的内容，以"第三位置"为中心对文化内容进行选材时，可遵循以下原则：

一是选材框架。注重文化教学的系统性与循序渐进，知识文化与交际文化并举，比较与反思并举。除了要增加中国本土题材内容的英译（如传统文化和文学作品精粹，具有中国特色的事物）外，可以从包含词语内涵文化差异的文章着手，逐步过渡到包含交际规约、文化习俗的文章，再上升到包含中外价值观、思维方式、民族心理方面的文章，使学生对本土文化以及目的语文化有全景式的了解。

二是选材原则。培养学生对自身文化的正确理解和反思能力，以及对异国文化的开放心态和宽容态度。选材时注意同中国文化保持一定距离，变换文化视角，选取一些"中外人士看中国"和"中外人士看外国"的文章作为课文内容（如林语堂、辜鸿铭等人对中国人性格的描述类文章，以及外语教学与研究出版社 2001 年出版过的一套《外国人看中国丛书》等）。另外，不同文化的人对同一问题进行探讨的不同文章也可以被选入教材，因为视角的变换可以震撼读者，促进其思考并使其走出某一种单一文化的窠臼，以"第三位置"的眼光审视和反思文化的成规和习俗，从而逐步消解约定俗成的思维定式和习惯。不同视角的文章作为教材内容，将为学习者展现一幅多姿多彩的文化画卷，有助于学习者达到"近而远""近而近""远而近""远而远"的"第三位置"视角。

再好的文化内容，如果不配以相应的文化练习，则这些内容在跨文化交际能力培养方面的作用与意义也很难被挖掘出来。因此，教材练习中应增加文化讨论、案例分析、角色扮演、人种学调查等练习，以训练学生的思考能力和跨文化交际能力。同时，选材时应注意避免使用编者本土文化背景下的思维方法、行为模式进行取舍，避免刻板印象。不妨在全套教材中设 1～2 篇介绍有关跨文化交际策略或有关跨文化交际的概念性的文章，帮助学生以恰当的角色身份参与交际。

### 八、翻译教学考核中要包含本土文化

长期以来，我国的各级各类英语考试一直以考查学生的听、说、读、写、译 5 种语言能力为主要目的，这就使学生形成一个严重的错觉：学英语就是学语言。因此，在考试这根指挥棒的引导下，学生自然而然地就把学习的注意力集中在语言上，而对语言所承载、所表述的文化内容却轻而视之或视而不见。这无疑是本末倒置、轻重不分。这也是为什么我国的英语教学始终难以提升到一个更高层次的重要原因。因此，翻译专业的学生文化知识（包括中、西文化知识）严重贫乏，英语考试难辞其咎。而要改善这种"文化贫血"的状况，就必须在教材、教学改革的基础上改革目前的考核方式：充分利用考试的积极作用，因势利导，引起学生对文化的重视，从而真正学好文化。

教学评价考核，不仅可以客观及时地定量、定性测量对师生的教学成果，而且对课堂教学发挥着直接的导向作用，更为重要的是它还会影响学生自学能力的培养和学习习惯的养成，最终决定性地影响人才培养的类型。现行的外语教学评价体系仍然是结构主义语言学的产物，评价的内容往往只侧重目标语语言本身的知识与技能，很少涉及本土文化的外语表达，更没有涉及对学生的跨文化批判性、创造性思维能力的评价，所反映出的学生学业水平有较大的片面性和失真性。通过本土文化教学翻译就需要建立一个涉及本土文化外语表达的科学、实用、系统的学生学业成绩评价体系。在中国的语境下评价外语学习者的水平，如果缺少中国特色文化的模块就很难保证学习者在这方面投入精力和时间。评价模块多元化、评价形式多样化的本土评价体系能有效地引导学生注重自身的全面发展，达到素质教育的目的。

在当前应试教育中，考试仍在一定程度上决定着学生学习的方向和重点。考试成绩是衡量教与学有效性的一个重要的质量指标，它引导了教学的趋向，调节着教师的教学行为，帮助学生全面了解自身的实际学习效果。为使用好考试这个

指挥棒，实现以考促学，带动文化意识的培养，我们可以探索在翻译教学考试中融入本土文化的成分，引导师生关注和学习本土文化词汇的英语表达。在跨文化翻译教学实践中，要建立完善一个涉及本土文化的科学、实用、系统的学生成绩评价体系，把本土文化列入学生形成性评估和终结性评估的一项重要内容。教学评估是翻译教学的一个重要环节，对学生的评估分为形成性评估和终结性评估。形成性评估是教学过程中进行的过程性和发展性评估，特别有利于对学生自主学习的过程进行有效监控；终结性评估是在一个教学阶段结束时进行的总结性评估，主要包括期末考试和水平考试。打破过去单一的笔试考核方式，采取多元化的评估方式，增加日常考核的力度和比例，督促学生重视平常的课堂练习和活动，借以全面评估学生的综合能力。在教学评估考核中，要注意适度增设中国传统文化、民族信仰、婚俗饮食文化、经济社会制度等内容。毫无疑问，评估对于学生的学习内容有着非常重要的指导作用。所以应该把汉语文化列入评估的内容之中，只有这样才能在另一个方面督促学生掌握好本国文化。

同时，鉴于当前翻译专业学生对本土文化知识学习的欠缺，相应地，在改革后的翻译课程考试中应加大中国文化知识考查的力度，使之与教材、教学改革形成一个完整而合理的链条，并最终有效地促进翻译教学与本土文化教育的完美融合，使我国的翻译专业学生既能吸收到西方的优秀文化，又能秉承我国的民族文化，并将之发扬光大，从而为中华民族的复兴奠定坚实的基础。

# 参考文献

[1] 高一虹. 语言文化差异的认识与超越 [M]. 北京：外语教学与研究出版社，1993.

[2] 冯庆华. 实用翻译教程：英汉互译 [M]. 上海：上海外语教育出版社，2001.

[3] 冯庆华. 实用翻译教程 [M]. 上海：上海外语教育出版社，2002.

[4] 顾嘉祖等. 语言与文化 [M]. 上海：上海外语教育出版社，2002.

[5] 郭建中. 文化与翻译 [M]. 北京：中国对外翻译出版公司，1999.

[6] 何善芬. 英汉语言对比研究 [M]. 上海：上海外语教育出版社，2002.

[7] 何卫平. 通向解释学辩证法之途 [M]. 上海：上海三联书店，2001.

[8] 何自然. 语用学与英语学习 [M]. 上海：上海外语教育出版社，1998.

[9] 胡庚申. 涉外外语言语表达策略技巧 [M]. 武汉：武汉测绘科技大学出版社，1993.

[10] 杜瑞清，王德新，李本现. 跨文化交际学选读 [M]. 西安：西安交通大学出版社，2004.

[11] 陈建宪. 文化学教程 [M]. 武汉：华中师范大学出版社，2004.

[12] 胡文仲. 文化与交际 [M]. 北京：外语教学与研究出版社，1994.

[13] 胡文仲. 英美文化辞典 [M]. 北京：外语教学与研究出版社，1995.

[14] 胡文仲，毕继万. 跨文化非语言交际 [M]. 北京：外语教学与研究出版社，1998.

[15] 胡文伸. 语言与文化 [M]. 北京：外语教学与研究出版社，1998.

[16] 胡文仲. 跨文化交际与英语学习 [M]. 上海：上海译文出版社，1998.

[17] 蒋小荣. 《红楼梦》中医词汇英译研究 [D]. 武汉：中南民族大学，2015.

[18] 孙广平. 晚清英语教科书发展考述 [D]. 杭州：浙江大学，2013.

[19] 韩巍. 平行原则下的唐诗英译研究 [D]. 上海：上海外国语大学，2013.

［20］张景景. 《围城》辞格中的幽默翻译研究［D］. 荆州：长江大学，2013.

［21］刘静. 关联理论视域下的英语广告翻译［D］. 西安：西安电子科技大学，2013.

［22］张书青. 目的论视角下中国特色词汇的异化翻译研究［D］. 大连：东北财经大学，2012.

［23］高莉君. 大学英语教学中的中国文化认同教育探讨［D］. 重庆：西南大学，2011.

［24］刘建玉. "读者反应论"在英语小说翻译中的重要性［D］. 苏州：苏州大学，2012.

［25］陈葵阳. 从建构主义观点谈翻译课堂教学［J］. 中国翻译，2005（3）：78-80.

［26］戴连云. 本土文化价值和翻译途径的选择［J］. 台州学院学报，2003（4）.

［27］戴琳，许善. 大学英语教学中中国文化导入问题的探讨［J］. 中州大学学报，2007（2）.

［28］宋阳. 论英文电影翻译的现状及对策［J］，电影文学，2012（24）：152-153.

［29］邓晓婷. 英语教学中中国文化导入初探［J］. 河南经贸职业学院学报，2007（73）.

［30］丁静. 中国文化导入大学英语课堂的原则和策略研究［J］. 成都大学学前教育学院，2009（8）.

［31］高莉君. 创新中国主流文化消除文化认同危机［J］. 贵州师范学院学报，2010（7）.

［32］黄莉. 民族文化英译的心态研究［J］. 湖北科技学院学报，2014（02）：101-102.

［33］甘小亚，黄珊. 我国外语教学中本土文化教育的研究现状调查［J］. 湖北经济学院学报，2012（8）.

［34］郭佳. 英语专业教学中的中国文化意识培养：一份基于使用"阅读中国"进行文化教学改革的报告［J］外语学刊，2011（3）.

［35］郭姗姗. 外语文化教学创新探源：中国文化的重构与输出［J］. 长春理工大学学报，2011（8）.

［36］郭晓军. 大学英语教学与中国文化的导入［J］. 外语教学研究，2008（13）.